大阪商業大学比較地域研究所研究叢書　第十六巻

情報技術と
中小企業のイノベーション

・

小川正博　著

御茶の水書房

はしがき

　本書では進展する情報技術がもたらす影響、そうした環境のなかでの企業経営、そして情報技術の活用などの視点から事業のイノベーションについて検討する。今日の状況などを解りやすく示すために大企業の行動も取りあげるが、著者の研究フィールドである中堅・中小企業の事業イノベーションの考え方やその方法について、情報技術とのかかわりからみていく。

　日本企業の技術力、そして中小企業の職人技能や技術力に対する礼賛など、技術立国として日本経済を担うものづくり産業への期待が高まっている。しかし著者は、日本のものづくりは全体として弱体化しつつあり、世界でのプレゼンスが低下し続けているとの危機感を持つ。日本企業はデジタル技術の登場以来、ものづくりの世界で存在感を失いつつあるというのが著者の視点である。

　それは一般のニュースをにぎわす著名企業の事業縮小や事業売却に、そして製品の世界シェア低下に明瞭であるし、日本企業の得意領域といってもよい日常使用するスマートフォンが、海外製に占められていることにも表れている。世界で存在感があるのは自動車産業などの数社という状況では、技術立国としての存在が問われる。世界をリードする企業が登場しない。それに優れた技術力があるのなら高収益を誇ってもよいと思う。

　顧客が求める機能や性能の製品を、できるだけ低価格で提供することが企業経営の基本であり、そのために必要な技術や事業の開発を行うことを日本企業は忘れている。斬新で高度な技術開発は重要だが、低価格な製品を求める顧客があれば、それを実現して高収益が得られる技術や事業の仕組みを創造することが経営である。ときには感動を呼ぶ思いがけない斬新な製品を顧客は求めるが、多くは日常の問題解決に資する製品を求めている。にもかかわらず顧客価値を脇に置いて、品質の高い優れた日本製品という幻想に酔っている。

今日の社会をリードするのは、コンピュータやインターネットなどの情報技術である。従来の物理的なイノベーションよりも情報技術のイノベーション速度が凄まじく、またそれは多様な可能性をもたらしながら社会生活や企業活動を変貌させている。それは物理的なイノベーションさえも先導する。製品もハードなものよりソフトが重要性を高め、なかには製品同士がつながって自律的に作動を制御するシステム化した製品まで、情報技術を活用した製品が次々と登場する。今はまだ情報革命前夜なのかもしれない。このため、めまぐるしく進化を続ける情報技術を活用することで、事業をイノベーションすることが企業の課題である。情報技術を制する者が世界でプレゼンスを発揮する時代である。

　情報産業分野では以前から日本企業の存在感は希薄だったが、そうしたベンチャー企業が少ないだけでなく、情報技術を活用して斬新な事業を創造する企業が少ない。衰退ではなく中小企業が再生するためには、進展する情報技術の活用なしにはあり得ないというのが著者の見解である。

　ものづくりの現場でも情報技術を活用した製造方法が進展していない。情報技術を活用した製品創出が少ない。情報技術が生み出した自律分散な産業構造のものづくりへの対応にも遅れている。技術や技能の高さを標榜して、ひたすらものづくりに励む、コスト削減にまい進するなどの従来の姿勢だけでは、先進国企業と新興国企業とが競争する舞台のなかで日本企業の役割はなくなってしまう。情報技術の可能性に挑戦することが今日の企業には必要である。

　中小企業は専門性を極めて、他に誇れる何かを形成することの重要性が増している。狭い領域であっても高い専門性を持つ企業は世界にアピールできる。特異な存在をアピールする情報を世界に発信すれば、それを求めている顧客に出会える機会が増える。情報技術を活用し、情報の価値を増殖する企業経営を時代が求めている。情報技術は多様な可能性をもたらすものであり、それを活かした経営は日本の中小企業に新しい時代をもたらす。情報の時代に向けて事業そのものをイノベーションしたい。

はしがき

　著者が企業経営とかかわりを持つようになったのは1971年からである。その前年の製造業の事業所数は652,931であった。当時中小企業の問題を表現する言葉に「過小過多」があった。多数の小規模な企業による過当競争によって中小企業の経営近代化が遅れているという論理である。その後企業数はさらに増加した後、一転して長期的な減少に転じ、2014年には397,735事業所と、1971年比で約60％の水準にまで減少した（「工業統計表」は近年、従業員1～3人を対象とせず推計値になっている）。この減少要因には小規模企業の廃業が少なからず作用しているが、その理由の背景にも企業の収益確保が困難になっていることがある。

　事業所数が減少した今日、残った中小企業が高収益になったかといえば状況は変わっていない。このままではさらなる減少が予想できる。そして同時に中小企業の活力、経営者のチャレンジ精神や冒険心が希薄になったように思う。最新技術の積極的な採用や、果敢な設備投資に走る企業が少ない。無謀ともいえる設備投資で企業を成長させる経営者を、ものづくりを競い合う中小企業の活気をみてきた著者は、今日の状況には危機感をもってしまう。

　当然、情報技術の採用に遅れる。そのうえ情報技術は導入すればそれで収益効果が直ちにあがるものではない。活用するノウハウを習得し育成する必要がある。人間には困難なことを可能にする領域で情報技術を活用しなくてはならない。そして情報価値を増殖することも必要である。情報技術や情報の効果的な活用はイノベーションそのものである。だからこそ多様な可能性を秘める情報技術を活用すれば、そのイノベーションによって日本企業は再生できる。

　アメリカのベンチャー企業や新興国企業が情報産業だけでなく、ものづくり分野でも活力を発揮し、多様な事業を創造し、驚くような事業の仕組みも創りはじめている。そこには苛烈な競争と勝ち抜くためのイノベーションが繰り広げられる。著者は活力ある日本企業の経営を、挑戦する中小企業が競い合って社会に活力をもたらす姿を実現したい。それが始まらなければものづくりの未来が描けない。

本書の概要

本書は過去に発表した著作や小論を収録している。まとめるにあたって新たな知見などを加えて加筆修正した。ただ本来それぞれが独立した小論であるため、内容が重複する部分がある。それぞれの章の論旨を保つために、すべての改訂は控えたので一部重なる部分があることをお断りしておく。

第1章「ものづくりパラダイムの転換」では、経済のグローバル化や情報技術の進展など経営環境の枠組みのなかで、かつては競争優位を誇った日本製品の競争力の低下とその要因を解明し、ものづくりの課題を提起する。かつて成功した「安くて良いものを作れば売れる」というものづくりのパラダイムを棄却し、「顧客価値提供」へのパラダイム転換が日本企業の課題である。事業の原点は顧客価値にあり、個々の顧客価値に対応するものづくりへのイノベーションが必要なことをみる。製品やプロセスのイノベーションだけでなく、事業の仕組みのイノベーションが課題である。顧客価値は多様化し複雑化しているために中小企業の役割が少なくない。

第2章「中小企業の情報技術活用の課題」では、高度な技術を標榜する日本中小企業と喧伝されるものの、情報技術活用に遅れている実態を提示し、中小企業の成功事例を軸に情報技術活用の課題を検討する。産業革命をもたらすといわれる情報技術を収益性の向上に結びつける企業が少なく、事業のイノベーションに至っていない。情報技術のもつ可能性を活かすための課題と、情報技術を活用する中小企業経営の方向について検討する。情報技術を収益に直結する生産や販売に活用することが中小企業では不可欠である。

第3章「製品アーキテクチャの変化とものづくりネットワーク」では、モジュール化とネットワークの関係を検討する。パソコン生産で本格化したデザイン・ルールを基盤にしたモジュール活用のものづくりが進展している。組立企業に指揮されず主体的に行動できる自律分散なネットワークのなかで、モジュール専門企業やEMS企業などが激しい競争のなかイノベーションを加速しながら躍進する。しかし組立企業が指揮編成する集権型のネットワークを基盤にする日本企業は、それに遅れ飛躍の機会を逃してきた。オープンなモ

ジュールの発生要因を解明し、製品アーキテクチャの変化に対応した企業行動に注目する。今日のネットワークはコスト削減や外部資源の活用よりも、外部のイノベーション活用に向かっている。

　第4章「自律分散型ものづくりと中小企業」では、前章でもみたデジタル技術がもたらした自律分散型ものづくり環境の生成とその影響、それに対する日本企業とりわけ中小企業の課題と可能性、そして新たなものづくりイノベーションの方向について検討する。

　自律分散型の産業構造は製品だけでなく、競争の方法やものづくりの仕組みを大きく変容させた。その新しいものづくりを実現したのはアメリカのベンチャー企業や台湾の中小企業であり、また中国山寨に顕著な模倣的ものづくりである。日本企業は新たなものづくりイノベーションに遅れて飛翔の機会を逃し続けている。中小企業は自律分散なものづくり環境を活用して、顧客価値に対応したものづくりと素早い市場対応、絶えざるイノベーションが不可欠である。

　第5章「情報技術の進展と事業イノベーション」では、情報技術の技術特質と企業経営に与える影響を検討し、情報技術が進展するなかでの企業経営の方向についてみていく。情報技術は産業構造を変化させ、競争が激化する方向に作用する一方で、情報技術が競争戦略手段を補完することを指摘するポーターの主要論文をレビューする。またアマゾンの競争優位要因を解明し、ステークホルダーが無償で創出するリッチな情報を競争優位手段にしていることなどをみる。ついでインターネットによる情報特質の変容と、バリューチェーンのデコンストラクションをみる。

　さらに情報技術活用による顧客志向のための情報創出や新しい事業の創出について検討する。小さな業務領域に特化し、情報技術を活用した専門性の深化による競争優位の形成と、世界に向けての情報創出が中小企業の課題である。

　第6章「顧客価値基準による事業イノベーション」では、新たなカテゴリーの創造という概念を用いて、顧客価値を軸に模倣しにくい事業の仕組みへのイノベーションを検討する。知見のある既存の事業領域やその周辺で、顧

客との新しい関係を構築する異質な顧客価値による事業創出を検討する。ロールモデルになる製品や事業を仕組み全体で創造できれば、競争優位な戦略ポジションを設定できる。それは大企業だけでなく、部品加工などの中小企業にとっても有効であることを事例で検証する。

　第7章「ものづくりイノベーションの視点」では、今までの製品開発や技術開発偏重とは異なる視点からのイノベーションについて検討する。顧客の再定義、システムとしての製品への変革、業務プロセスの変革、そして提供する価値の再定義とその本質的な価値のストーリー化によるアピール、という4つの視点からもイノベーションが可能であることを提示する。そして顧客価値の提供を軸に、事業の仕組みそのもののイノベーションを行うことの重要性をみる。イノベーションは斬新な事業概念によって、多様な側面から実現できる。

　終章「規模の経済性から情報価値の時代へ」は本書のまとめである。進展する情報技術の活用なしに中小企業の再生はないこと、そして中小企業の経営の方向は大きく2つあることを提示する。1つは業務プロセスを拡充して製品の完成度を高め、情報機器活用による高精度・高品質で難易度の高い製品を創出する経営である。もう1つは反対に、業務プロセスを縮小して狭い業務範囲のなかで専門性を極め深化していく経営である。後者の場合は小規模な中小企業の方向であり、そこでも職人技能だけでなく情報技術活用が不可欠である。

　また今日は規模の経済性の時代ではなく、情報の価値増殖こそが重要で、その仕組みの構築は新たな事業を創造する。それが中小企業でも個人でも可能な時代であることを展望する。

謝辞

　本書は大阪商業大学比較地域研究所・研究叢書第十六巻として刊行された。刊行に際しては比較地域研究所所長前田啓一先生に大変お世話を頂いた。刊行打診に対してご心配を頂き、審査など速やかにご対処頂いたことに御礼申し上げたい。また叢書出版の機会を設定し、研究環境への配慮と支援を頂いて

いる大阪商業大学学長谷岡一郎先生、副学長片山隆男先生、副学長南方建明先生に対して心から感謝申し上げたい。

　本書に収録した初出の数編は株式会社同友館刊行の著作物であり、それを本書に収録することについてご快諾頂いた同社に感謝申し上げたい。また事例研究でお世話になった経営者や管理者、そして普段からお世話になり支えていただいている本学教員の皆様、ご指導頂いている研究者の皆様、そして支援を頂いている各機関の皆様に深く感謝したい。

　　2017年2月

小川　正博

初出一覧

第 1 章　ものづくりパラダイムの転換
　「ものづくりのパラダイム転換」小川正博・西岡正・北嶋守編著『日本企業のものづくり革新』同友館、2010 年 10 月、大幅に加筆修正。

第 2 章　中小企業の情報技術活用の課題
　「中小企業の情報技術活用の課題と今後の展望」『商学論纂』第 57 巻第 5．6 号中央大学商学研究会、2016 年 1 月、加筆修正。

第 3 章　製品アーキテクチャの変化とものづくりネットワーク
　「製品アーキテクチャの変化とものづくりネットワーク」小川正博・西岡正・北嶋守編著『ネットワークの再編とイノベーション』同友館、2012 年 2 月、加筆修正。

第 4 章　自律分散型ものづくりと中小企業
　「デジタル技術の発展と新しいものづくり―自律分散型ものづくり環境と中小企業―」『商工金融』2013 年 12 月号。改題し大幅に加筆修正。

第 5 章　情報技術の進展と事業イノベーション
　「情報技術の発展と事業イノベーション」『大阪商業大学論集』第 12 巻第 3 号（通巻 183 号）2017 年 1 月。

第 6 章　顧客価値基準による事業イノベーション
　「カテゴリーのイノベーションによる新事業創出」小川正博・西岡正編著『中小企業のイノベーションと新事業創出』同友館、2012 年 9 月、改題し加筆修正。

第 7 章　ものづくりイノベーションの視点
　「ものづくりイノベーションの視点」小川正博・西岡正・北嶋守編著『日本企業のものづくり革新』同友館、2010 年 10 月、加筆修正。

情報技術と中小企業のイノベーション

目　次

目 次

はしがき iii

第1章 ものづくりパラダイムの転換 …… 3

1 「安くて良いものを作る」パラダイムの終焉　3
2 ものづくりの変容　8
3 複雑化する市場への対応　12
4 顧客価値提供のパラダイムへ　17

第2章 中小企業の情報技術活用の課題 …… 25

1 情報技術の進展と中小企業の活用状況　26
2 中小企業の情報技術活用事例　32
3 事例の検証　39
4 情報技術を活用した事業の仕組みへのイノベーション　43
5 新たな可能性と今後の方向　47
6 中小企業の情報技術活用　51

第3章 製品アーキテクチャの変化とものづくりネットワーク …… 53

1 ネットワーク基盤のものづくりの変化　54
2 新たな製品アーキテクチャの登場　57
3 オープンなモジュール化要因　64
4 製品アーキテクチャとネットワーク行動　71
5 多様なネットワークの可能性を求めて　80

第4章 自律分散型ものづくりと中小企業 …… 83

1 デジタル製品ものづくりの変容　84

2　自律分散型ものづくりの特質　91
　　3　自律分散型環境で躍進する米国ベンチャー企業と台湾企業　97
　　4　模倣品ものづくりのダイナミズム　100
　　5　自律分散環境での中小企業経営　105
　　6　自律分散なものづくりへの脱皮　110

第5章　情報技術の進展と事業イノベーション……………………113

　　1　情報技術の進展　113
　　2　戦略的視点からみた情報技術　119
　　3　インターネットと情報活用　127
　　4　情報技術がもたらした事業環境と今後の経営　133
　　5　中小企業経営と情報技術活用　139

第6章　顧客価値基準による事業イノベーション………………145

　　1　事業の再定義　146
　　2　価値の多様性と顧客価値創造　153
　　3　カテゴリー・イノベーション　159
　　4　中小企業におけるカテゴリー・イノベーションの可能性　166
　　5　カテゴリーからの事業の再定義　171

第7章　ものづくりイノベーションの視点……………………177

　　1　ものづくりイノベーションの必要性　177
　　2　事例からみるものづくりイノベーションの視点　181
　　3　顧客の再定義によるイノベーション　186
　　4　製品のシステム化によるイノベーション　193
　　5　業務プロセスのイノベーション　199
　　6　価値の再定義とストーリーによるイノベーション　206
　　7　転換点を事業イノベーションで　209

終章　規模の経済性から情報価値の時代へ………………………… 215

索　引 ……………………………………………………………………… 219

情報技術と中小企業のイノベーション

第1章　ものづくりパラダイムの転換

　複雑化する事業環境のなかで、日本企業の「ものづくり」は転換点を迎えている。かつて成功したものづくりの基本的な考え方を棄却し、培ってきた仕組みにまで踏み込んで、抜本的に事業を変革することが求められている。にもかかわらず古いパラダイムの基で技術至上主義の経営や、コスト削減にまい進する日本企業の姿が大勢である。

　本章では、かつては優位性を誇った日本製品の競争力の低下とその要因を解明しながら、今までのものづくりの方法が新しい状況と齟齬をきたしていることをみる。そして「顧客価値提供」のパラダイムでのものづくりシステムのイノベーションが課題であることを提起する。

　第1節では戦後から成功してきたものづくりのパラダイムと、それがすでに通用しなくなっていることを、かつて最も競争力を誇りハイテク分野の核といわれてきた半導体産業を題材に検討する。第2節では今日のものづくりの変化についてとりあげる。第3節では前節に引き続き、複雑化する市場への対応としてイノベーションが必要な要因を取り上げる。第4節では事業イノベーション概念を整理し、顧客価値提供というものづくりパラダイムへの転換を提起する。日本企業は進展する情報技術や情報を活用して、顧客価値提供のパラダイムのもとでの事業イノベーションが必要である。

1　「安くて良いものを作る」パラダイムの終焉

　日本企業に共通したものづくり概念であり、企業行動の基礎でもあった単純で分かり易いパラダイムからの転換が求められている。

1.1 パラダイムの不適合

　世界大戦後の荒廃から復活の道を歩んだ日本産業は、1980年に自動車生産台数でアメリカを抜くなど、1980年代には自動車や家電、精密機器、鉄鋼などの産業分野でアメリカ企業と肩を並べるまでに競争力を高めた。この時期、トヨタやホンダ、ソニー、松下電器、キヤノン、新日鉄、コマツなどの企業が躍進して世界的に注目を浴びた。1980年代はアメリカ経済が凋落して日本経済のプレゼンスが高まり、アメリカに代わって日本の時代が到来したかのような錯覚さえもたらした。

　しかしそれも束の間、日本経済に一段の活況をもたらした1980年代後半のバブル景気は一挙に崩壊し、1990年代の長い経済冬の時代に突入する。「失われた10年」とも、15年とも呼ばれた閉塞状況から回復したかにみえた2008年、アメリカのサブプライム問題が拡大し、リーマン・ブラザーズやAIGをはじめとするアメリカ巨大金融機関が破綻する金融危機のなかで、GMやクライスラーのような長らくアメリカ経済を支えてきた企業も破綻して、世界同時不況に突入する。当初、サブプライム問題には無縁といわれた日本企業にも深刻な影響をもたらした。生産台数で世界一の自動車メーカーに躍進し、日本ものづくり企業の象徴ともいうべきトヨタが、自動車需要の収縮によって未曾有の赤字経営に陥るなど、日本企業は再び厳しい状況に一挙に突入する[1]。

　今日、日本経済の不振を克服するのはものづくりであるとして、ものづくり産業の発展への期待が高い。しかし現実には、世界市場で存在感が希薄化し、国内市場でもかつての輝きを失いつつある領域が増えている。残念ながらその理由を、前述したような経済環境の厳しさだけに求めることはできない。競争力低下の根本的な原因は、従来の日本企業のものづくりパラダイムが通用しなくなり、ものづくりシステムが今日の環境に対応できなくなっていることにある。

　日本企業に大きな影響を与えているのは経済のグローバル化と情報技術の

---

1) 2007年にトヨタ自動車は生産台数でわずかにGMを上回ったものの、販売額では下回った。2008年にはGMの自動車生産台数820万台に対して、トヨタ自動車の生産台数は880万台と大きな差をつけたが、純利益は▲4,370億円であった。

進展である。中国をはじめとする新興国の企業がグローバルな市場に登場して躍進し、日本企業の市場が奪われている。その理由を解明して新たなものづくりシステムへと転換しないと、凋落の道を歩むことになる。

　日本企業が戦後一貫して掲げてきた「安くて良いものを作れば売れる」というものづくりパラダイムが通用しなくなっている。多くの企業が共有する支配的な考え方や行動規範であるそのパラダイムを転換して、顧客価値を提供できる事業こそが需要を確保できる、という原点に立ったものづくりシステムの再構築が求められている。顧客の課題を解決できる製品やサービスにこそ、顧客は対価を支払うという経営原則を日本企業は忘れてしまったのではないか。

1.2　競争力の低下

　ここでエレクトロニクス製品の世界シェアを例にとって、日本企業がおかれている今日の状況を確認しておきたい。シャープが技術を確立し市場を創造したといってもよい薄型テレビの2015年出荷額シェアはサムスン電子27.9％、LG電子13.2％、ソニー8.1％、それに中国勢3社が続く[2]。そこにシャープの名はなく経営不振で2016年鴻海精密工業の傘下になった。そこでは日本企業の存在が年々見えなくなっている。

　携帯電話の2009年シェアでは、1987年に事業化した北欧のノキアが約38％で快走し、サムソン、LG電子の韓国勢がそれに続いて3社で約69％を占め、日本企業の姿は上位にはなかった。そして2015年にはスマートフォンのシェアで、サムスン、アップル、レノボと続き、上位に日本企業の姿はみえない。後述する半導体のDRAMでも同様である。当然、半導体の中核であるMPUはインテルの制覇の下にあり日本企業の姿はない。世界的に普及するパソコンでも登場せず、インクジェットプリンターではヒューレット・パッカードに大きく水を開けられて、キヤノンとセイコーエプソンが続く。

2）『日経産業新聞』2016年7月4日付。同調査で2009年の市場シェアはサムスン電子、ソニー、LG電子、パナソニック、シャープの順だった。

取り上げた製品はエレクトロニクス製品の一部であり、自動車産業に比べれば日本産業全体をリードしているわけでない。しかしそれぞれがかつて世界市場で大きな存在感を持ったか、日本企業の技術力が高い製品分野、なかには莫大な研究開発投資を行って創造した技術や製品分野である。それにもかかわらず、日本企業の競争力が低下している現実がある。

　新しい時代には新しい技術や新しい事業の発想が必要なのであり、ものづくり方法や提供方法のイノベーションが欠かせない。新しい技術活用という意味では情報技術活用が不可欠で、それを軸にイノベーションできる。そのときコンピュータ制御設備の活用だけでなく、同時に情報をいかに活用するかが課題である。同時多重活用が可能な情報の価値化が経営の鍵になってきている。競争力低下の背景には、こうした側面での遅れもある。

1.3　半導体産業の凋落から学ぶもの

　日本企業の課題を象徴的に示す事例として DRAM 製品を取り上げよう。1971年にインテルが開発してアメリカ企業の独壇場であった半導体だが、日本企業は 1985 年に DRAM 出荷額でアメリカを抜き、その後世界シェア 80％にまで達して日米貿易摩擦の原因にもなった。産業の米ともいわれた半導体産業で世界を制覇し、日本のエレクトロニクス産業はさらに躍進するものと期待された[3]。しかしその後は不振で 1998 年には韓国に首位の座を明け渡し、一度は壊滅的打撃を与えたアメリカにも、2000 年には抜かれて国別世界シェア 3 位になり、企業もエルピーダメモリ 1 社になるという状況である[4]。その凋落には日本企業が直面する課題を見ることができる。

　超微細加工技術で高品質な製品を追求する日本企業は、製品を 25 年間保証

---

3) これは DRAM 製品に対する記述である。半導体製品全体の国別シェアでは 1998 年の 50％をピークに低下を続け、半導体産業全体でもわが国の凋落傾向が鮮明である。半導体の生産額も 2000 年がピークであり、このことはさらに半導体産業の不振をあらわしている。
4) エルピーダメモリ株式会社は日立製作所と日本電気の DRAM 事業部門の統合により設立された企業で、日本における唯一の DRAM 専業企業になる。2013 年に同社は米マイクロンテクノロジーの傘下に入った。

できる製造技術によって世界の頂点に立った。当時のメモリー需要の中心はメインフレームと呼ばれる大型コンピュータであり、そこでは高品質な記憶素子が求められたのである。しかしその後、メモリー需要の中心はパソコンに向かい、その市場で後発の韓国企業は3年保証の低価格なパソコン用DRAMを量産する。そのとき既存の製造装置を延命させながら使用し、一方で回路形成のマスク枚数削減による生産工程の短縮や、高い歩留まりを可能にして生産コストの引き下げに韓国企業は成功している。

ところがパソコン向けのメモリー需要に対して、日本企業はメインフレーム向けと同様な生産技術で高品質なメモリーを造り続けたため、急速に低下するパソコン価格に連動して低下する価格水準に対応できず、拡大する需要を逃していく（湯之上, 2009, pp. 35-42, 133-141）。

クリステンセン（Bower & Christensen, 1995）が指摘したように、顧客は直面する課題をもっとも簡単に、低価格で解決してくれる製品やサービスに価値を見出して購入する。反対にいくら性能に優れた製品を開発しても、その性能が顧客の使用能力を越えてしまうと、それに新たな価値を見出す顧客は少なくなる。技術力に優れた日本の半導体企業にとっては、パソコン向け製品が低価格で利益の少ないローエンドな需要に映っても、韓国や台湾企業にとっては勃興する大きな市場だった。

彼らはその新しい需要に対して、新しい技術や新しい事業の仕組みを開発して収益を高め、短期間に市場を確保したのである。単純で便利な製品を製品化することが課題である状況では、新規参入者が既存企業を負かす確率が高い。こうしてDRAMやMPUだけでなく、隆盛を誇った日本の半導体産業はアメリカや韓国、そして台湾の後塵を拝するようになる。そして今、パソコンや薄型テレビ、携帯電話などのデジタル製品分野でも同様なことが生じ、エレクトロニクス産業全体に及んできている。このままではアメリカのように将来、家電産業さえ日本から消滅していくことさえも想像できる。

例にあげた半導体事業には、製品需要が変化し技術革新が激しく押し寄せ、新たな競争者が出現しているにもかかわらず、過去の成功したものづくりシステムにこだわり新しい視点でのイノベーションを忘れた企業の姿がある。

2　ものづくりの変容

　すでに触れたように、「安くて良いものを作れば売れる」というパラダイムで、日本企業は1980年代までは確かに成功してきた。欧米企業が開発してすでに市場に投入されていた製品の機能や性能、そして使い易さなどには向上の余地があった。そこに改善活動を繰り返すことによって、低価格で高品質な製品を提供したのが日本企業である。すでに市場化された製品を、より優れた性能や機能を備えながらも低価格で、多様な製品を提供したため、それまで購入できなかった顧客にも受け入れられて市場を拡大していく。

2.1　顧客価値の変化と多様化の進展

　しかし1990年代以降、新興国企業が市場に競争者として登場し、かつての日本企業と同様な戦略で需要を獲得しはじめる。多数の企業がグローバル市場に参入して激しい競争が展開されるようになり、高品質で低価格という日本企業の競争優位は消失する。このため新しい製品を創造して投入するも直ぐに模倣されて価格競争にさらされ、そのうえ製品ライフサイクルの短縮化も加速してしまう。

　このような市場環境では、「安くて良いものを生産すれば売れる」という単純なパラダイムは通用しにくい。労働コストが低くものづくり能力を高めた新興国企業に対しては、コスト優位が困難であり、また顧客の価値観の多様化によって良いものが多様化してしまったからである。

　今日、顧客が求める個々の多様な顧客価値に対応した製品の創造や提供が必要である。顧客志向の発想で製品やサービスを創造し、それを顧客の望む方法で提供することが重要になる。そして高性能化や高機能化を実現する優れた製品へのイノベーションだけでなく、今まで当該製品や高機能な製品を購入できなかったローエンド顧客や、需要には無縁だった無消費者が購入できるような破壊的イノベーション（Christensen, 1995）を実現することが必要になっている。

前述の半導体製品では、需要の中心がパソコン用に移行するにもかかわらず、高度な技術を標榜して高価格なメインフレーム向けの製品市場にこだわり、勃興する新たなそして大きな需要を失った。コア・コンピタンスである蓄積した微細加工技術にこだわり、高付加価値化に走って失敗したのである。

この間、高性能な半導体生産に寄与したのが日本の半導体製造装置である。その製造装置の中で露光装置は中核をなすものであり、1993年にはニコンが48.4％、キヤノンが26.4％で世界市場の75％を日本企業が占めていた。しかしその後、1984年設立のオランダASML社が躍進し、今日では世界シェアの80％を占める。かつて微細加工技術でトップシェアを占めていたニコンは2016年、ついに半導体製造装置部門で千人の人員合理化を発表した。

それはユーザーである国内の半導体企業の衰退が要因ではない。後発のASML社は装置をモジュール化して、そのモジュール生産を外部企業に依存する。外部の優れたノウハウを活用してコストを削減するだけでなく、製品を標準化して品質を安定させ、設備設置の際に擦り合わせを最小限にし、素早く生産ラインが稼働できるようにした。顧客の求めるニーズに合わせて設計思想を変え、ネットワークによるものづくりを推進した結果なのである[5]。

顧客が求めた技術は低価格で素早く生産開始できる技術であり、低価格でも利益を確保できる生産技術やものづくりシステムこそが市場に応える先端技術だったのである。日本企業は自前の技術に驕って、顧客の視点に立った技術開発を怠り、ものづくの変容に対応できたにもかかわらず放置し、新興の台湾企業やアメリカのベンチャー企業にも市場を奪われた。

2.2　老朽化する設備

それに優れた技術があってもその採用に遅れて、海外企業に市場を奪われることも起こっている。例えば液晶セルの形成では従来18インチで18時間も要した注入時間が、わずか数分で処理できる液晶滴下注入技術が国内の材料メーカーと装置メーカーによって開発された。しかしそれを採用したのは

5）『日本経済新聞』2016年11月9日付。

韓国企業であった。優れた技術が開発されているにもかかわらず、それを採用せず海外メーカーに市場を奪われる実態さえもみられる[6]。

　経済の高度成長の時期に顕著だったように、日本企業は最新の技術をいち早く採用して競争力を向上させてきた。しかし今日果敢に設備投資する企業は少なく、保有する設備が古くなっている[7]。とりわけ中小企業の多くは老朽化した設備を使用している。情報技術の採用となると、設備が高額なこともあって導入が進まない。

　そしていつしか最新設備の代わりに熟練技能を中小企業は謳うようになる。しかしグローバル化した競争環境のなかで、新しい技術、新しい設備を活用しなければ企業の存続は難しい。コンピュータ制御設備が導入できないのであれば、情報の創出や活用による企業活動の活性化が最低限の措置である。

2.3　製品アーキテクチャの変容

　さらに半導体生産の方法自体も変化した。半導体の設計と製造が分業化し、製造専門で多品種少量生産品を低コストで生産する台湾のTSMCのようなファウンドリーと呼ばれる企業が登場する。設計から生産まで行う日本企業の垂直統合型生産ではなく、膨らむ莫大な設備投資を回避するために選択と集中を行い、垂直統合型の生産から社会的分業による生産へ、モジュール型のものづくりシステムに移行していくのである[8]。それはスピーディな製品提供を求める顧客価値にも応えられる。そうした新しいものづくりシステムの構築に遅れる日本企業は、DRAMから転換して進出したSoC市場でも、売

---

6) 詳しくは新宅・善本（2009）参照。
7) 現在使用している設備の経過年数を、近年は設備年齢や設備ビンテージと呼んでいる。それは1990年代以降年々増加傾向にあり、1993年と比べると中小企業の場合4.9年が、2014年では8.6年と1.8倍に、大企業のそれは4.4年から6.4年へと1.4倍になり、設備の老朽化が進んでいる。1975年から1992年までは中小企業も大企業も4年台で推移していたのである。『中小企業白書2016年版』参照。
8) 半導体製品もDRAMからMPU、特定用途向けのASIC、そしてSoCへ、ユーザー業界もパソコンからネット対応型情報端末へと多様化している。そのなかで日本企業は選択と集中に遅れ、モジュール化による分業生産にも遅れる。

上だけでなく利益をも台湾企業に奪われた[9]。

　製品ライフサイクルの導入期や成長期では組立型製品の場合、すべての業務を単独で行う統合型の生産システムが優れた性能を追求しやすい。独自な技術で独自な仕様の高性能な製品を創出できる。しかしドミナント・デザインが確立すると、性能や機能を中心にした競争は後退し、価格競争や提供方法などの差別化に競争の重点が移行する（Utterback, 1994）。製品アーキテクチャ（基本設計概念）は擦り合わせ型（統合型；相互依存型）からモジュール型に移行する[10]。

　部品やモジュールの専門企業と組立企業との分業によるものづくりシステムのほうが、スピードやオプション化など新たなニーズに対応しやすいからである。それに低価格な製品を素早く開発して市場にも投入しやすい。とりわけデジタル製品にはそれが求められる。しかしわが国では製品ライフサイクルの短縮化への対応やコスト削減が求められているにもかかわらず、またデジタル製品分野ではオープンなモジュラー型生産に世界的に転換しているにもかかわらず、垂直統合型の自己完結的な事業の仕組みにこだわって転換が遅れた。

　アーキテクチャの変化はパソコン産業に顕著に表れた。アンドリュー・グローブ（Grove, 1997, pp. 48-63）によれば、コンピュータは 1980 年ころには IBM や DEC のようなコンピュータメーカーごとに、流通・販売、アプリケーション・ソフト、基本ソフト、チップなどの生産を単独で垂直的、一貫的に行う縦割りの産業構造であった。しかし 1995 年ころにはいわゆる水平分業型の

9）SoC（System-on-a-chip）は 1 つの半導体チップ上に一連の機能（システム）を集積したものでシステム LSI とも呼ばれる。

10）製品アーキテクチャにおける擦り合わせ型とは、製品を構成する部品の機能や形状が、それと関連する部品と相互に依存しあい、1 つの部品の変更が関連する部品の変更に及ぶ関係にあることを意味する。これに対してモジュール型は部品と部品とが独立的に機能するようにモジュールを形成する。最終製品を構成する製品をいくつかの部品群に分け、それらの部品のかたまりを単体部品より上位の部品としてモジュール化する。モジュールと関連する機能や形状をつなぐインターフェースを規格化することで、他のモジュールと結びつくことができる。またモジュールそのものは他のモジュールと無関係にイノベーションできる。

産業構造に変化した。そこでは流通・販売領域では小売店や大型店、ディーラー、通信販売に分化し、基本ソフトは DOS ウインドウズ、OS/2、Mac、UNIX、MPU チップはインテル、モトローラ、RISC という具合にそれぞれの専門企業による分業化に変化する。

その新しい秩序は新規参入者に事業機会を与え、隆盛を極めていたコンピュータ企業は次第に生き残れなくなっていく、それはまさに戦略転換の時期であった。振り返ってみると、1990年代に世界のコンピュータ産業のものづくりシステムが大きく変容したにもかかわらず、日本企業は国内市場で相も変わらず垂直型で各社独自の規格を推進し、世界のパソコン市場への参入の機会を失った。にもかかわらず、この変化を読めず産業育成の重点分野としてその後も、コンピュータ産業を取り上げる地域も少なくなかった。

3 複雑化する市場への対応

半導体産業を中心に、環境変化に対応したものづくりシステムに変革できない日本企業の姿をみてきた。さらに市場では、変革を求めるドラスチックな環境変化が起こっている。次にその主なものをみていこう。

3.1 グローバルな競争の激化

企業競争の舞台がグローバル化している。それは大企業だけでなく中小企業でも同様である。地域圏の企業とだけでなく、また国内の企業とだけでなく、海外企業との競争が国内市場でも強いられるようになった。

1990年代日本経済の不振の一方で中国経済が存在感を高め、世界の工場としての中国の躍進がはじまる。確かに繊維や雑貨製品だけでなくパソコンや家電の生産も中国にシフトし、自動車産業も中国拠点を拡充している。

2000年代に入るとグローバル化の波はより拡大し、中国だけでなくブラジルやロシア、インドなど BRICs と呼ばれる国々の経済も躍進しはじめた。さらに ASEAN 諸国や東欧、南アメリカなどの国々の経済力が高まり、新興国の企業が競争の舞台に登場する。そして海外拠点や海外企業を含めたグローバル

な生産体制なしには、日本企業も存在できなくなっている。さらに新興国は、新たな競争者を生み出す生産の場としてだけではなく、一方で膨張する市場としての歩みをはじめた。

このような経済のグローバル化のなかで、製品のコスト水準が一挙に低下し価格競争を激化させている。これに対して日本企業もコスト削減で対応してきた。しかし得意としてきた改善活動、それにフリーターや外国人労働者の活用などでは、求められているコスト水準は達成できなくなっている。加えて製造コストのなかで部材コストの比重が高まっている。このとき大量調達する中国企業はコスト低下可能だが、生産量の少ない日本企業の調達コスト削減は難しい。

競争激化のなかで価格は重要である。ただ価格に依存するだけの製品では海外企業との競争には勝てない。また価格が重視される競争になるほど、その製品で利益を獲得することは難しくなる。価格競争の激化は事業経営に赤信号が点滅していることを示す。それは事業の変革を促すシグナルであり、すでに1980年代半ばから日本企業にはそのシグナルが出ていた。その価格競争からの脱皮には斬新な製品や技術の開発だけでなく、斬新な事業概念によるものづくりシステムの変革が不可欠である。

3.2 飽和市場での競争

今日、製品の多くが飽和市場の中で競争を演じている。このこともものづくりシステム変革が必要な要因である。グローバルな激しい競争は製品ライフサイクルを短縮化して、短期間に製品をコモディティ化して直ちに価格競争に突入してしまう。

そればかりでなく、競争の激化はコモディティ化する前にさえ価格競争に突入し、開発コストを吸収しないうちに価格を大きく低下させていく。デジタルカメラや薄型テレビ、デジタル・レコーダー、携帯電話などのハイテク分野で、それも大きな需要が見込まれ長期的に拡大する分野で早期に価格競争が激化する。このような市場ではリーダー企業でも短期間に地位が脅かされ、利益を獲得できる企業が少なく、市場で生き残っても低収益を余儀なく

される。飽和市場では市場シェアの獲得や新製品開発に励んでも、その効果が継続せず低収益に甘んじなければならなくなっている。

　飽和市場での激しい競争が企業経営に大きな影響を与えているとしたスライウォツキーとワイズは、次のように指摘する（Slywotzky & Wise, 2004, pp. i-v）。かつては利益の獲得や成長の鍵は、製品やプロセスのイノベーションが握っていた。しかし20世紀の成長をもたらした最大の原動力である製品イノベーションは今日、抜本的なイノベーションが減少して、市場飽和の状態をさらに加熱させるような単なる後追いや製品の多様化ばかりになっている。そのため製品性能や機能向上のイノベーションが十分な効果を持たなくなった。同じように、海外市場への進出やライバル企業の買収といった、従来型の成長モデルも十分に機能しなくなっている。

　市場がグローバル化したため飽和市場にも多数の企業が参入し、大量な製品が低価格で投入される。そして激しいシェア争いのなかで低収益な経営が強いられる。そこでは製品の新規性だけに依存した事業では利益を獲得できないし、企業の成長も望めない。それが先にみたようにハイテク産業分野でも顕著である。

　過当競争状況にある市場を荒れ狂う海にたとえてレッド・オーシャン、競争のない未開拓市場を静かな海になぞらえてブルー・オーシャンとしたキム（Kim, 2006）は、市場の境界線を引きなおし、見えざる需要を掘り起すことでブルー・オーシャンが可能であるとした。企業も消費者も気がつかない手付かずの需要を顕在化させ、競争企業にはないバリュー・プロポジション（価値提供）を行うことで、競争を回避するブルー・オーシャンが可能であるとする。提供する価値を選択して他社とは異なった製品にできるかが課題になっている。

　新製品や新技術の開発は不可欠だが、飽和市場に多数の競争者が登場する競争状況ではその効果は短期間で消滅してしまう。このため競争者が出現しにくい事業や斬新な事業方法も同時に目指さなくてはならない。そして事業対象に選択した顧客が求める価値をトータルに提供できる、また競合企業が模倣しにくい事業とその仕組みへのイノベーションが課題になる。

3.3 製品の変容

今日、製品の特性も大きく変化している。ハードが中心だった製品に情報が付加・内包されて情報化・ソフト化された製品になった。

(1) 情報技術の比重が増大する製品

コンピュータ技術の発展によって製品の少なからずに情報技術が用いられ、ハードだけでなくソフトウエアが組み込まれる。家庭のなかで使用される電気製品や工場の生産設備はコンピュータ技術によって制御され、自動車さえもハードの性能を引き出すソフトによって快適な運転が出来るようになった。

機能や性能を向上させるソフトをハードと調和させ、それらが相互に補い合う新しい次元の製品に変容している。それはハードとソフトが一体になって製品がシステム化されていくことを意味する。ものづくりがソフト制作と一体になる。さらに製品にマイクロコンピュータが組み込まれ、インターネットと接続することで製品の機能を、変更や増幅できるスマート製品が登場した。スマート製品は購入後にソフトを更新することで進化していく製品という性格を持つ。さらにいつでもインターネットにつながって周辺環境の情報を収集したり、必要な作動を自律的に行うIoT（Internet of Things）が登場して、情報技術のイノベーションが製品のイノベーションを加速させている。

こうしてソフトがものづくりをリードしたり、ハードとソフトが相互作用しながら製品の価値を高めていくようになる。そしてソフトの部分が次第に拡大して製品原価の比重を高め、ハードよりソフトの価値の方が高まる場合さえ少なくない。ハードな製品をひたすら生産するだけでは、製品の価値は高まらないのが今日の状況である。しかし日本のものづくりでは依然としてハードを重視し、ソフトが軽視されている。

(2) 情報価値が増大する製品

製品の情報化やソフト化はエレクトロニクス製品や自動車、機械、生産設備などで進展しているだけでなく、一般的な製品にも及んでいる。例えば衣服である。それはファッション製品と呼ばれるが、身体の保護といった基本機能を離れて、形状や色、そして流行といったデザインを重視して消費者は購入している。衣服は素材を切断して縫製によって完成されるハードなもの

ではなく、デザインという情報がその価値の多くを決定するようになる。

　さらにその価値をブランドに設定することで価値を高める。バッグや靴なども同様であり、消費者はそれらを組合せたファッションを意識して購入する。そこでは身に着ける衣服や小物を組合せ、着用する場面や行動、目的などに応じてシステム化されたファッションが意識される。このため著名なラグジュアリー・ブランドは、衣服や洋品、小物まで品揃えして陳列し、生活シーンごとにトータルなファッションを提案するようになる。

　顧客は単純にものを購入するのではなく、想定する生活空間での自己の演出のための価値あるファッションを購入する。場面や出来事の中での製品の価値、自己実現してくれる価値、想定する経験価値（Pine & Gilmore, 1999）を求めて消費行動に走る。そうした価値は消費者によって、また生活場面によって、消費者の置かれた状況によって、つまりコンテクストによってより多様になる。このため高価なブランド製品を選択するだけでなく、同じ顧客がファストファッション呼ばれるような低価格な製品も選択する。顧客は場面によって異なる価値を求めている。

　そうするとものづくりそのものが変容しなくてはならないだけでなく、それを顧客に提供したり、使用する場面、さらに消費の後の廃棄まで考慮した製品提供の仕組みが欠かせなくなる。環境変化に合わせて、顧客ニーズに合わせて、製品もそれを生産するものづくりシステムも、提供方法も変革が必要なのである。

3.4　顧客は新しい価値を求めている

　生活スタイルの変化や市場のグローバル化が、製品に求める価値を変えている。古くからある製品でも求められる価値が変容し、同時に顧客ごとに求める価値が多様化する。文化や民族、宗教が異なるとそれは一層拡大する。

　顧客の多様なニーズに応えるためには、製品が主眼としてきた本来的な基本機能だけでなく、付随的な機能や新たな活用目的に注目する。製品に求める価値の変容だけではない。情報提供や購入のためのアクセスの容易性、選択の自由度、購入方法など、顧客が求めるものは多様であり、それに対する

満足度も多様である。そしてそれこそが購入の際に重視される。このような顧客の価値観の多様化に応えられる事業のあり方が課題になる。

実際、顧客は製品やサービスそのものに対して、その購入に対して、また使用中のトラブルに対して、その廃棄に対して、多様なニーズを持ちながらもその多くは満たされていない。そうした満たされないニーズに応える仕組み、顧客のソリューションを実現し価値提供できる事業が必要なのである。実際、製品の廃棄についてはインターネットで買い取るベンチャー企業が次々と登場している。

製品やサービスそのものの性能や機能だけでなく、生産や販売をはじめとする価値創出の方法やその提供方法も変革しないと、顧客の求める価値には効果的に対応できない。製品の購入や使用に際して顧客が求める価値に注目して事業の仕組みを見直し、新しい視点からの事業活動変革が課題である。

4　顧客価値提供のパラダイムへ

今日求められるものづくりパラダイムは、多様化する顧客価値に対応できる「顧客価値提供」である。日本企業は過去の成功体験に縛られ従来のパラダイムのなかで発想して、新たなものづくりシステムシステムの構築を怠っている。以下では中堅・中小企業のものづくりシステムのあり方を考えよう。

4.1　欧米企業や新興国企業から学ぶ

少品種大量生産型のものづくりシステムを開発したアメリカに対して、日本はそれを基盤に多品種少量生産や、ジャスト・イン・タイムというより無駄のない生産システムに昇華させることで世界に躍進した。しかし今までみてきたように、新しいものづくりパラダイムは「顧客価値提供」であると提起するが、個々の顧客価値を実現するものづくりシステムへの変革が日本企業には迫られている。

円高という経済要因や、新興国企業の競争力向上を低賃金生産に求めては日本企業の未来はない。1980年代、日本企業の前に競争力を低下させたアメ

リカ企業は、はじめは低賃金によるものづくりに理由を求めたが、次第にその要因を真摯に解明して対抗策を講じた[11]。そして日本企業の競争力要因は低賃金にあるのではなく、トヨタ生産システムにみられるような無駄のない生産システムの構築や、優れた企業にみられるコア・コンピタンスの存在などであり、その点でアメリカ企業が遅れているのだとしたのである。

アメリカ企業は優れた日本企業を研究し学習してリーン生産システムを導入し、またタイムベースの競争（Stalk & Hout, 1990）やマス・カスタマイゼーション（mass customization）というものづくり方法を創出する。そこに情報技術を積極的に活用して、複雑な設計を3次元CADで容易にしたり、さらに設計データから直接製品を作る3Dプリンターのような革新的な生産技術まで取り入れている。

またエレクトロニクス産業を中心にアメリカ企業は、モジュール化を軸にした新しいものづくりシステムを創造する。そして企業内でモジュール化を進めるだけでなく、それをオープンな規格として、それぞれのモジュールごとにイノベーションを進展させ、優れたモジュールの組合せによる自律分散なネットワーク型の生産システムを構築する。そこからはコアになるモジュールを活用したプラットフォーム型のものづくりが模索されるようになる。

そしてモジュールのデファクト・スタンダードの獲得を目指してベンチャー企業がしのぎを削り、産業をダイナミックに進化させるようになる。その生産システムに台湾や中国、インドなどを組込み、グローバルでオープンな生産体制を整える。日本企業は過去の成功体験を棄却できず新たな製品アーキテクチャに基づいたネットワークによるものづくりに遅れた。

欧米の企業からだけでなく、躍進をはじめた新興国の企業から学ぶことも課題である。技術革新が相次ぐ製品の陳腐化の速度が激しいデジタル製品の生産では、1つの製品品種の生産に特化して24時間フル操業することで、短期間で設備を償却して建物ごと棄却してしまうような「使い捨て工場」と

---

11) 例えば Dertouzos, et al. (1989), Hamel and Plahalad (1994) 参照。

いった日本では考えられないような生産方法も登場した[12]。それがそのままわが国で通用するかは別にして、異質なものづくりシステムが新興国では生まれている。それを無視して学ばなければ日本企業に未来はない。かつてのアメリカのように新興国企業に学び、新しい事態に対応しようとしなければますます「落日の日本」になってしまう。

　高度な技術力がある、大企業を支える中小企業には熟練技能があるという固定的・画一的な基調で日本のものづくりを礼賛する風潮がある。しかし1980年代中期以降日本企業の競争力は低下している。先に取り上げた半導体事業のように明日を担うといわれてきた分野での勝利者はアメリカ、台湾、韓国企業であった。そして今、中国企業が競争力を高めている。技術や技能に酔いしれている間にものづくりのイノベーションが進展したのである。

4.2　事業イノベーションの考え方

　今まで使用してきたイノベーションという用語について、ここで整理しておこう。今日技術革新と訳されているイノベーションという言葉をあげるとき、シュンペータが1世紀前に発表した『経済発展の理論』を抜きには語れない。「技術的にも経済的にも、われわれの領域内に存在する物および力を結合することが生産であると規定し、そしてそれらの物や力の相互関係を変更すること、現在分離されているそれらを結合すること、それらを従来の関係から解き放つことは生産物および生産方法の変更である」。

　このようにシュンペータはわれわれの周りにある物や力を結合することが生産であり、そのとき結合の変更、つまり新結合の遂行が経済を発展させるのだとした。そのうえで新結合として、新しい財貨の生産、新しい生産方法、新しい販路の開拓、原料・半製品の新しい供給源の獲得、新しい組織の実現という5つをあげた。そして従来の結合のままに小さな歩みを通じて連続的な適応を行うのが成長であり、新たな結合によって非連続的な新しい現象が現れるのが発展で、後者のそれを新結合の遂行つまり今日いうイノベーショ

---

12) これについてはStalk (2008) 参照。

ンにあるとした[13]。それは技術革新という言葉では十分に表現できないもので、広義の生産における新結合をシュンペータはとらえている。

ただこのとき非連続な現象の出現をどのようにとらえるかで、イノベーションの定義は変わってくるが、社会経済を大きく変えてしまう新たな現象の出現ではなく、その後経営学ではイノベーションを業界内での新現象の出現、果ては企業のなかでの新現象と広くとらえる傾向がみられる[14]。一方で新製品・新技術の開発をプロダクト・イノベーションとして、また生産方法のイノベーションをプロセス・イノベーションとして経営学はとりわけ注目してきた[15]。

しかし新製品や新技術の創出だけではなく、シュンペータの原点に戻って幅広くあらゆるものの新たな結合としてイノベーションを取りあげることが今日必要になっている。物や力の結びつきによって生産が実行されるが、それは資源と密接に結びつく業務プロセスによって行われる。業務プロセスや組織、資源よって事業の仕組みが形成され、その優れた仕組みによって顧客価値を創出するだけでなく、同業者に対する競争優位を形成している。

複雑化する環境のなかでは、製品や技術による差別化だけでなく、事業の仕組みによって模倣を防いだり、企業全体の活動によって顧客価値を提供することが重要になっている。例えば事業の仕組みを解明する手法の1つであるビジネスモデルでは、抜本的な変革としてビジネスモデルのイノベーションを謳う[16]。そうしたビジネスモデルのイノベーションが主張される背景には、製品・技術のイノベーションや狭義の生産方法のイノベーションだけではなく、広義の生産方法のイノベーション、つまり事業イノベーションが複雑化する経済社会環境の中で必要だという視点がある[17]。

---

13) Schumpeter（1926）邦訳上 pp. 50-52, pp. 182-184。
14) このようなイノベーションの概念の変化については松永（2016）参照。
15) これについてUtterback（1994）は製品ライフサイクルの進展のなかで、プロダクト・イノベーションとプロセス・イノベーションの比重が変わることを実証した。
16) 例えばJohnson（2009）やMcGrath（2011）など参照。
17) シュンペータのいう生産という概念は今日、事業と広義にとらえることができる。

さまざまな資源や活動の新結合による従来の事業の枠組み、事業方法の変革が事業イノベーションである。ただビジネスモデルが大雑把な事業のフレームワークに止まっていると考える筆者は、より詳細な活動や資源の結合、つまりそれらのシステム化が事業の仕組みだとしてビジネスシステムを提起した（小川, 2015）。

このような背景のなかで、本書ではイノベーションの範囲を拡大し、製品・技術や狭義の生産方法だけでなく、事業の仕組み全体のイノベーションを事業イノベーションと呼んで取りあげる。それは情報技術など今日の新しい資源など含めたすでに存在するものの新結合、システム化によって実現するものである。それは活動や資源の従来とは異なった結びつきで実現するものであり、業界のなかで競合他社とは異なった特異な事業遂行方法、つまり差別化した事業の仕組みとして規定する。

4.3 「顧客価値提供」へのパラダイム転換

今までみてきたように、顧客価値の多様化と多数の競争企業の参入の中で、事業の対象として選択する顧客価値を明確にして、特定の顧客価値提供を目指した独自なものづくりが求められている。どんなに自負する技術や技能があっても、顧客価値に結びつかなくては需要を獲得できない。その顧客価値は多様であるため、中小企業でも対応できる領域がさまざまな局面で登場してくる。

経済社会環境の変化は一時的なものではなく、社会システムそのものを変えようとしている。経済や社会の仕組みそのものの変革期を迎えているのであり、従来の通念や企業経営の成功要因が通用しなくなってきている。そのため新しいものに挑戦する中小企業には事業機会が登場している。新しい発想で企業活動や経営を再構築し、斬新なものづくりシステムに転換しなくては、企業の成長どころか反対に存在そのものを日本企業は失う。

パラダイム転換はその時代に居合わせた企業の戦略転換の連鎖の結果として促進される（柴田, 2008）。日本企業は今こそ、大企業も中小企業も過去とは決別して新しいものづくりシステムへのイノベーションを目指す時である。そ

のとき情報技術がその変革を支える。進展する情報技術の活用、そして情報の有効な活用抜きに今日の企業経営はない。明るい未来はパラダイム転換の基でのさまざまな試みなしには訪れない。

参考文献

Bower, Joseph & Clayton Christensen (1995), Disruptive Technologies: Catching the Wave, *Harvard Business Review*, Jan-Feb.

Dertouzos. M. L and R. K. Lester, R. M. Slow (1989), *Made in America*, MIT Press. (依田直也訳『Made in America』思志社, 1990 年)。

Finan, Willam & Jeffrey Frey (1994), (生駒俊明・栗原由紀子訳『日本の技術が危ない──検証・ハイテク産業の衰退』日本経済新聞社、1994 年)。

Grove, Andrew S. (1996), *Only the Paranoid Survive*, William Moris. (佐々木かをり訳『インテル戦略転換』七賢出版, 1997 年)。

Hamel, G. and C. K. Plahalad (1994), *Competing for The Future*, Harvard Business School Press. (一條和生訳『コア・コンピタンス経営』日本経済新聞社, 1995 年)。

Johnson, Mark W.and Clayton Christensen, Henning Kagerman (2008), Reinventing your Business Model. *Harvard Business Review*, Dec. (関美和訳「ビジネスモデル・イノベーションの原則」『DIAMOND ハーバード・ビジネス・レビュー』2009 年 4 月号)。

Kim, W. Chan (2006)、インタビュー「ブルー・オーシャン・リーダーシップ」『DIANOND ハーバード・ビジネス・レビュー』11 月号。

McGrath, Rita Gunther (2011), When Your Business Model Is in Trouble, *Harvard Business Review* Jan-Feb.

Nunes, Paul and Tim Breene (2011), Reinvent Your Business Before It's Too Late, *Harvard Business Review*, Jan-Feb. (関美和訳「持続的成長の S 字曲線」『DIAMOND ハーバード・ビジネス・レビュー』2011 年 8 月号)。

Pine, B. Joseph & James H. Gilmore (1999), *The Experience Economy*, Harvard Business Press. (岡本慶一・小高尚子訳『経験経済』ダイヤモンド社、2005 年)。

Pine II, Joseph (1993), *Mass Customization*, Harvard Business School Press. (江夏健一・坂野友昭監訳『マス・カスタマイゼーション革命』日本能率協会マネジメントセンター、1994 年)。

Schumpeter, Joseph A. (1926), *Theorie der Wirtschaftlichen*. (塩野谷祐一・中山伊知郎・東畑精一訳『経済発展の理論（上・下）』岩波文庫、1977 年)。

Slywotzky, Adrian & Richard Wise (2003), *How to Grow When Markets Don't*, Warner Books. (中川治子訳・佐藤徳之監訳『伸びない市場で稼ぐ！』日本経済新聞社、2004 年)。

Stalk, Jeoge & Thomas M. Hout (1990), *Competing Against Time*, The Free Press. (中辻萬治・川口惠一訳『タイムベース戦略』ダイヤモンド社、1993 年)。

Stalk, Jeoge (2008), *5 Future Strategies You Need Right Now*, Harvard Business School Press.（ボストン・コンサルティング・グループ・太田直樹訳『いま起こりつつある"かすかな兆候"を見逃すな！』ファーストプレス、2008年）。

Utterback, James M. (1994), *Mastering the Dynamics of Innovation*, Harvard Business School Press.（大津正和／小川進監訳『イノベーション・ダイナミクス』有斐閣、1998年）。

小川正博（2015）『中小企業のビジネスシステム』同友館。

財団法人機械振興協会経済研究所（2004）『半導体を軸とした新市場開拓の体制整備調査研究』。

財団法人機械振興協会経済研究所（2005）『日本におけるロジック対応独立ファンドリーの有望性』。

柴田友厚（2008）「パラダイム転換のマネジメント」児玉文雄編『技術潮流の変化を読む』日経BP社。

新宅二郎・善本哲夫（2009）「液晶テレビ・パネル産業」新宅二郎／天野倫文編『ものづくりの国際経営戦略』有斐閣。

松永宣明（2016）「イノベーションと中小企業」『商工金融』第66巻第9号。

山口栄一（2003）「半導体・デバイス産業」後藤晃・小田切宏之編『日本の産業システム』NTT出版。

湯之上隆（2009）『日本「半導体」敗戦』光文社。

第2章　中小企業の情報技術活用の課題

　進展する情報技術は社会や経済活動を変革し、活用せずには快適な日常生活が成り立たない状況にさえおかれている。当然、企業も情報技術をふんだんに活用して企業活動を変革し、新たな経営へと踏み出しているはずである。しかし中小企業をみると、情報技術のもつ可能性を活用して新しい事業に進化しているかというと、そうはいえない状況にある。高度な技術を標榜する日本中小企業と喧伝されるものの、全体として情報技術活用に取り残されている。産業革命をもたらしているといわれる情報技術を、事業のイノベーションに結びつける中小企業が少ないのが実情である。

　そこにはどのような課題があるのか、どのような方向に活用することで情報技術のもつ可能性を活かせるのか、そして情報技術を活用することで中小企業経営はどのような方向に向かうのか、本章はこのような視点で中小企業における情報技術活用の課題と活用の方向を検討する。

　企業規模の小さな中小企業ほど、販売業務や製造業務という収益に直結する領域での情報技術活用が不可欠であり、さらに外部との情報作用を活発化することなど、従来論じられてきた情報システム観とは異なった視点からの活用が、中小企業には必要であることを事例を通じて検討する。

　第1節では情報技術の発展と活用目的やその効果、中小企業の情報技術活用課題をみる。第2節では効果を上げている中小企業の3つの事例を提示し、その成功要因を第3節で検討する。第4節では情報技術活用の効果をあげるイノベーションの考え方を検討し、第5節では今日の情報技術活用と中小企業経営の可能性をみていく。

1 情報技術の進展と中小企業の活用状況

情報技術は目覚ましい進展を遂げ、その活用目的も変容させて進展してきた。しかし中小企業は情報技術投資額に見合う効果を十分に発揮できていない。

1.1 情報システムの変遷と中小企業の活用

企業の情報技術の活用は概観的にみると図2-1のように変遷してきた。1960年代、メインフレームという情報技術をインフラに、大量なデータ処理から始まった業務の自動化はEDPS（Electronic Data Processing System）と呼ばれた。次いで1970年代初頭にかけて経営情報システムMIS（Management Information System）が登場し、統合化された業務の自動化と同時に、管理や経営の意思決定が情報技術活用の目的になる。しかしこれは技術インフラの未発達や、情報と管理を分離して扱うといった理由などのために、現実には実現せず幻想で終わる。当然、中小企業には無縁の世界であった。

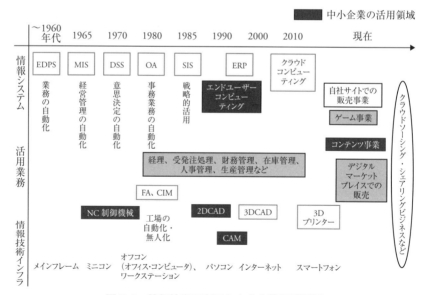

図2-1　情報技術の変遷と中小企業活用領域

その後 1980 年代半ばには、業務の自動化や経営管理の意思決定目的に代わって、情報システムの戦略的な活用という新たな視点が登場する（Wiseman, 1985）。それは専用端末による迅速な発注・納品という方法で、製造業や流通業による小売業の囲い込みや問屋排除を伴って日本では展開された。それは一時的な効果はあったものの、競合企業による同様な対抗措置などで持続的な競争優位を実現できなかった。このとき薬局のグループ化による薬業 VAN（Value Added Network）や、卸売業・小売業など地域流通業の地域 VAN といった名称で、戦略的活用を目指す中小企業グループも登場したが、一時的な取り組みで終わり広がりは少なかった。

　その後大企業では業務の効率化や経営の全体最適を目指す ERP（Enterprise Resource Planning）の導入、中小企業ではソフトウエアハウスへの発注による自社システムの構築やパッケージソフトの活用などによって、経理事務をはじめとして人事管理、受発注処理、販売管理、在庫管理などの業務処理や業務管理領域での情報システム活用が少しずつ進展する。規模の大きな中小企業はオフコンによる情報システム構築を行うものの、多くの中小企業は取り残された。1990 年代末以降ダウンサイジングによるパソコンの普及、さらにクライアントサーバ・システムによる LAN が容易に構築できるようになることで、中小企業の情報システム活用企業が増える。高性能で低価格な情報技術インフラの登場が、中小企業の情報技術活用を後押ししはじめるのである。

　さらに 1995 年の Windows95 そして同 98 というパソコン用基本ソフトの登場によって、1980 年代に登場したインターネット技術が、1990 年代末には電子商取引手段として中小企業でも活用されるようになる。はじめはマスコミなどの話題に乗って、地方の企業や個人によるホームページを開設しての物品販売も試みられたが、本格的にインターネットが使用されるのは、大企業からの受注獲得手段としての電子商取引であった。

　その後インターネットの普及によって、サイバーモール型のデジタルマーケットプレイス活用による物品販売、ベンチャー企業によるゲーム事業や物品販売など、中小企業でもネットビジネスが展開されるようになってくる。またサービス形態で情報技術を活用するクラウドコンピューティングも、一

部の中小企業では利用される。

ただ中小企業で情報技術が早くから普及したのは、現実には事務処理用の情報システムではなく、NC 制御機械やコンピュータ制御設備など情報技術で制御する設備機器である。1970 年代に実用化された NC 工作機械は人手不足対策、とりわけ熟練技能者不足への対策として中小企業でも広く採用されてきた。さらに NC 装置にコンピュータ制御が加わることによって機能や性能が高まり普及が広がる。ただ高性能な設備ほど投資額が増大するため、小規模な企業では導入設備が少なく、また周辺機器と一体化するシステム化した活用が少ない。

1.2　中小企業の情報技術活用の実態

図 2-2 は企業規模別にみた業務領域別の情報技術導入状況である。中小企業では財務・会計、人事・給与、そして販売業務などを軸に情報技術が活用されている。ただ在庫や購買、生産、物流、開発・設計なども含めて、これら業務に情報技術を活用するのは、中小企業の中規模企業で半数前後であ

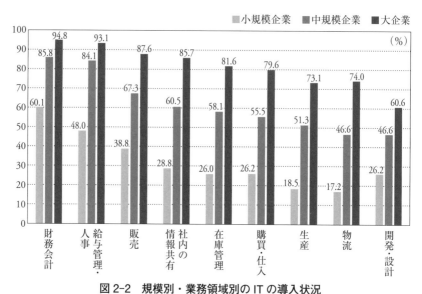

図 2-2　規模別・業務領域別の IT の導入状況

出所：中小企業庁編『中小企業白書 2013 年』。

第 2 章　中小企業の情報技術活用の課題

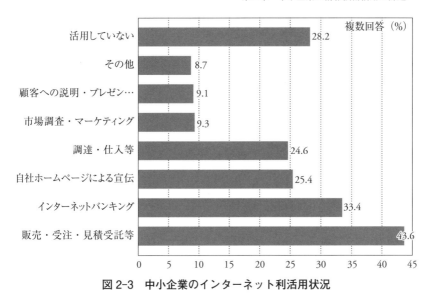

図 2-3　中小企業のインターネット利活用状況
出所：石井・藁品・鉢嶺「IT 利活用が中小企業にもたらすものは①」『信金中金月報』2014 年 8 月号。

る[1]。一般に情報技術に関するアンケート調査では、活用している企業の調査票回収が多いことを考慮すると、現実にはこれら業務での中小企業の情報技術活用企業は、半数を大きく下回っていると推定できる[2]。

実際、個人でも広く活用普及しているインターネットについても、中小製造業を対象にした図 2-3 の信金中央金庫のインターネットの利用状況調査をみると、インターネット未活用の企業が 28.2％にものぼる。それにインターネットはネットバンキングによる資金決済や販売・受注・見積受託が中心で、ホームページによる広告宣伝、顧客への説明・プレゼンテーションなどの活

1）国では 2014 年の小規模企業振興基本法の制定に伴い中小企業を小規模企業者と、それ以外の中小企業を中規模企業者と称するようになった。製造業の場合の中小企業は資本金 3 億円以下または常時雇用する従業員数が 300 人以下の企業である。このなかで常時雇用する従業員 20 人以下を小規模企業とする。いずれの定義も卸売業、小売業、サービス業では異なってくる。
2）情報技術活用に関する多くの調査では、業種によって業務内容が異なるが、その業種特性を無視した同一の項目や選択肢による集計の調査内容を発表している。例えば生産管理については卸売業や小売業・サービス業などでは必要ないものの、同一に集計されて論じられている。本章でも一部を除きそのようなデータを活用している。

用も低いものにとどまる。

 2001年11月制定のIT基本法による「e-Japan戦略」以降、2003年7月の「e-Japan戦略Ⅱ」、2006年1月「IT革新戦略」、2009年7月「e-Japan戦略2015」、2010年5月「新たなIT戦略」、そして2013年6月第2次安倍内閣の「世界最先端IT国家創造宣言」と、急速に進展する情報技術を成長の原動力にして新しい産業を創出しようと国はもくろむものの、情報技術活用によるイノベーションは不発に終わっているといわざるを得ない。

1.3　中小企業の情報技術活用の課題

 1980年代、業務処理や管理活動への貢献を通じて、企業の生産性や収益性を情報技術が本当に向上させるのかについては疑問が呈され、生産性パラドクス論争が展開された。1990年代中期にはBrynjolfssonなどの研究によって、情報技術投資は企業の生産性や収益性と密接な相関があると実証され、生産性パラドクス論争は終焉したとされる（遠山, 2015）。しかし中小企業の場合、それは必ずしも単純に該当するものではない。

 実際、中小企業に対する情報技術活用の調査データをみると**表2-1**のように、経済的効果に結びついていない中小企業の状況が明瞭である。「売上または収益性の改善につながった」とする企業は、従業員数100人以下の層でわずか11％程度にしか過ぎない。従業員数251～300人という従業員規模が大きい中小企業層でも26％弱である。「顧客満足度の向上や新規顧客開拓につながった」「業務革新・業務効率化向上」など重要な経営課題についても、情報技術活用の効果は同様な傾向にある。中小企業における情報技術の活用は、顧客満足度の向上や業務革新、業務効率化に結びつかず、その結果収益性向上に結び付いていないのが実情で課題が多いことがわかる。ただ情報技術活用の成果は従業員規模の増大とともに上昇しており、企業規模が成果と相関を持つことになる[3]。それは次のような理由からである。

3）ただこの調査では、5,001人以上の企業規模層でも20％弱の企業の収益効果がなく、中小企業だけでなく、日本企業は情報技術を有効に活用できていないことが推定される。

第 2 章　中小企業の情報技術活用の課題

表 2-1　従業員規模別 IT 活用の効果

%

	合計	1〜100	101〜200	201〜250	251〜300	301〜1,000	1,001〜5,000	5,001人以上
売上又は収益改善につながった	30.1	11.2	18.7	23.2	25.7	33.8	50.7	82.1
顧客満足度の向上、新規顧客の開拓につながった	30.1	11.3	19.0	22.7	26.0	33.7	50.4	81.5
業務革新、業務効率化につながった	31.7	11.7	19.6	24.6	27.1	35.7	53.7	82.7
従業員の満足度向上や職場の活性化につながった	30.3	11.3	18.9	23.8	26.7	33.8	51.2	79.6
リスク対応、セキュリティ対策などが図れた	31.6	11.9	19.6	24.9	27.8	35.5	53.3	82.1
法令などへの対応が図れた	30.3	11.6	18.5	23.5	26.4	33.7	52.0	80.9
IT インフラの強化につながった	31.5	12.2	19.3	24.0	28.1	35.3	53.5	80.9
その他の効果につながった	27.0	10.4	16.7	19.9	23.3	30.7	44.8	72.8

資料：経済産業省「情報処理実態調査」2014 年、著者修正加工。

　業務データ処理が中心の情報システムの場合、業務処理や業務管理領域における活用では生産性向上や収益性向上の余地は少ない。業務処理や業務管理領域での情報システム活用による生産性向上には、業務効率化や省力化、それに有効な意思決定や管理システムの向上という側面から効果に迫ることになるが、一般に企業規模が小さくなるほどそれらの事務処理量が少ないために、その効果は情報化投資額に比べて限定的である。

　企業規模が小さくなるほど企業の収益性に寄与するのは、販売や生産活動という収益に直結する領域にならざるを得ない。このような中小企業の実情からいえば、生産や販売活動そのものに情報技術を持ち込まないと効果が得にくい。そして今日の情報技術の発達は、こうした業務オペレーション領域での貢献が可能になってきた。

　ただポーター（Porter, 1985; 2014）は、競争優位のよりどころは効果的な業

務オペレーションにあるが、それだけで持続的な競争優位につながる例は稀であるとする。他社とは異なったやり方、つまり顧客に対して独自な価値をもたらす戦略的ポジションに、効果的なオペレーションを結びつけないと持続的競争優位は得られない。効率的な生産や販売の仕組みが必要だが、さらに他社が模倣しにくい独自な価値を提供する事業の仕組み構築が課題なのである。

　一般に多数の企業が同様な事業で競争し、とりわけ技術サービスとして加工技術を主体にする下請加工業など、模倣しやすく参入障壁が低い。他社が模倣しにくい独自の価値創出の仕組みの形成に情報技術を活用して、業務オペレーションによる独自の顧客価値を提供することが中小企業では重要である。

　以下では、そのような独自価値創出を実現している中小企業の例をみながら、中小企業の効果的な情報技術活用の方向を探っていきたい。

2　中小企業の情報技術活用事例

　前述した生産や販売業務での活用によって、成果を上げている企業の事例を3つ提示し、中小企業における情報技術活用検討の題材にする。

2.1　事例Ⅰ：管理業務と自動化生産システムの構築

　岡村機工㈱（岐阜県）は従業員60名の板金プレス加工業である。同社は製造現場の加工業務と管理業務の両面で、情報技術を早くから駆使してきた。

　顧客のCAD（Computer Aided Design）データだけでなく、手書きの設計図面や商談でのメモ、加えて加工作業で難しいこと、注意すべき現場作業者のメモなどもOCR（Optical Character Recognition）データとして電子ファイル化し、加工データや納品データなどを加えて一括して管理し、顧客情報をいつでも閲覧・利用できるように古くからデータベース化してきた。

　それに生産計画と工程の進行状況など生産管理もパソコンで行う。受注データで生産計画が組まれ、工程ごとの終了時間を現場のコンピュータで把握して進捗管理が行われる。こうした生産管理が情報システムで行われている

中小企業は先のデータでみたように少ないのが実情である。

　管理業務だけでなく、生産業務自体でも情報技術化を図る。設計後のCADデータを直接、工場設備に無線LANで伝送し、パンチングプレスなどの機械加工のCAM（Computer Aided Manufacturing）データに変換して設備を制御する。プレスなどさまざまなノイズを発生する加工機械を多数台使用している工場でありながら、有線ではなく無線で加工機械を制御・操作するシステムを早くから構築してきた。情報技術による現場作業の省力化や加工精度の向上を図り、相次ぐコスト削減が求められる板金加工業務で収益を確保する。

　板金部門では15〜200tクラスのプレス機、25〜80tクラスのベンディングマシン、ブランク加工用のファイバーレーザー加工機、NCターレットパンチングプレス、スポット溶接機など、プレス加工部門でも金型製作用のワイヤーカット放電加工機や細穴放電加工機、全自動平面研磨機、3次元測定器などの装備を誇る。

　形状の異なった300本の金型を使用して、材料を打ち抜き成形加工を行うCNC制御ターレットパンチングプレスは、6ミリメートル厚までの材料を加工できる。このシステムでは所定の形状に加工する際、1枚の材料からどのような配置で材料取りをするかシュミレーションして、CADで最適取り数をきめる。多品種少量生産用のこのシステムは、異なった受注品でも同じ材料が使用できる場合、材料歩留まりが最適になるように受注品を混合して加工する。材料1枚当りの歩留まり率向上が採算性を左右するからである。10ステージの材料ストック装置に異なった材料をストックしておけば、制御装置が受注品に応じて材料を自動的に検知し、作業者が不在の夜間も稼働し24時間操業できる。

　現在、自動車産業では3次元CADが一般に用いられるようになってきたが、電気機器や精密機器、機械部品などの同社の顧客はいまだに設計データは2次元CADが主体である。このため2次元データから立体形を想像して板金加工用データを作成する。ただ平面的に展開した加工物を折り曲げ立体形にすると、伸びしろによって加工精度や抜き形状が微妙に変化してしまう。そこで同社が近年導入した折り曲げ加工のベンダーマシンは、ベンダー

CAM の方で折り曲げデータを処理し、折り曲げ順序などを自動的に設定して、最適な立体形を形成するように自動的に加工する。

　パンチングプレスやレーザー加工機、ベンダーマシンなどを軸にする同社の生産システムは、金属プレス加工に比べて多品種少量生産を志向する生産方法であり、国内需要に対応する方法である。このとき多様な加工物を高精度に短納期で納入するためには、コンピュータ制御設備によるシステム化が不可欠になる。それは顧客のニーズに応えるための情報技術活用で、同時に高度な技術による独自の顧客創出の仕組みである。

　同社は従業員重視を謳うものの、熟練技能を標榜する企業ではない。最新の設備を導入して、情報技術による高精度で効率的なそしてフレキシブルな生産システムを構築し、一方作業現場では女性や外国人労働者も積極的に活用する。

2.2　事例Ⅱ：3 次元 CAD の活用による新たな海外事業の展開

(1) ベトナムでの新たな経営

　1951 年創業の㈱大晃機械製作所（大阪）は、電力会社向け変圧器用の巻線機では 500 台の納入実績を持つ従業員 20 名の企業である。同社は中小企業には珍しい生産設備のシステムインテグレータで、電力のほか自動車、電機、食品、医薬品、医療品など多様な領域の製造装置を開発設計する。自動車分野を中心にしたこともあったが、経営の自主独立性を保つためあえて多様な分野の大企業と取引する。

　典型的な中小企業ともいうべき規模にある同社だが、そこには日本中小企業が目指すべき経営がある。小さな規模ながら同社は 3 次元 CAD を駆使して FA やロボットなどの製造システムを企画提案して開発し、顧客企業に納入する。その際自社の価格設定に応じない企業との取引は行わないという自律性を発揮できる企業だからである。3 次元 CAD 3 台、2 次元 CAD 7 台で設計を行い、NC 旋盤、CNC フライス盤、中ぐりフライス盤、5 軸と 6 軸の溶接ロボット、3 次元測定器などを装備して、設計だけでなく機械加工も内製できる体制で、高付加価値な製造システムを製品として納品する経営である。

ただ同社を高く評価できるのは、以下にみていく別会社のベトナム法人の経営である。2007年に設計子会社をホーチミンに設立し、さらに発展して2012年には設計から加工・組立まで行うダイコウ・ベトナム・テクニカルを設立して本格的に業務を開始する。設立時は4人から始まったが、現在は70人の人員になり、このうち設計が30人、加工20人で設計はもちろん、機械加工も内製を主体にする。

工業がテイクオフしたベトナムや隣国タイでは、多くの日本企業や外資系企業が現地生産を行う。そこでは人件費が上昇するだけでなく、単純作業の繰り返し業務では労働者確保が難しくなっている。また熟練技能が必要な作業ではロボットの活用が求められる。そこで組立ラインでは自動化や省力化が課題になる。このため自動化ラインなどの需要が旺盛で、ベトナム法人はその開発設計、生産すべてに応じる。

ベトナム法人は知名度の高いサイゴン・ハイテクパークに工場を構え、ロボット技術も標榜する同社はハイテク企業としての評価を得ており、3次元CADによる設計技術を習得したホーチミン工科大学やホーチミン師範大学などの優れた人材が採用できる。このため3次元CADと2次元CADをそれぞれ20台ずつ装備して設計重視の経営を行う。

(2) 設計人材の確保

ソフト技術に長けたベトナム人副社長が、3次元CADの設計能力を持つ人材を当初3人確保してきたことが、同社の経営の出発になっている。彼らの設計能力を養成し、システム要求の高い日系企業の生産設備の設計を担わせることで仕事に誇りを持たせる。そのことが優秀な人材の採用にもつながり、日本法人が受注した業務をベトナム法人で設計するなど、日本法人の設計能力を凌駕するまでに発展している。

ベトナムでは自動化システムを設計できる企業が少なく、同社に商談が持ち決まる。同社では基本的な設計データである部品ライブラリを整備して、それを活用することで短時間に設計する体制を敷くことで対応する。顧客との打ち合わせで構想図をスケッチし、それをもとに顧客の要望に沿って1週間で概略設計して顧客に提示し、顧客と打ち合わせ承認を得る迅速な商談で

受注する。このとき設備の作動や加工物の動きをアニメーション化して、製品のシステム作動を顧客にわかりやすく説明して見積額も提示する。そして3次元と2次元のCADで詳細設計と部品設計を、他方で電子回路設計を行って加工組立を経て納品する。

設計という頭脳的な業務は技術力の高い日本で行い、機械加工を海外で行うというのが一般の日本企業の姿勢である。しかし同社の経営が成功したのはその逆を行っているからである。現実には3次元CADを活用して設計できる人材が日本国内では確保できないという理由があった。

高度なものづくり技術を標榜するにもかかわらず、国内では3次元CADによる設計を教授する大学教育などが十分になされていない、と同社はみている。ベトナムに進出したのは3次元CAD技術者が確保できることであった。人材を獲得できるベトナムで、当初は設計のみを行う企業を目指した。ただ生産活動も行わないと設計能力も高まらないために、その後工場を建設して製造業務も保有するようになる。

日本国内でのものづくりではいまだに2次元CADが主体である。曲面的で複雑な設計でなければ熟練技能者は2次元CADで設計できる。しかし3次元CADでは、要素のライブラリをデータベース化しておけば、その組合せによって製品全体を立体的に構成できる。同社の場合、製品の自動組立装置や検査装置の多くは1,000点ほどの部品から構成される。このうちシーケンサやリレー、サーボモータ、カメラや画像センサなど電子モジュールは調達品で、残りの70％ほどが自社仕様で設計される。それらのモジュールをライブラリ化しておけば、設計は容易になる。そのうえ2次元CADでは不可能な、システムの作動を可視化して説明することで営業活動が容易になる。

日本の技能者は古い技術と技能にこだわり、情報技術を活用した高度な設計技術に後れを来している。情報技術の活用と海外人材の活用には、従来の慣習や発想からの脱皮が必要である。業務プロセスを変革するだけでなく、情報技術の活用方法、それを担う人材の確保と能力向上が必要であり、それが海外だからこそできる側面がある。あるいは海外だからこそ、新しいものづくりができる。その理由と効果に気がつかずまた学ばなければ、わが国の

ものづくり技術は衰退する。

2.3 事例Ⅲ：販売業務での情報技術活用
（1）オフコン活用による業務効率化

　次は小売業で古くから情報技術を駆使している例である。㈱もりもと（大阪府）は従業員40名（正社員17名、パート・アルバイト23名）、酒類を中心に食料品や菓子を扱う総合小売業で、本店のほか6店舗を構えネット販売も行う。

　免許制度であった酒の販売が2003年に規制緩和され、量販店やコンビニなどさまざまな店舗で扱われるようになる。それにディスカウント店が登場して販売価格が低下し、顧客の争奪をめぐって激しい競争が演じられる。このため「酒屋さん」と呼ばれて親しまれてきた地域の酒小売業の多くが転廃業に追い込まれている。このような厳しい業界環境のなかで、同社は酒屋さんから出発して業容を拡大させ、情報システムを軸に新しい経営を創造してきた。

　驚くことに、1973年にアメリカ・バローズ製のオフコン（オフィス・コンピュータ）を導入している。当時は大企業にコンピュータ導入の動きが始まった段階であり、町の酒屋のコンピュータ活用を馬鹿にされ、取引銀行から資金融資を断られる時代であった。ただそれ以前から、NCR製のレジスターを導入しており、中小企業ではもちろん、日本企業としては早期に情報化に取り組んだ企業である。

　同社は前述のような酒店の厳しい経営環境への対策として情報化に取組んだのではない。コンピュータ導入の当初の目的は、煩雑な小売事務の解決である。2代目の現経営者に経営が任された当時、社員は1人で50軒ほどの得意先を担当し、家庭を1軒ずつ回って注文を聞き、伝票で品出しをして納品し、毎月20日の締め日にはそれを集計して請求書を作成して集金していた。10人ほどの社員は繁忙を極めた。

　この家庭の御用聞きという外販が同社を成長させたものの、効率的な営業活動や集金活動が課題であった。そこで当時としては高額な2,000万円のオフコンで受注から請求、集金の一連の業務を処理する。さらに特筆すべきは銀行にはたらきかけて、代金の自動振込みを振り込み手数料なしで開始してい

る。今日では一般化している商取引の先鞭をつけた。初期のコンピュータ活用以降も新しい技術を取り入れて同社は情報システム活用先進企業として歩んできた。

今日では、かつての御用聞き販売の比重が低下し、代わりに店舗販売とネット販売が中心になった。賑わう店内には、空間を広く感じさせながら多様な商品が展示されている。特色なのはワインで、シャトーやドメーヌ、オールドビンテージものを含めて世界のワインを揃える。また70種類を揃える中国酒には高級酒が多く、同社の品揃えは20,000点にのぼり圧巻である。他店にはない商品を揃え、「一番いいものを早く安く」顧客に提供するのが同社の販売戦略である。

(2) 絶えざるIT化推進

オフコン導入後、1人の営業マンで200～300軒の家庭を担当するために、毎週1回注文リストを作成して家庭に配布し、その注文商品のリスト回収日には即日配達するといった方法を採用する。このとき注文内容をマークシートに転記して、出庫表を作成して配達するといった具合に、情報化による営業効率の向上を推進した。15年前には、電話を活用した御用聞きのシステムも構築している。これは、各家庭の在宅の状況をデータ化して、在宅の可能性が高い時間帯に自動で電話をかけ、自動音声で受注内容を聞く。それを営業担当者が聞いて配達するという方法である。

古くから社内では次のように情報システムを活用してきた。

①各店舗のPOSでは自店舗だけではなく全店舗の在庫を見ることができる。在庫については数量だけでなく、棚番号も表示され素早く出庫できる。

②店舗内では無線ハンディターミナルで取扱商品のデータを利用する。商品バーコードを読み取ると、販売価格、最終仕入先、仕入月日、仕入れ価格、在庫数、棚番を表示する。

③仕入先の大手10社とは16年前にEOSを導入した。

④商品マスターを利用して、商品のプライスカードやPOP広告を作成する。

⑤紙幣と貨幣の入出金管理を行う現金処理機とコンピュータが結ばれ、毎日の売上金が自動的に各店舗のPOSレジ売上高と照合され、資金の過

不足状況も把握できる。

2.4 事例からみた情報技術活用の成功要因

今までみてきた3つの事例は、事業の基盤である生産業務や販売業務を軸に情報技術を活用して成功した例である。その主な要因を次のように指摘できる。
① 顧客ニーズや業務変革に応えるための活用という明確な目的があり、それを実行する業務プロセスを構築したこと。
② 経営者が先頭に立って情報技術活用をリードしていること。
③ 他社とは異なった顧客価値を創出する事業を目指し、新しい事業の仕組みを形成していること。

とりわけ顧客ニーズに応えるための活用であるということが、成功要因として最も指摘できることであり、以下この点を中心に検討していく。

3 事例の検証

前述の事例企業が情報技術活用で成功した要因について以下では検証する。

3.1 顧客ニーズ対応のための取り組み

繰り返し生産もあるが事例Ⅰ岡村機工の経営の軸は、多様な顧客からの多品種少量な受注への対応である。このため設計や加工図面だけでなく、受注条件、求められる精度など、過去の商談の際に必要だった情報を的確に把握しそれを蓄積して次の商談に活かすことが重要になる。そうした情報をデータベース化することによって顧客情報を社内で共有化できる。また情報システムで生産管理を行うことによって適時、生産の進捗状況が把握でき顧客からの問い合わせにも直ちに対応できる。これら顧客の要望に素早く応えることで信用を高める。

またコンピュータ制御の最新設備は、労働力不足のなかで高度で複雑な技術が求められる生産業務を的確、迅速に効率的に行うためのものである。多

品種少量生産では多彩な加工が求められるといっても、部分的な加工には繰り返しがある。それを蓄積してデータ化することで同様な加工、類似の加工にはスピーディに対応できる。さらに CAD による設計と加工情報を制作する CAM との連動によって、製品情報を利用して機械加工する業務プロセスを構築する。

　同社で行う情報技術をふんだんに活用した生産システムは、熟練技能者が不足するなかでの国内生産中心の事業モデルの一つである。それはこうした方策が採用できない企業との差別化で、同業企業に対して競争優位を形成する。

　事例Ⅱの大晃機械製作所は前述したように、小規模といってもよい企業でありながら、著名企業の製造システムの設計生産という複雑な業務を行う。激しい競争下に置かれている顧客からは、低価格で生産性の高い、そして精度の高い製造システムの迅速な提供を求められる。加えて製品の設計には機械技術だけでなく電子技術が必要で、最新の制御技術も欠かせない。電子回路設計ではデバイス、素子をはじめとする各種電子部品を組み合わせて、所定の機能を果たす回路を設計するので、電子技術と電子部品の知識も必要になる。それにハードだけでなくソフトの機能が重要な役割を果たす。わが国の中小企業はハードなものづくりには長けるが、ソフト技術が一般に不足している。

　製品である製造システムは多様な部品の組合せで作動するものであり、設計要素や部品をライブラリ化して設計するには 3 次元 CAD が有効であり、同社はそこに力を注ぎ、それが収益の源泉になる。このときノウハウを蓄積して製造システムを設計するには高度な知識を持つ技術者が必要になるが、中小企業でその体制を敷くことは難しい。

　3DCAD による設計には教育された設計技術者が不可欠だが、国内では人件費が高いだけでなく不足して確保できない。そこで同社は海外を探索するなかで、経済発展が目覚ましいベトナムで人材を獲得し、CAD を核に設計ノウハウを蓄積する。海外の優れた人材の活用による情報化という新しい形態でのグローバル化である。

　同社の場合も、顧客ニーズに的確に俊敏に対応するための企業経営の基盤

としての情報技術の活用である。ただ先の岡村機工のようには、社内生産設備の情報技術活用は設計業務を除いて必ずしも進展していない。多様な自動化設備の生産には多様な設備が必要になり、それらを高度な生産設備にすると投資額が膨大になってしまう。それに製品の自動化設備は、さまざまな機器をシステム化した機能の発揮と高い生産性とが重要であり、製品企業から受注する部品加工の下請形態と比べれば、製品のコスト削減は厳しいものではない。そこで優れた機能を効率的に発揮する設計業務を重視する。

　古くから情報技術を駆使してきた事例Ⅲのもりもとの例は、これら2社の情報技術採用と異なっている。多数の営業を抱えているため、小売店でも事務処理量が多かった。人手不足の中で配達や納品、売上処理などが追い付かず、そうした日常業務を情報システムで行うというもので、小規模な小売店でありながら中堅企業の情報システム採用の契機に近い。同社は事務処理時間の軽減を図ることによって、営業活動の比重を高めて売上高を増大させている。

　そして手間のかかる入金処理、店舗ごとの売上管理と、次々と情報技術活用の領域を広げてきた。次いでそれは在庫管理や商品管理に向かい、店内の商品にバーコードを添付してきめの細かい管理を行う。多様なワインや中国酒など、それらの商品の特徴を1つひとつ入力してデータベース化する。顧客の問い合わせに対して、店員は商品のバーコードを無線ハンディターミナルで読み込んで説明できる。同時に在庫数や在庫棚もわかるようにする。また商品ごとに手作りでPOP広告を作成していたものをデータ化し、それをネットショップでの商品説明にも活用していく。同社の情報システム活用は繁雑な業務処理から始まって、販売業務そのものに向かっている。その情報化の取り組み方は教科書的で王道であり、中小企業としては稀有な成功例である。

　同社は10年ほど前に携帯電話での受注システムを完成させ、即日配送のネット販売にも進出した。顧客の購買履歴を表示して注文し易くするだけでなく、顧客ごとの販売価格設定も可能など、従来の固定客を大事にしながら携帯電話で簡単に注文できる仕組みである。引き続き情報技術を活用して、さらに新しい業務プロセスと事業の仕組みを創造する。

3.2 経営者のリーダーシップの役割

経営者の企業家精神やリーダーシップの役割が重要なことは中小企業経営では自明であろう。それは情報技術の活用でも同様であり、取り上げた3つの事例それぞれで経営者が積極的に関与している。とりわけ事例Ⅲではその役割が大きい。経営者はアメリカ滞在時に情報技術時代の到来を確信し、家業に戻って社内の業務状況に接するなかで、大企業でも十分に活用できていない時期に情報システムを導入している。

販売活動の事務処理に次いで社内の在庫把握を目指し、商品にバーコードを添付して受発注と在庫を連動させている。企業の中で課題になっていること、そして顧客価値対応のために必要で、かつ情報システムが活用できる業務から基本に忠実に取り組み自らプログラムまで作成する。商品の特徴を分かりやすくPOP広告で説明するためのデータ作成、ネット販売商品の写真撮影、商品説明文の作成まで自身で行っている。

事例Ⅰの場合は加工ミスや数量齟齬がなく高精度に受注品を加工し迅速に納品するために、情報システムによる顧客情報管理や生産管理の必要性を経営者が認識している。一方で情報技術活用の生産設備の導入を進め、それらを設計データと連結することで設備機器のシステム化を進展させている。これらは顧客企業の厳しい要求に応えるためであり、同業企業よりも優位な経営を行うには不可欠であるとの戦略の一環で、それが成功するとさらに情報技術活用を推進している。

事例Ⅱの場合は、顧客の大手企業が求める製造システムの開発設計を行うなかで、3次元CADが設計上不可欠であり、またそれが営業活動でも効果を発揮することを経営者は早くから認識する。ただそれに欠かせない人材のコストが国内では高いだけでなく、人材そのものが獲得できない状況で海外に活路を求める。するとそこでは高度な設計システムと、国内の数分の一だが現地では高額な給与とを準備すれば、中小企業というハンディもなく優秀な技術者が獲得できること、そして現地にも製造設備に対する旺盛な需要があることを発見する。そこで日本法人の経営は後継者に譲り、自らはベトナム法人の経営に専念することを選ぶ。同社の場合には設計部門を中核にした情

報技術活用を基盤に、新たな経営を海外で創業している。

4 情報技術を活用した事業の仕組みへのイノベーション

　情報技術活用を収益に結びつけるためには、顧客価値を再定義し、新たな事業概念のもとで業務プロセスを創造することが課題である。

4.1 顧客価値実現のための情報技術活用

　3つの成功事例には単なる事務処理の合理化ではなく、個々の顧客が求める個別の仕様に対応した製品や、高性能な製品の提供、スピーディな納期や価格低下など、具体的な顧客価値を実現するための情報技術活用がみられる。それが顧客獲得による収益拡大に結びつく。顧客価値を向上させ顧客満足度を高める業務プロセス構築のための情報技術活用という発想が収益確保の鍵である。

　今日、個々の顧客ニーズに柔軟に迅速に応えることが課題だが、多くの場合それは業務を繁雑にする。ただその解決のために単純に情報技術を活用するだけでは収益効果は得られない。中小企業の情報技術活用で収益を拡大するには、独自価値創出に向けて販売や生産業務の変革や創造が不可欠で、それができなければ情報技術活用の効果は得られない。先のポーターの指摘のように、他社とは異なった独自の方法を創造して差別化する。

　製造業にとって比較的取り組みやすい情報活用である事例Ⅰでは、生産や管理のための情報がコンピュータで伝達されるだけではない。パンチングプレスやベンディングマシンなど多数のコンピュータ制御設備をシステム化して活用している。設備自体が情報機器でもあるため、コンピュータによる制御で加工機械は無人稼動もできる。設備をシステム化することで設備稼働時間を増やすことができ、少ない作業者で複雑な加工を高精度で効率的に行う業務プロセスで収益を確保する。

　しかし熟練作業を情報技術に変えてしまうような高性能設備導入の投資額は大きいため、多くの中小企業にとって実現は難しい。さらに生産システム

の中核的設備を稼動させる技術だけでなく、設計データや管理データを活用して、顧客ニーズに応えるための統合的な仕組みが重要性になる。情報技術は中核的業務と支援的業務の両面での効果を相乗的に発揮させることで効果を高める。

　また情報技術はその前後工程との連結や、システム化を求めるので設備投資が継続していく。加えて技術進歩によってより高度な設備が登場してくるので、設備の更新も相次ぐ。それに市場調達が可能な設備では、その設備を活用する独自ノウハウの優劣で収益が左右される。CNC設備や周辺設備をシステムとしてトータルに使用し、熟練技能者以上の高度で複雑な加工をスピーディに行うことで収益を獲得する。そしてそれら生産システムに適合する受注獲得のための販売活動が課題であり、設備の減価償却を行える売上の獲得が最低限の目標になる。しかし技術に長ける中小企業は、他方でマーケティング活動を軽視し、自社の技術本位で顧客価値よりも自社技術優先の経営になりがちである。

　販売や生産業務だけで利益獲得を目指すのではなく、情報技術と他の活動とを組み合わせたトータルな事業の仕組み全体で収益を獲得する。情報技術がなくては実現できない新しい事業の仕組みを構築して、それを販売活動の中でアピールし、顧客価値をリードできるようにイノベーションを行う。

4.2　事業のイノベーション

　その仕組み形成のプロセスは図2-4のように示すことができる。顧客ニーズを的確に把握して、そのなかで提供する顧客価値を絞り込んで具体的に定義する。それには顧客のニーズを把握するための販売活動が不可欠だが、中小企業では当面の受注獲得に忙しく、事業の変革や創造に結びつくような情報収集のための活動がおろそかにされて、顧客の背後にある潜在するニーズを把握する情報収集にまで至らない企業が少なくない。また顧客価値を設定するためには、価値を提案して顧客側の反応をみることも必要であり、それらもすべて販売活動になる。

　顧客価値が定義できれば、それを実現するための事業概念の設定とともに、

第2章 中小企業の情報技術活用の課題

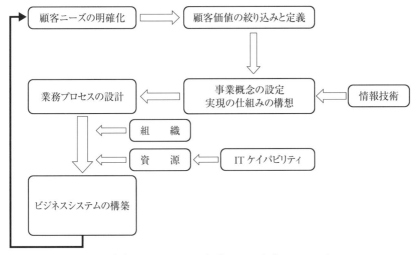

図2-4 ビジネスシステムの創造による事業イノベーション

事業の仕組みを設定し業務プロセスを設計する。自社の資源だけでなく外部資源も含めて、活用できるあらゆる資源を組合せて事業の仕組みを創る。このとき進歩する情報技術という新たな資源を、既存の資源と新しい発想で組み合わせる。それはシュンペータのいう、利用できる資源の新たな結合によるイノベーションへの一歩である。

新たな業務プロセスによって顧客を獲得できれば、それをさらに新しい事業概念に洗練して事業の仕組みの再編成を行う。同時に事業をさらに効果的に行うために組織を変革し、新しい資源を補充して新しいビジネスシステムを創造していく[4]。新しい顧客価値を実現するには、事業概念を実現する業務

---

4) ここでいうビジネスシステムとは次のようなものであり、一般にはビジネスモデルといわれる概念と同様でもあるが、その構成要素をより具体的に把握してシステム化することで事業の仕組みを創る。ものや知識、情報、能力などの資源を顧客の求める経済的価値に変換して提供し、利益を獲得するための構造がビジネスシステムである。製品やサービスを企画し、生産や販売、アフターサービスなどを通じて顧客に価値を提供するための仕組みである。それは選択した顧客のニーズに応えるための価値創出のトータルなプロセスであり、ステークホルダーとの信頼関係を形成する事業の方法である。詳しくは小川（2015）を参照。

プロセスだけでなく、それを支え一体で機能させる組織を形成し、さらに必要な経営資源を調達整備する。それに情報技術を活用するには、それを組織全体で有効に活用するためにITケイパビリティを育成することも課題になる。

情報技術による業務プロセスの革新を、生産性の向上や特定の顧客ニーズの満足度向上だけに終わらせず、それを新しいビジネスシステムに構造化して事業の仕組みとして昇華させていく。その事業概念を外部に訴えながら、新しい需要を確保できるように、さらに情報技術を軸に事業の再編成を繰り返す。情報技術をインパクトにすることで事業のイノベーションを目指す。

4.3 技術重視から顧客価値実現の仕組みへの転換

いままで日本製造業は、情報技術活用も含めて生産業務にフォーカスして効率化に励んできた。今後もそれは必要だが、さらに新しい事業方法の開発が求められている。経済がグローバル化し顧客価値が多様化している今、生産業務の効率化を図るだけでは顧客ニーズに対応できない。技術や製品の精度、機能など製品属性だけにこだわらずに、個々の顧客が求めるニーズを探索して解明し、自社で提供する価値を選択して絞り込み独自の顧客価値を創造する。資材の調達や販売、提供方法、アフターサービスまで含めたバリューチェーン全体で、顧客価値提供の事業の仕組みを構築する。

顧客価値を創造するためのトータルな事業の仕組みであるビジネスシステムが、顧客に支持されて有効ならば他社の事業と差別化され、競争企業に対する競争優位も獲得でき、また顧客と独自な関係も形成できる。それが顧客をさらに掘り起こして、ビジネスシステムをより効果的なものにしていく。このようなプロセスの繰り返しが事業をイノベーションする。

販売や生産という収益に直結する業務で情報技術を活かし、さらに顧客価値を付加増大させる領域、顧客と企業とをつなぐ領域でも情報技術を活用していく。とりわけ今後は、情報技術を内部業務で活用するだけでなく、外部に活用領域を広げることでより大きな効果を発揮できる可能性が高まっている。

5 新たな可能性と今後の方向

　今までみてきたように中小企業では、販売や生産という収益により直結する領域で情報技術を活用しないと収益効果は生まれにくい。そして情報技術はインターネットによる通信技術や、デジタル技術の発展によって多様な分野での活用可能性をますます広げている。

　先にふれたポーター（Porter, 1985）は、情報技術が企業の競争に与える影響を次のように指摘した。情報技術は業界構造を変え競争のルールを変える、情報技術は競合他社を追い越す新たな手段を提供する、まったく新しいビジネスを生み出すが、多くの場合それは既存業務の中から登場する、という3つの影響である。次にこうした視点から、今後の中小企業の情報技術活用の方向をみていく。

5.1　業界構造を変容させる情報技術

　情報技術がものづくりの分野で一般的に活用されたのは、先に図2-1でみたようにNC工作機械である。それは熟練技能者のスキルの領域であった難易度の高い機械加工でも、加工プログラムさえ作成すれば、自動で無人で処理するものである。それが旋盤から始まってフライス盤など、そして多様な加工を1台で行うマシンニングングセンターへと、より複雑な加工を行う工作機械へと応用され普及してきた。1台の機械に一人の作業者が必要な汎用工作機械と異なって、数台のNC工作機械を一人で看視管理する作業に工場現場は変わった。

　当初は設計図面を作業者が読み込んで加工プログラムを作成するが、そこにCADが登場することによって様相が変わる。CADは製品形状をデザインして正確な寸法で図面化するものだが、それは部品の組合せであり、構成部品がデジタルデータで作成される。そのデータを機械加工用に補正すれば加工プログラムになる。それを行うCAMが登場して、そこに工作機械の特性データを設定しておけば、設計データが加工データに補正される。ただCAMでは

加工順序、使用する刃物、できるだけ加工物にひずみを与えない加工方法など、すべてを最適に自動的に処理できるわけではない。このため新しいスキルが登場する。CAMデータを最適な加工データに変換する技術者のスキルである。

そのCADは当初は製品形状を2次元で表現するものであったが1980年に3次元が登場し、1995年ころには実用的なものになる。3次元CADは形状を立体として表現できるものであり、より視覚的に製品を設計できるようになる。このため熟練技能であった設計業務が容易になるだけでなく、複雑な形状の設計や局面形状の設計まで可能になる。CAD設計の教育訓練を経れば、設計に関する熟練が低くても、複雑形状の製品設計が容易になる。

この結果、設計や工作機械での情報技術活用はものづくりの世界に構造変化をもたらした。それは3次元CADやマシニングセンターなど、情報技術を活用する設備を導入すれば、熟練技能者が育っていない新興国企業でも、教育訓練によって高度な設計や加工ができるからである。

今日、日本製の高性能な工作機械設備を盛んに導入するのは新興国企業で、急速に技術力を高めている。そして先進国企業は少しでも労働コストの低い地域でのものづくりを目指すようになる。ものづくりのグローバル化に触発されて現地企業も勃興し、それらのなかは最新の工作機械を使用して技術力を高める企業が登場する。情報技術化された機器が、ものづくりのグローバル化という世界規模での構造変化を支え実現してきたのである。それどころか、熟練設計技術者が存在したため導入が遅れたわが国と異なって、3次元CADなどは新興国企業のほうがいち早く広く普及している。その結果、地域の中小企業は取引を海外に奪われ、また技術革新に遅れて技術力を低下させている。

それにCADやマシニングセンターは、従前の高度な加工専門企業の地位を奪って分業構造に変化をもたらしている。例えば金属プレス加工やプラスチック射出成形加工では、それに必要な金型を加工する高度な技術力を持った金型専業企業との間で分業が行われてきた。しかしCADやマシニングセンターを活用すれば、容易に金型を生産できるようになったため、金型製作は

ユーザー企業や海外企業に移行している。専業企業の技術優位という存立基盤が瓦解し、最新のCADや工作機械、高性能測定器などを装備できる金型企業しか生き残れなくなっている。

このように情報技術は業界構造を変容させ、情報技術活用が競争優位の有力な手段として作用している。情報技術は設計ノウハウや技術ノウハウを蓄積する機器に応用され、人間に代わって機器が最適で正確な業務を行う。それらノウハウを保有しない人間でも高度な業務を行えるため、技術格差を短期間に解消して新規参入を可能にする。それが世界規模でグローバルな分業を推進し、一方で地域の社会的分業を変容させている。

5.2 販売・生産業務から外部に向かっての情報技術活用

まったく新しい事業を生み出すという意味では、業界構造を変革し社会にさまざまな影響をもたらすようになったネットショップの本格的な躍進が顕著だが、それだけではない。その他にWebサービスやASP（Application Service Provider）の運営などのサービス提供、デジタルコンテンツやアプリの開発・販売などのコンテンツ提供、何かを仲介する代理店、ネットを通じた業務などの受託など、情報技術を媒介して多様な事業が生まれている。そこでは斬新な事業概念のベンチャー企業が登場する。

新たな企業が情報技術を活用した事業を始めるだけではない。ネットショップ分野には既存の企業も次々参入する。先にみた事例Ⅲのもりもとも店舗販売に加えてネット販売を開始して10年以上になる。この分野ではアマゾンやサイバーモールを展開する楽天などが先発企業であり、近年は主要な量販店やヨドバシカメラなど、異業種の多数の企業が参入して当日配達などを訴えて鎬を削る。それに情報検索、チケット手配やネットバンキング、電子書籍などがすでにわれわれの日常生活に深く浸透している。多様なネットビジネスが今後もますます登場することは想像に難くない。

既存の企業が、情報技術を活用した販売業務で収益性を確保しようとしていることは、情報技術活用が事務処理領域である間接部門から直接部門へ、さらに前述のように外部領域へと移行していることを示している。インター

ネットが消費者との直接的な情報作用を可能にしたからであり、さらにパソコンからスマートフォン利用へとより利便性を増している。情報技術の発達によって、その利用局面が大きく変わったのであり、それはあらゆる企業に新たな可能性を提供するようになった。

今後中小企業でも、顧客と直接交流する収益獲得業務領域での情報技術活用の機会が増えてくるものと想像する。このとき斬新な事業概念で模倣しにくい業務プロセスを構築し、他社では困難な顧客価値を提供し、それを持続的に遂行するビジネスシステムの構築が課題になることを事例でみた。もりもとの場合は店舗販売で行ってきた多様な商品に、味わいなどの商品の特徴を情報として添付して、他社では品揃えが薄いワインや中国酒で特徴を出している。ネットビジネスでは競争企業が次々と登場してくるので、先進的な情報技術そのものよりも、他社の対応しにくい顧客価値を確実に提供する仕組みの競争になる。

5.3 製造業の情報技術活用のものづくり

本章ではとりわけものづくり企業の情報活用を主体に事例をみてきたので、次にものづくり分野での中小企業の情報技術活用の可能性をみる。情報技術を基盤にした新しい事業形態の可能性が高まっている。

情報技術の発展はサービスやインターネットの世界で注目されてきたが、それよりも大きな影響を与えるのは製造業の分野であり、製造業の情報技術活用で21世紀の産業革命が本格的にはじまると主張したのが、アンダーソン（Anderson, 2012）である。彼はその象徴的な例を3Dプリンターに求め、多額の設備投資をしなくても、CADデータがあれば誰でもがものづくり起業家になれる。そこではユーザーや個人が、自分の欲しいものを机の上で生産し、また販売できることになる。ものづくりの仕組みを大変革する可能性が登場していると主張し、世界中の誰でもが起業家になれる環境をデジタル技術がもたらしていることに注目した（小川、2013a）。

アンダーソンの産業革命という主張は小ロットな物を個人や小規模企業が「メイカーズ（makers）」として自ら生産することができることを指している。

すでにガーシェンフェルド（Gershenfeld, 2005）が予言したように、ものづくりのデジタル化は企業が活用するだけでなく、個人が自己実現のためにものづくりを行うパーソナル・ファブリケーションを実現しはじめたということである。

自分で使用するものや趣味として作るもの、ネット上にそれを提示して賛同者を募ったり、それに関心を持つ人々が協力して共同で製作していく製品など、新たな視点からのものづくりの可能性を高めている。それは誰もが生産者や事業家になれるメイカーズの時代が登場していることを意味する（Hatch, 2014）。

ただ本格的な製品には使い勝手だけでなく、堅牢性や耐久性、修理のしやすさなどさまざまな知見が必要である。このため消費者やベンチャー起業家だけでなく、ものづくりノウハウを保有する中小企業を含めたものづくりコミュニティを形成すれば、イノベーションが起こる（小川, 2013b）。それは日本中小企業が再生する1つの方向になる。中小企業はそれぞれが多様な試みに挑戦し、新しい事業の創造を競いあうことで産業に活力を与えてきた。中小企業のものづくりに、3Dプリンターやインターネットなど情報技術を活用する起業家や消費者が加われば、社会的規模でのイノベーションが期待できる。

6　中小企業の情報技術活用

情報技術は急速な進歩を遂げてさまざまな分野に登場している。われわれの周りにある膨大なデータを解析して新しい知見を見出そうとするビッグデータのブームや、物と物とがインターネットで接続されるIoT（Internet of Things）、人間の能力をしのぐ人工知能AI（Artificial Intelligence）など、次々と話題も集める。他方でソフトの役割が比重を高める製品だけでなく、ソフトを更新して機能を進化させるスマート製品さえ登場して、情報技術が製品の特質を変容させている。企業活動が情報技術に取り囲まれる環境になった。

しかし、中小企業ではクラウドコンピューティングでさえ活用できていない。技術やインフラはそれを活用することが目的ではなく、企業の場合は収

益効果が必要である。そして今日、収益をもたらす分野で活用できる情報技術が登場している。新しい発想で、中小企業でも個人でも情報技術を活用して事業に挑戦できる環境がある。

　斬新な概念で、情報技術と情報を活用して顧客価値を創造することが日本中小企業の課題である。顧客層を絞り込み特定顧客価値に的を絞れば、中小企業でも情報技術の有効活用の可能性を高めることかできる。

参考文献
Anderson, Chris（2012）, *Makers*, Random House.（関美和訳『Makers』NHK 出版、2012 年）.
Gershenfeld, Neil（2005）, *Fab*, Basic Books.（糸川洋訳『Fab』オライリー・ジャパン、2012 年）.
Hatch, Mark（2014）, *The Maker Movement Manifesto*, McGraw-Hill.（金井哲夫訳『Maker ムーブメント宣言』オライリー・ジャパン、2014 年）.
Porter, Michael E. and Victor Millar（1985）, How Information Gives You Competitive Advantage, *Harvard Business Review*, No. Jul.-Aug.
Porter, Michael E.（2014）, How Smart, Connected Products Are Transforming Competition, *Harvard Business Review*, No. Nov.
Wiseman. C.（1989）, *Strategic Information Systems*, Richard D. Irwin.（土屋守章・辻新六訳（1990）『戦略的情報システム』ダイヤモンド社、1989 年）.
石井聡・薬品和寿・鉢嶺実（2014）「IT 利活用が中小企業にもたらすものは①」『信金中金月報』8 月号。
小川正博（2013a）「自律分散型ものづくりと中小企業経営」『中小企業季報』No. 1、大阪経済大学中小企業・経営研究所。
小川正博（2013b）「デジタル技術の発展と新しいものづくり」『商工金融』Vol. 63、No. 12、㈶商工総合研究所。
小川正博（2015）『中小企業のビジネスシステム』同友館。
水野操（2013）『3D プリンター革命』ジャムハウス。
内藤耕・禿節史・赤城三男・溝渕裕三（2006）『デジタル技術の衝撃』工業調査会。
中小企業庁編（2013）『中小企業白書 2013 年版』。
遠山曉・村田潔・岸眞理子（2015）『経営情報論・新版補訂』有斐閣。
㈶全国中小企業情報化促進センター（2011）『中小企業 IT 化支援 43 年の歩み』。
藤本隆宏・朴英元（2015）『ケースで解明・IT を活かすものづくり』日本経済新聞社。

第3章　製品アーキテクチャの変化とものづくりネットワーク

　今日、オープンなモジュールを製品アーキテクチャにするものづくりが、デジタル技術活用分野を中心に進展している。そこでは経営の自律性を高めようとする部品企業が、事実上の標準やプラットフォームの地位獲得を目指してイノベーションを激化させる。それが企業の競争力を高め、製品価値を向上させてものづくりを変革する。一方、集権型のネットワークで価格競争力を高めてきた日本企業は、そうした自律分散型のネットワークによるものづくりに遅れて競争力を低下させている。

　擦り合わせ型（統合型）といわれてきた製品アーキテクチャ分野でも、今後モジュール化やそのオープン化さえ予想できる。それを支える自律分散型のネットワークに移行することは、日本企業にイノベーションをもたらす。そして今日、コスト削減や不足する資源の活用などから、不確実な環境への対応やイノベーションの推進へとネットワーク活用の目的が変容している。

　本章では製品アーキテクチャ変化の可能性、とりわけオープンなモジュール発生の要因をコンピュータの例を中心に解明し、さらにモジュールがオープン化した経営環境でのネットワークの在り方、そしてネットワーク内で自律化するための企業行動に注目する。それはオープンなモジュール化が中小企業に新たな可能性をもたらすことの検討でもある。

　第1節ではわが国の集権型ネットワークをめぐる環境変化と課題を、第2節ではモジュール型製品アーキテクチャ登場の歴史とそれがもたらした産業への影響をみる。第3節でモジュールのオープン化要因を探り、第4節ではオープンなモジュール化のものづくりを支える自律分散型ネットワークのなかでの組立企業と部品企業の行動を解明する。これらを踏まえて第5節では今後のものづくりネットワークの在り方を展望する。

1　ネットワーク基盤のものづくりの変化

顧客価値の多様化、急速な技術革新など複雑さや不確実性を高める経営環境のなかでは、リーダー企業に依存する集権型ネットワークでは限界がある。新たな製品アーキテクチャの採用とネットワークの変革が必要になる。

1.1　集権型ネットワークによる競争力

外部の企業をあたかも自社部門のように活用することで、日本製造業は発展してきた。自動車や家電産業、それに地域資源を母体にした産地などの中小企業の産業集積のネットワークでは、構成企業の役割が技術や部品、工程など専門領域ごとに固定的に設定されており、その枠組みのなかでリーダー企業から指示される取引条件で生産する。

リーダー企業である組立企業や問屋は、部品の仕様や機能だけでなく、設計図面でその形状や素材までも厳密に指示して生産を依頼するのが一般的である。指示された部品を高品質・低価格で提供する役割が部品企業に求められる[1]。多くの場合そうした部品や加工は、一定の技術力があれば他の企業でも対応可能なため、また長期的な取引を前提にして、リーダー企業は低価格を部品企業に要求する。外部企業を指揮管理して、価格競争力中心の効率的なものづくりを進めてきた。

こうした集権型ネットワークでは製品の企画や生産、販売などの優れた業務と、製品や技術などの豊富な知識で、リーダー企業は部品企業を部品サプライヤー・システムとして編成してネットワークを管理する（藤本, 1997）。とりわけ中小企業の役割を下請企業として規定し、自社の業務プロセスの一翼として位置づけることで製品の競争力を向上させてきた。そこでは経営能力

---

1) 下請企業の知識を活用した活動も部分的にはある。部品企業との共同開発であるデザイン・インや、部品企業側の設計を活用する承認図方式などは、リーダー企業が外部企業の知識や能力を活用する方法である。このような承認図方式が増大していることについてはたとえば西岡（2012）が検討している。

の高いリーダー企業にネットワーク運営のパワーが集中し、多数の部品企業を社内業務部門のように、統合的に管理するいわば擬似企業体として集権的に運営される。

　これら日本企業のネットワークを基盤にしたものづくりの多くは、自動車や家電産業のような擦り合わせ型の製品アーキテクチャで発展してきた（藤本, 2004）。特定製品に合わせた部品を最適設計し、それら部品を相互調整してトータルなシステムとしての性能を発揮させる製品が擦り合わせ型製品である。自動車の機構部品のように、その素材や形状と他の部品との組合せが一体になって必要な機能を発揮する。新しい製品の開発のつど、部品の素材や機能、形状などを細部から設計して性能を高める。

　わが国では元来、外部の資源を活用する事業形態が一般的で、自動車や家電産業などに顕著なように、専門技術を持つ企業群を階層的に編成したネットワークで事業を効率的に実行してきた。実際、2008年にトヨタ自動車が自動車生産台数で世界の頂点に立つなど、外部企業の集権的なネットワークを基盤にした生産システムを基盤に、自動車産業は競争力を高めてきた。

　同様にブラウン管テレビの時代には、日本企業のシェアが世界市場の半分程度を占め、アメリカのテレビ企業を駆逐してしまったように、家電などエレクトロニクス製品でも、低価格で優れた品質の製品を集権型のネットワークで生産してきた。そうした系列ともいわれるネットワークでは、外部企業を組織化した垂直統合型生産システムを採用し、リーダー企業の知識と開発力で多様な製品群の開発や生産も容易であった。

　しかしエレクトロニクス製品分野では、アナログ技術からデジタル技術に移行し、またベンチャー企業と新興国企業がものづくりに参入すると、集権型ネットワークでは競争力が低下してしまう例が顕著になる。急速に進歩する技術革新に対して新しい技術を採用しながらも、その不確実性やリスクを回避して、低コストで大量に生産する新たなものづくりが進展しはじめたからである。

　それら新たなものづくりはオープンなモジュールを製品アーキテクチャとしており、その担い手は研究開発と販売を担うベンチャー企業と、勃興する

新興国企業であった。アメリカのベンチャー企業が製品や技術を開発し、その生産を担う台湾や中国企業をはじめとする新興国企業というグローバルな生産体制で、斬新な製品を低価格で提供する。そこでは構成企業が運命共同体的に長期継続して結びつく集権型のネットワークに代わって、関連する企業が自由に主体的に行動し、全体を指揮する企業が存在しない自律分散なオープンなネットワークで、企業の自律性と激烈な企業間競争を基盤にするものづくりが行われる。

1.2 ものづくりネットワークの課題と検討の方向

　前述のように、自動車や家電製品などの量産組立型産業や、中小企業を中核とする産地型の産業では、従来からネットワークを母体にする生産システムを採用して競争力を高めてきた。しかしリーダー企業に主導されるわが国の集権型ネットワークは、新たな製品開発や技術開発とコスト、そして製品創出のスピード面で競争力を失い、さらに産業発展のダイナミズムを低下させるという状況に直面している。

　各地で地域経済を支えてきた産業集積は、すでに1980年代後半から生産額を減少させ長期低落傾向を深めている。顧客の生活習慣や価値観の変化による需要の変化に対応できず、また海外企業の参入にも対応できないことが多い[2]。日本の伝統的な製品領域でも、生産コストの上昇に対応するために有力企業が海外生産に移行し、この逆輸入製品によって産地が消滅しつつあるような例も生まれている（大八木, 1999）。

　かつてはダイナミックに事業を転換して発展してきた産業集積のネットワークは、新しい製品や技術の創出、新たな事業への転換にも効果的に対処できなくなっている（小川, 2000）。事業の競争力が低下し新しい競争環境にも適応できないでいる企業経営の状況からいえば、集権型ネットワークを基盤にした日本企業の事業方法が転換を迫られているといえる。

2）中小企業庁（1997, pp. 131-144）。この調査は古いが、これ以降の調査は公表されていない。

デジタル技術を活用するハイテクな産業分野では、機能とインターフェースが規定された部品やコンポーネントを組合せて、製品を生産するモジュール型の製品アーキテクチャへと移行した[3]。さらにそのモジュールを誰でもが生産し活用できるオープン化が進展して、激烈な価格競争とイノベーション競争が展開されている。そうしたモジュールを使用することで、比較的容易に斬新なデジタル製品まで生産できるような産業の仕組みが登場した。その新しいモジュール型のものづくりシステム構築に日本企業は遅れた。

外部の部品企業を下請として活用するネットワーク型のものづくりで成功してきた日本企業ではあるが、自律分散型ネットワークへの移行に遅れ、競争力を低下させて世界から取り残されつつある[4]。新しいものづくりシステムへの移行、それに合わせたネットワーク体制への転換が日本企業には求められている。

ただ製品アーキテクチャは擦り合わせ型からモジュール型へと一方向に移行するだけではない。反対のモジュール型から擦り合わせ型への移行もある（柴田，2008）。このためオープンな自律分散型ネットワークへの移行が必要だが、集権的なネットワークの有効性発揮の場面もある。

2　新たな製品アーキテクチャの登場

前述したような所定の機能を発揮する規格部品を組合せて、製品を生産するモジュール化という製品設計概念が、デジタル製品やソフト制作領域に登場してものづくり方法を変革している。その経緯をみていこう。

---

[3] 製品アーキテクチャとモジュールについては、中川（2011）が基本的視点から解明を試みている。
[4] 例えば2010年のデジタル製品の世界シェアを見ると次のようになる。薄型テレビではサムスン電子22.3％、LG電子13.5％、ソニー12.4％である。パソコンはHP 18.5％、デル12.5％、エイサー12.4％、レノボ9.8％である（『日経産業新聞』2011年7月25日）。これが2015年には薄型テレビではサムスン27.9％、LG電子13.2％、ソニー8.1％で、パソコンはレノボ20.8％、HP 19.4％、デル14.2％と変化している（『日経産業新聞』2016年7月4日）。

2.1 コンピュータにおけるモジュール化の歴史

　コンピュータの世界では 1970 年から 1996 年の間に、膨大なモジュールのクラスター群が登場して生産の仕組みや産業構造を変えた（Baldwin & Kim, 2000）。1964 年に IBM が発表したメインフレームのシステム／360 は命令セットが同一で、周辺機器も共有できる IBM 社内では互換性のあるコンピュータで、こうした機器間の互換性を確保するためにモジュール化の原則が採用された。360 シリーズでは同社内のコンピュータ機種が異なっても、構成するモジュールが相互に正しく機能するように予めデザイン・ルールを設定し、世界中に分散する設計チームが、そのルールを守ってハードやソフトを設計し生産したのである。

　その結果機種間の互換性が高まり、製品の更新が容易になって需要が拡大し、IBM はメインフレームの覇者として世界に君臨する。一方で社内のモジュール化が、IBM 製品と互換性のあるコンピュータやプリンター、メモリ、ソフトなどを生産するベンチャー企業を登場させ、コンピュータの生産構造が変化する誘因になった。

　次に登場したパソコンの場合、モジュール化というアーキテクチャはよりダイナミックに業界構造を変革する。1974 年、米ニューメキシコ州アルバカーキの小さな模型店 MITS 社は組立キットのパソコン 8 ビットの Altair 8800 を 397 ドルで初めて発売し、その後 1977 年には初めての完成品パソコンのアップル II が登場してパソコン市場が活況を呈するようになる。その拡大する市場に対処するため IBM は 1981 年、急遽 16 ビットの IBM PC を製作して市場に参入する。次いでマイナーチェンジの IBM PC/XT を 1983 年に、そして 1984 年に IBM PC/AT 投入してパソコン市場を本格的に開拓した。

　このとき、IBM は短期間でパソコン市場に参入するため、市場で入手可能な部品でパソコンを構成し、周辺機器の普及のために回路や BIOS のソースコードを事実上公開した[5]（SE 編集部, 2010）。さらに基本ソフトの PCDOS を

5）BIOS は入出力装置を制御するプログラムをまとめたもので、OS を特定機器種仕様に合わせる機能を持つ。電源が入ると最初に作動し、その後 OS が起動する。その歴史については Ceruzzi（2003）参照。

第3章　製品アーキテクチャの変化とものづくりネットワーク

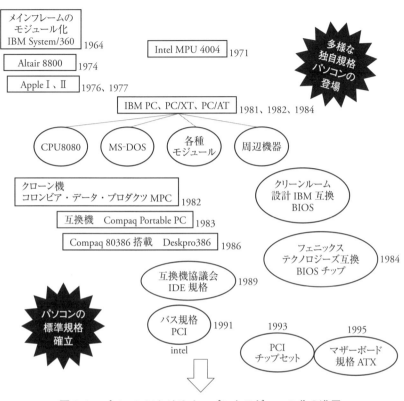

図3-1　パソコンにおけるオープンなモジュール化の進展

MS-DOS の名称でマイクロソフトとライセンス契約し、マイクロソフトは他社にもそれを供給できる契約を結んだ。そこで市場には IBM PC 互換機と接続できる多数のアプリケーション・ソフトウェアや、周辺機器が他の企業から販売されパソコン産業として隆盛を誇るようになる[6]。

とりわけ IBM PC のコピーに近いものはクローンと呼ばれた。初めての IBM PC クローンは1982年のコロンビア・データ・プロダクツによる MPC とされ、ク

---

6) コンピュータの巨人 IBM の販売する製品が爆発的に売れたため、これに使用できるソフトが販売される。それら多数のソフトと周辺機器、それに MPU などのモジュールが市場に登場してくる。このため IBM 互換機が生産できるようになる。Campbell-Kelly & Aspray（1996）参照。

59

リーンルーム設計による著作権侵害とならない互換 BIOS を搭載した[7]。1982年には互換機メーカーを志向するコンパックが設立され、1983年出荷の同社製 Portable PC もクリーンルーム設計による互換 BIOS を搭載した。さらに 1984年には BIOS メーカーであるフェニックス・テクノロジーズが、クリーンルーム設計による IBM 互換 BIOS を開発しチップ化して販売したため、容易に IBM 互換機が生産できるようになる（Ceruzzi, 2003）。

ついでコンパックは 1986 年、インテルの高速な 32 ビット CPU80386 を搭載する deskpro386 を IBM に先駆けて販売する。このとき CPU とメモリの間でデータを高速伝送するローカルバスと、ハードディスクのような周辺機器と接続するバスとを分離して処理速度の高速化を図った。パソコンは単なる互換機の域を超えたアーキテクチャで発展しはじめたのである（SE 編集部, 2010）。これは後に互換機企業 9 社が制定した EISA によって ISA バスと規定され、さらに IEEE で標準化される。IBM 社内のバス規格であった XT バスや AT バスが標準化されたのである。さらに新しい CPU の性能が直ちに発揮できるようにインテルは、互換機をより高速化できる PCI バスを開発して 1991 年無償提供し標準規格にする（Burgelman, 2002）。

同時にコンパックは、他の互換機企業とともに IDE 規格を設定して、ハードディスクやディスプレイのテキスト表示、グラフィック表示を標準化し、IBM の手を離れた IBM PC/AT のアーキテクチャを事実上の標準にするコンピュータのデザイン・ルールが形成される。模倣した互換機が IBM に先駆けて高速 CPU 搭載を可能にしたり、新たな周辺機器を開発したりして互換機市場が確立していく。一方で必要な機能を半導体に集約したモジュールが登場し、回路上にそうした主要モジュールを搭載したマザーボードまでもがモジュールとして登場する。このマザーボードに CPU やディスクドライブ、ビデオカードなどコンポーネントを組み込むことによってパソコンが完成するように

7）クリーンルーム設計とは知的財産権に抵触せずに、同様な製品を作る方法である。模倣する製品を調べて仕様書を書き、その仕様書が著作権を侵害していないか法律家による検査を受ける。その後にリバース・エンジニアリングを行った者とはつながりの全くない別のチームを隔離して、仕様書に即した製品を作る手法である。

なる。
　業界標準の製品アーキテクチャが生まれ、それを構成するモジュールが事実上標準化され誰でも生産・調達できるため、パソコン産業は急速に発展する。それは同時にものづくりシステムの変容でもあった。この変容に対応しない日本パソコン産業は発展の機会を失っていくことになる。

2.2　ベンチャー企業の躍進

　IBMのメインフレームであるシステム／360は社内のクローズドなモジュールによって市場を制覇したが、前述のようにIBM PC/ATは事実上、他社が自由に生産できるオープンなアーキテクチャになってしまい、各企業がデザイン・ルールに沿ったモジュールを開発して、垂直的な生産構造とは異なった一般に水平的と呼ばれる分業形態が登場する。

　クローズドな社内モジュールであったシステム／360の場合も、IBMを退社する技術者が、プリンターなど各種周辺機器メーカーやソフト企業を立ち上げ、高級機種のアムダール社のようなメインフレーム企業さえ登場しており、ビジネスチャンスを求めてさまざまなモジュール企業が輩出している。

　パソコンの場合はさらに、ハードディスクやモデムなどのさまざまな周辺機器、モジュール部品、そして多数のアプリケーションソフトなどの企業が勃興した。それらの担い手はIBMや半導体企業を退社した技術者、そして新規参入する若者たちで、パソコンのオープンなモジュール化はアメリカにベンチャー企業の市場を提供していく。

　こうした企業はEISAのような関連企業や研究機関の協議によるデジュアリー・スタンダードを活用するだけでなく、競争に勝ち抜いた企業の規格が業界標準になってしまうデファクト・スタンダードとしてのモジュール開発をめざして競争を演じる。とりわけ後者のデファクト・スタンダードの獲得競争がアメリカのコンピュータ産業を発展させた。業界標準化されたモジュールはインターフェースを守れば、その機能や性能を独自に変革することが可能であり、それがより優れたモジュールの開発を目指すベンチャー企業を登場させる。その自律分散型の製品アーキテクチャが、アメリカ産業を革新

しダイナミズムをもたらした。

 本来、エレクトロニクス製品では自社仕様の部品を活用するだけでなく、回路形成に必要な部品を市場調達して、それらを組合せて所定の機能を果たすユニットを製作し、それを筐体に組み込んで製品を完成させてきた。このとき半導体技術の進歩によって、所定の機能を果たすユニットがASICやSoCのように1つにICチップ化されてモジュール部品になる[8]。チップ化できないときはICやコンデンサーなどの部品を基板に組み込んで、所定の機能を発揮するコンポーネント・モジュールにする。

 異なった製品にも共通に使用できるように、モジュールは当初は社内規格であるが、その規格を公開して外部企業にも採用されるようになると、それを製品として供給する専門企業が生まれる。さまざまな機能が登場して複雑化するソフトの世界でも、同様にオープンなモジュール化が進展する。

 すでに存在する部品を組合せて組立てるのがモジュラー型製品で、完結した機能を持つ部品と、部品と部品を結びつけるインターフェースの形状や通信手順などが標準化されていることが条件になる[9]。製品外観は独自でも、今日のデジタル製品の多くは専門企業からモジュール部品を調達して組立てられる傾向を強めている。さらに技術進歩によって関連する機能を包含したより上位のワンチップ化したモジュールが登場し、ブラックボックス化したモジュールを組合せて、複雑な製品でも容易に完成できるように進展する。こうして事実上の標準としてのハードやソフトのさまざまなモジュールが登場

---

[8] ASIC（Application Specific Integrated Circuit）は特定の用途向けに複数機能の回路を1つにまとめた集積回路の総称であり、SoC（System-on-a-Chip）は1つの半導体チップ上に、一連の機能（システム）を集積したものでシステムLSIとも呼ばれる。これらはワンチップのモジュールである。

[9] モジュールの概念はここに示したようになるが、自動車産業ではエンジン、トランスミッション、インストルパネル、ドアなどの部分に分割し、そうした主要ユニットをモジュールと呼んで、協力企業に発注して一括生産したものを組立てる。それらは社内規格であり、多くの場合車種ごとの規格である。このため、エレクトロニクス産業におけるオープン化した規格ではない。ただ後述するように、自動車には電子部品の比重が多くなり、この領域ではオープンな部品やソフトが生まれてくる。さらに、オートバイ産業にみられるように、主要コンポーネントにもオープン化が採用される可能性もある。

し、それら専門企業のモジュール製品を市場調達して組立るものづくりシステムが1980年代以降登場する。

　このとき生産機能を保有しないベンチャー企業は、そのモジュール生産や組立業務を生産コストの低い新興国企業に委託するようになる。その後さらに携帯電話やスマートフォン、そして平面テレビなど今日の代表的なデジタル機器の少なからずが、台湾や韓国、中国などの電子機器の受託組立を専門的に行うEMS企業（Electronics Manufacturing Service）によるモジュール調達で組立てられ、鴻海精密工業のような巨大企業も登場してくる。

2.3　新興国市場にも対応しやすいモジュール化

　今日、先進諸国の需要が飽和し、代わって経済力が高まった新興国市場の需要が拡大して成長市場が移行している。さらにプラハラッド（Prahalad, 2005）が提唱した40億人以上ともいわれる途上国の貧困層を対象にしたBOP（Base/Bottom of the Pyramid）市場も注目されている[10]。

　新興国市場やBOP市場では、高い性能と機能の差別化で対応してきた先進国市場向けのものづくり方法では需要を獲得しにくい。製品使用方法を学習していない顧客でも活用できる簡単な機能で、低価格で大量に供給される製品が求められる。ただ市場のニーズは民族や宗教、地域によって異なり多様である。こうした需要に応えるには、顧客側の視点での製品開発が不可欠であると同時に生産方法、販売方法そして利益獲得方法のイノベーションが不可欠になる。

　オープンなモジュール化は、このような多様で急拡大する市場要求にも応え易い製品アーキテクチャである。それは規格部品であるため大量生産が可能で低価格になり、それを組合せることで比較的多様な製品をスピーディに供給できるからである。反対に擦り合わせ型の製品アーキテクチャで、製品に固有な部品を設計し生産する方法では、安定した品質の製品を素早く低価

10）1日の所得が2ドル未満で暮らす世界で約40億人以上の貧困層が潜在的な成長市場として注目され始めた。

格で供給しにくい。

　ただオープンな製品アーキテクチャを担うのは自律性の高い専門企業によるゆるやかなネットワークである。集権的なネットワークの場合、そのネットワーク内で完結した生産システムになり、構成企業それぞれが自由に外部企業にモジュールを販売することは難しい。

3　オープンなモジュール化要因

　モジュールのなかでもオープンなそれは、どのようにして、なぜ登場するのだろうか。先にみたパソコンと携帯電話端末を例に検討していこう。

3.1　モジュールの登場

　モジュールについてボールドウィン（Baldwin & Clark, 1997）は、それぞれが独立的に設計可能であって、全体としては統一的に機能する小さなサブシステムによって、複雑な製品や業務プロセスを構築するものであるとした。これに準拠して、青木（2002）は半自動的なサブシステムであって、他の同様なサブシステムと一定のルールに基づいてお互いに連結することで、より複雑なプロセスを構成するものとモジュールを定義した。

　ただモジュールの定義は単純ではない。ボールドウィンも複雑な製品を生産するときは、製造プロセスをモジュールまたはセルに分割して生産するという生産の原理として、それはすでに1世紀以上も前から社内分業や社会的分業として行われてきたことを指摘する。また製品だけでなく生産段階での、そして後でふれる消費段階でのモジュール化という視点もあるとする。

　ただボールドウィンが注目したのは単なる分割ではなく、それら分割したコンポーネントの設計に、その分担者たちが参画できるモジュール化である。それがシステム／360以降取り入れられてコンピュータ産業を変革した。つまり分割されたコンポーネントや業務プロセスを、それを担当する者がデザイン・ルールを守れば、独自に設計できることをモジュール化の条件として重視した。

そうしたモジュールは多様なオプションを可能にし、独自に進化できるという特徴を持つ[11]。モジュールは製品の多様性の向上、環境変動に対してシステム全体ではなく各モジュール側で対応できるという不確実性の軽減、そして開発設計を同時並行的に推進できる開発の迅速性、という3つの性質を発揮できる（Baldwin & Clark, 1997）。こうした優れた性質を持つモジュールがすべての製品やプロセスに適用されないのは、一般的な擦り合わせ型に比べて、設計がはるかに難しいからである。モジュールが全体として機能するように、あらかじめデザイン・ルールを確立しなくてはならない。

3.2 パソコンにみるモジュールのオープン化

さらに産業に大きなインパクトを与えるのは、特定企業内のクローズドなモジュールではなく、業界標準的なオープンなモジュールである。つまりインターフェースが固定・公開されて、誰でもコンポーネントを作ることができ、それを組合せることができるモジュール化である（田中, 2009）。前述のようにコンピュータでは、結果的にオープンなモジュールに移行し、1980年代に入って産業構造が変貌した。次の課題は、どのようなときにオープンなモジュールが登場するかである。

IBM PC 互換機の場合には、市場を制覇するコンピュータの巨人である IBM のアーキテクチャが結果的にオープンになり、そのモジュール生産に多数の企業が参入することによって、PC/AT が事実上のグローバル・スタンダードになることでますますオープン規格が拡充された。さらに処理速度や性能の向上を求めて開発者である IBM の手を離れ、グローバル・スタンダードの製品アーキテクチャとして独り歩きを始める。このときインテルとマイクロソフトの行動が影響を与えた。

コンピュータそのものといってよい中核部品の CPU をほぼインテルが独占し、CPU の高速処理に必要な PCI バス規格を無償でオープンにする一方、そのバスをチップセットで販売することで、より容易に最新のコンピュータ

11）ボールドウィン（Baldwin, 2000）日本語版への序文参照。

が生産できるようになってオープン化がますます加速する。またパソコンソフトの中核である基本ソフトをマイクロソフトが事実上独占し積極的に販売した[12]。

　こうして顧客からの信用が最も高いIBMのアーキテクチャがドミナント・デザインになり、インテルとマイクロソフトの中核モジュールがパソコンのプラットフォームの役割を担い、そのプラットフォームに合わせたオープンなモジュールがさらに発展するという構図ができあがる。そうなると製品を独自に設計開発するよりも、性能が安定した低価格のモジュールを市場から調達して組立てたほうが最新の技術も低価格で顧客に提供できる。同時に市場に存在するソフトや周辺機器も使用できるため、顧客もそれを求めるという現実の中でモジュールによる産業構造が発展した。

3.3　携帯電話におけるモジュールのオープン化

　次に携帯電話のオープン化について概略をみていこう。携帯電話も当初は、地域や各国の通信規格に合わせて独自仕様で生産されてきた。しかしコンピュータの場合と違ってモトローラやクアルコム、エリクソンといった企業の持つ特許使用料が価格の10％程度を占めるなど、知的所有権が広く存在した。一方で市場の拡大、とりわけ膨大な人口の新興国市場の登場によって電話機の低価格化と、激しい競争の中での多様な製品開発が課題になる。

　これに対して2000年代初頭以降、回路、音声信号などのデジタル変換や復調処理するベースバンドIC、動画や音楽など複雑な信号処理を行うアプリケーション・プロセッサやメモリなどのワンチップ化、それにソフトや機能を1つのICに統合するカプセル化が進展した。これらのチップをTI（テキサス・インスツルメント）やクアルコム、エリクソンなどの企業が電話機メーカーの仕様に応じて提供する。さらにほぼすべての機能をワンチップ化した統合ICプラットフォームを、低価格で提供する台湾のメディアテック（聯發科

---

12)　シアトル・コンピュータ・プロダクツから現金3万ドルで購入したソフトをOSにして、1本10〜50ドルの使用料をマイクロソフトは得ていく。Campbell & Aspray（1996）参照。

第3章　製品アーキテクチャの変化とものづくりネットワーク

技：MTK）などの企業が登場する。

　これら企業の技術プラットフォーム、それに開発支援ツールを活用すれば、機能が単純な中級品の携帯電話が容易に開発できるようになる。さらに2002年前後からTI、モトローラ、インフィニオン、フィリップス、クアルコムといった主要IC企業は、特定携帯電話メーカー向け専用のカスタムIC（ASIC）から、汎用IC（ASSP）へと事業の重点を移しはじめる。これらの企業はICを販売するだけでなく、ユーザー側で携帯電話の開発が容易なように、ICの周辺回路を構成する部品について、作動検証済みの部品リストまで提供する（安本, 2010）。これによってさらに容易に携帯電話が生産できるようになる。

　こうして携帯電話の場合は通話という音声処理から、各種信号処理による通信処理領域へと機能が多様化・複雑化するなかで、また新興国など拡大する市場の旺盛な携帯電話需要に応えるために、そしてコストダウンと製品小型化のために、部品を集積化してワンチップ化する方法でモジュール化が進展する。そのモジュールを汎用品としてオープンに提供し、また素早く携帯電話機が開発できるように関連する周辺のモジュールまでセットで提供する。それを活用して躍進したのが韓国の携帯電話メーカーである。また中国でもこのような汎用のモジュールを活用した携帯端末メーカーが急増し、「黒手機」と呼ばれる闇携帯電話まで生産される。

　一方、携帯電話の高機能化によって、さらに複雑になったのがソフトウエアである。カメラや音楽、そしてインターネットなど次々と複雑化する機能の標準化と、これら複雑なソフトを制御していくために、コンピュータと同じように携帯端末の基本ソフトが制作される。ハードウエアの違いを単純化してアプリケーションの管理や、各種リソースを管理するHLOS（High-Level Operating System）と呼ばれる携帯基本ソフトには、シンビアンOSやリナックス、ウインドウズ・モバイルなど、そしてスマートフォン用のグーグルが無償供与するアンドロイドなどがある。これに合わせて各種ソフトを制作するような基本ソフト化が進む。そしてこのOSとアプリケーションソフトを媒介するミドルウエア、さらに各種機能発揮のためのアプリケーションソフトとさまざまなモジュールがあらわれる。

この結果、携帯電話生産では「垂直分裂」ともいわれるような生産形態が登場する[13]。わが国の場合、NTT ドコモや KDDI、ソフトバンクなどの通信事業者が携帯電話メーカーに製品機能も含めて生産を指示し、それを買い取って通信事業者が販売する形態である[14]。しかし対照的な中国では、通信事業者や端末企業が産業のリーダーシップを確立したという状況にはなく流動的である。

　このとき技術は複雑化するだけでなく、短期間に変革されていく。そのために製品企業だけではすべてのイノベーションに対応できず、専門領域でイノベーションを推進する企業のノウハウに依存したほうが最新の製品を素早く創出できる。こうして最新の技術の採用、コスト削減、技術競争の激化によってモジュールのオープン化が進展する。

　そこではモジュールの統合による専門企業の衰退や、新たなモジュール領域の登場など、ダイナミックな分業再編と競争が行われる。今日のスマートフォン CPU や通信用半導体など中核 MPU の 90％以上が、1990 年設立の英国 ARM 社によって設計されるといわれる[15]。同社は省電力に優れた MPU の設計ノウハウを持ち、低コストでユーザーもカスタマイズし易い設計ノウハウで躍進する。優れたノウハウ保有の企業がオープンなモジュール化を加速する例である。

---

13) 垂直統合に対応する（vertical disintegration）は、一般に用いられる水平分業と対応せず、またその概念もあいまいだとして、丸川（2007）は垂直分裂という用語を使用する。全体を統合しリードする企業がなく、局面によってリーダーが異なる中での分業構造を意味している。確かに経営学では水平という言葉はあいまいで、垂直に対応する用語として水平分業が単純に使用されている例が多い。
14) 通信事業者が携帯電話の機能まで管理して製品を買い取って低価格で消費者に販売し、流通業者には販売奨励金で損失分を補てんするという形態をわが国では採用してきた。この結果、世界市場には通用しない「ガラパゴス携帯」といわれるものを生産して競争力を失ってしまった。そこには通信事業者の指示に従えば一定の利益が保証される垂直統合型の分業形態に甘んじた日本の電子メーカーの姿がある。
15) ARM は生産業務を持たない半導体設計の専門企業である。顧客企業が 1 個売るごとに数円から数十円のライセンス料を得るという事業の仕組みで成長する。2016 年 7 月ソフトバンクグループが約 3 兆 3 千億円で買収した。『日経新聞電子版』2016 年 7 月 18 日付。

3.4 モジュールのオープン化要因

　以上みてきたが、どのような時にモジュールのオープン化が起こるのか整理しておこう。この課題に正面から取り組んだ田中（2009）は、技術革新のサイクル説に依拠して、突発的革新が続く場合はオープンなモジュールが採用されるとした。技術革新には斬新な製品が次々と登場する突破型革新が集中する時代が数十年あり、次に改良型革新が数十年続くとするのがサイクル説である。MPUやワープロ、表計算、ブラウザなどにみられるように突破型革新が続く場合は、革新的な製品が短期間で陳腐化してしまう。

　そのため顧客は、製品全体を買換えなくても最新の機能が活用できるように、機能がモジュールに分割されて、そのモジュールを顧客側で自由に変更できる製品を使用しようとする。それは、どのようなイノベーションが登場して旧来の製品を陳腐化させるかわからないからであり、顧客側の防御的購買姿勢の結果である。これが突破型革新が進展する情報通信産業で、モジュール型製品が登場する理由だとした。

　その後、既存製品の基本的な性格を変えずに安定性を高めたり、機能を拡張したり改善する改良型革新の時代には、完全にはモジュールが統合できないため顧客にとっては使い勝手が悪いオープン・アーキテクチャの製品ではなく、使用し易くトータルに作り込まれた擦り合わせ型の製品に移行する。今後は情報通信分野でも、擦り合わせ型のアーキテクチャに転換していくと田中（2009）はいう。

　しかしここまで詳しくみてきたパソコン、そして携帯電話などの例からいえば、この考え方がそのまま当てはまるとは言い難い[16]。また突破型革新が登場する初期、つまり当該製品のライフサイクルの萌芽期から成長期にかけては激烈な製品開発競争が行われ、オープンなモジュールという仕様や機能

---

[16] ボールドウィンが指摘しているように、モジュール化には製品のモジュール化のほかに、生産のモジュール化、そして顧客のモジュール化がある。田中（2009）の場合、顧客のモジュール化つまり顧客側の自由な組み合わせという視点からモジュール化の動向を検証している。しかし技術革新や利益獲得方法など、製品提供者側の対応姿勢もモジュール化に影響する。実際、田中が例にあげたオフィス・ソフトやブラウザなどは企業側が新たな製品やバージョンを提供するので、顧客は選択できるのである。

の標準化は難しい。まだ共通的な仕様がなく製品が多様だからである。一般に斬新な製品は当初は擦り合わせ型で生産される。オープンなモジュールは顧客の旺盛な需要が存在するなかでドミナント・デザインが登場した後に生じている。ドミナント・デザイン以前にはモジュールの業界標準化は、共通的な機能やそのための部品がないため物理的に困難である。

　今日の情報通信産業に共通するのはデジタル技術の採用である。処理対象がデジタル化されれば、それはコンピュータでデータ処理できる。音楽や画像、ビデオのようなマルチメディアもデジタル処理されるようになり、その機器は通信プロトコルやコネクター形状などのインターフェースを共通にすれば、相互接続できコンピュータ処理が可能になる。こうして CD-DA や JPEG、MPEG といったデータ形式と、USB のようなコネクターなどの標準が形成されそのための処理モジュールが登場する。それがまた新しい機器を登場させる。

　そこでデジタル機器の場合は、既存製品や新たに登場する製品との接続が可能なように設計しておくことが需要獲得には有利になる。新たな機器との接続ではトラブルが生じて当初は使い勝手が悪い製品であっても、利便性を求めてオープンなモジュール化が進展していく。

　デジタル機器は当初は単体から出発しても、相互接続つまり製品にネットワーク化を求めるようになる。そうすると、周辺のモジュールも共通化されオープン化していく。このように多くのものがデジタル化されるようになると、DVD 機器や BD（Blu-ray Disc）機器のように、初めから標準規格として設定されたモジュール製品として登場するような例もある。半導体の集積密度は 18 か月で 2 倍になるというムーアの法則からみれば、デジタル技術の進歩が予測できるのであり、新たに登場する技術のロードマップが存在することになる。進歩する技術を活用すればどのような製品が登場するのかある程度予測でき、そのため BD のように多数の企業が取り組む研究開発段階で、デジュアリー・スタンダードによってデザイン・ルールが形成され、オープンな製品規格を設定して事業化リスクを低下させる。

　エレクトロニクス製品生産では、必要なすべての部品を社内で生産することは基本的になく、外部の専門企業が市販する部品を市場調達して組立てる

生産方法がとられる。またデジタル製品の複雑なモジュールの開発では研究開発投資額が巨額になり、さらに生産のための設備投資額も膨らむと、社内で消費するだけでは投下資金が回収できず、外販に向かうためモジュールがオープン化される。そのため複雑なモジュールも商品化され易い素地がある。一方で機構部品など物理的な作動を主体にするモジュールは、その必要な作動のために隣接する部品や筐体にまで影響を与えるためオープン化しにくい。それに対して、デジタル機器はデジタル処理部分が中心になり、機構的部分が少なくモジュール化しオープン化しやすい。

以上みたように、激しい競争と旺盛な需要のなかでドミナント・デザインが登場し、一方でデジタル技術が複雑化を増して専門的なコンポーネント数が増大するとき、オープンなモジュール登場の可能性が高まる。このとき製品に影響力を持つ有力な企業が、中核になるモジュールを市場に投入することでモジュールのオープン化が進む。さらにデジタル技術が周辺機器との接続を求めて関連製品へとオープン化を加速していくのである。なお、この内容については89〜90頁で再度検討する。

4 製品アーキテクチャとネットワーク行動

このようなオープンなモジュールが登場すると、企業にはどのような影響を与えるのであろうか。ネットワークのなかでの企業行動を中心に検討する。

4.1 自律分散型ネットワークの特質

今日の製品の多くはハードとソフトを組合せてシステム化されるため、製品の複雑性が高まり、加えて各モジュールそれぞれが独自にイノベーションを行って進化する。そのため、製品の改良でも組立企業の資源だけで行うのは難しく、今日のものづくりは他社の資源を活用して、斬新な製品をスピーディに創出する方向にある。

このとき機能やインターフェースを規定するデザイン・ルールを守れば、モジュールそれぞれは独自にイノベーションを図れるという特質を持つ。とき

には部分のイノベーションが全体のイノベーションをも促す。リーダー企業だけがイノベーションを主導するのではなく、外部企業それぞれのイノベーションを活用する業務方法が可能なのである。その優れたモジュールを活用するために、オープンなモジュラー型製品へとアーキテクチャが移行していく。

オープンなモジュラー製品を扱うゆるやかなネットワークは、参加企業の優れた能力を結びつけたり、創発させることによって問題解決も図られ、それぞれの独自な行動が新しいものを産み出す。そこではモジュール部品企業の自律性が高く、特定の組立企業に指揮されにくい取引になる。また部品仕様を相互に頻繁に調整して製品を設計する必要性が低いため、広域なネットワークやグローバルなネットワークも活用できる。一方の部品企業は多数の顧客獲得を目指して、機能や性能の向上を独自に試みイノベーションを活発化させる。そこでは、優れた資源を持ち自由な発想で経営力を高めようとする企業をパートナーとして、そのコア・コンピタンスや組織能力を活用することが鍵になり、ネットワーク内では資源や能力の変革を怠ると短期間に凋落してしまう[17]。

エレクトロニクス製品領域とりわけデジタル製品で、日本企業の競争力が低下しているのは、こうしたオープンな規格の採用に遅れ、独自規格の製品に拘り集権的なネットワークからの脱皮に遅れたことが理由の１つである。オープンなモジュールが登場すると、生産量が少ない独自規格製品ではコスト競争力が発揮しにくくなる[18]。しかし日本企業はクローズドで長期継続的な集権的ネットワークを構築してきたため、オープン化したゆるやかなネッ

---

[17] たとえばフィンランドの携帯電話企業のノキアは、市場占有率と販売台数の両方で、1998年から2011年まで世界首位を維持して市場に君臨したが、スマートフォン開発に出遅れて経営危機を迎え、2014年にはマイクロソフトの傘下に移った。その後マイクロソフトの力をもってしても、スマートフォン市場では存在感がない。ここにはイノベーションを誤ると、短期間に凋落するハイテク市場の特質が表れている。

[18] クローズドなモジュールでも優れた顧客価値を持つ製品ならばオープンなアーキテクチャ企業に対して競争優位を維持できる。代表的な企業がアップルで、斬新な製品をいち早く市場に投入してシェアの獲得を図り、社内製品には共通のモジュールを採用して、コスト削減やスピーディ製品開発を行う。オープンなモジュラー型製品に比べてコストは高くなるが、ブランドによる差別化で対抗する。

トワーク形態に移行しにくい。現実には、国内外で生産する製品で部品の社内共通化さえ遅れている。共通の基本設計のもとで、地域別に仕様変更して顧客に対応することさえ十分に達成できていない現実がある[19]。

4.2 オープンなモジュール化のなかでの企業行動

　オープンなモジュールによるものづくりに移行するとき、関連する企業はどのように行動すれば、自律性のある経営を実現できるのだろうか。

(1) 組立企業の行動

　オープンなモジュールの製品アーキテクチャが業界に登場すると、製品企業である組立企業の利益率は低下してしまい、企業行動の変革が不可欠になる。オープンなモジュールを調達して組立てられる製品は低価格化が可能であるものの、他方で他企業の製品との同質化を招き、画一化した製品でますます価格競争を激化させる。本章で取り上げているパソコン分野では、2009年には世界シェアトップのヒューレットパッカードが、パソコン部門を2015年には分離することを2011年に発表した。一方わが国トップのNECは2011年にパソコン部門を、中国レノボ（連想集団）傘下として分離した。さらに2016年そのレノボが富士通のパソコン事業まで傘下に収めるという報道があり、日本パソコン企業は壊滅的状況に陥る。トップシェアの企業でさえ新興国企業の参入も相まって収益が悪化する現実がある[20]。

　今日の製品は普及品であっても顧客のニーズに応え、顧客価値を提供しなくては需要を獲得できない。このため同質化した製品に新たな価値を付加する独自の機能やサービスなどを加えて差別化することが重要になる。キム（Kim, 2005）は血みどろの戦いのないブルーオーシャンは、製品特性にメリハリをつけて独自の価値曲線を形成し、それをわかりやすいメッセージにして顧客に訴えることで実現できるとした。

　オープンなモジュールに独自なモジュールを付加したり、サービスなどで

---

[19] 『日本経済新聞』2010年8月15日。
[20] 2015年の世界のパソコンシェアは次のように変動している。中国レノボグループ20.0%、ヒューレットパッカード19.4%、デル14.2%である（『日経産業新聞』2016年7月4日付）。

独自の顧客価値を創造する。対象顧客が認める価値曲線を形成して独自製品を創造するバリュー・イノベーションの構築である[21]。反対にそうした複雑な製品ではなく、顧客が求める単純な機能に絞り込んだ低価格な製品を創造することも方法で、パソコンの場合すでにタブレット PC にその傾向が表れている。

　製品やモジュールだけでの顧客価値創造は短期間で模倣されてしまう。提供方法やアフターサービス、製品買換えやリサイクルサービスなど、製品以外の事業要素も活用した事業の仕組みで、トータルに顧客価値を創造することがますます重要になっている。製品がコモディティ化するなかでデルは顧客を法人に絞って、顧客の求める仕様の製品を短納期で提供する価値創造のために、他社と異なったサプライチェーン・システムを構築して成功した。

　物流のような異業種企業など、産業の垣根を越えたパートナーとのネットワーク形成によって、サービスや提供方法など新たな仕組みで顧客価値を創出する。そうした差別化領域ではオープンではなく、クローズドなモジュールや業務処理のネットワークを新たな事業概念で活用することが鍵になる。オープンなモジュールを活用する場合、クローズドな領域で模倣困難性を確立することが事業には必要なのである（小川、2014）。

　一方で専門企業の優れた技術を活用して、例えば iPod や iPhone にみられるように、オープンなネットワークでクローズドなモジュール製品を作ることもできる[22]。そこでは優れた資源を保有する企業に独自仕様の部品を委託し、その部品を独自な発想でシステム化して最終製品を創造する。この場合には組立企業の圧倒的な競争力やブランド・ロイヤルティが不可欠である。

---

21) 例えばアラブ首長国連邦向けの韓国 LG 電子製プラズマテレビでは、ハードディスクにコーランが内蔵されてイスラム圏で人気になった。こうしたきめの細かい顧客志向のものづくりが日本企業はできなくなっている。「韓国4強、躍進の秘密」『日経ビジネス』2010 年 1 月 25 日号。
22) はじめての iPod は、そのほとんどの基本設計を社外のポータル・プレーヤー社に委託し、ソニーやウォルフソン、東芝、テキサス・インスツルメント、リニアテクノロジーの5社を、モジュールのキーパートナーとして提携し製品化した。アップルの業務はデザインを最適化して性能を引き出し、新しいユーザーインターフェースを開発することであった。Utterback（2006）参照。

(2) 部品企業の行動

　クローズドなネットワークの場合と比べて、オープンなモジュールを採用するネットワークでの部品企業は自律性を発揮でき、ときには組立企業よりも主体的な経営さえ行える可能性を秘めている。コンピュータ産業にはその顕著な例がみられる。

　既にみてきたようにパソコンでは、CPUやハードディスク、グラフィック・アクセラレータなどのモジュールの性能が向上しても、PC/ATのデザイン・ルールでは性能を向上させ得なかった。とりわけこれら機器やモジュールとCPUをつなぐバスの速度がネックになったからである。パソコンメーカーが設定すべき標準的なバスが規格争いで決定できないため、代わって最新の高速なCPUを活用してもらいたいインテルがPCIバス規格を提案し無償で提供する。さらにインテルは製品企業が新しいCPUに素早く対応しやすいように、バス制御機能をチップセットというモジュールに組み込み販売する[23]。これを活用することでパソコンメーカーは新たなCPUやメモリに対応した製品を素早く生産できるようになる。

　しかしこのことは一方で、インテルのMPUがパソコンのプラットフォームになることを意味した。これによって新たなステージのパソコンを企画しイノベーションを実質的にリードするのは組立企業ではなく、事実上、部品企業のインテルになっていく。製品アーキテクチャの核になり、さまざまなモジュールの中核になるプラットフォームを獲得すれば、部品企業であっても産業のリーダーになることができる例である。

　ただインテルの場合、それはパソコン生産のネットワークのなかで覇権を求めるための行動ではなかった[24]。激しい市場競争の中で新しい高性能なパソコンを素早く設計し、生産して市場に供給したい組立企業の要望に応じた結果の覇権なのである。このように、顧客が懸案にする問題解決の鍵になる

---

23) Burgelman (2002, pp. 250-277) 参照。
24) それどころか、アンドリュー・グローブをはじめとするインテルのトップたちは、チップセットの内製に反対し、当初はサードパーティへの販売支援を行っている。前掲著 Burgelman (2002) pp. 263-282.

モジュールのイノベーションを行いオープン化すると、それは製品全体の土台となるプラットフォームの地位を獲得できる可能性があり産業のリーダーシップにつながる。マイクロソフトやグーグルもその代表的な例になる。ものづくり変革の方向を決めるのは顧客か技術進歩かであり、最終的には顧客のニーズが決定するので、顧客価値に応える行動が重要になる。

　部品企業はたとえプラットフォームとしての役割を獲得できなくても、事実上の標準としてのモジュール部品を目指すことができる。事実上の標準を獲得できれば製品企業さえリードできる。さらに生産業務でも台湾企業はEMS形態からその機能をさらに拡充して、1990年代にODM（Original Design Manufacturing）と呼ばれる新たな事業の仕組みを構築して躍進し始めた。パソコンの外観や電子回路機能などを、組立企業に企画提案して完成品を受託する設計生産受託事業である。

　いまやノートパソコンの80％程度、デスクトップの90％程度がODMによって生産されている（立本, 2009）。世界のパソコン企業の少なからずが自らは組立もモジュール調達もせず、提案された製品にブランドを添付して販売する。この受託事業で雌伏していたエイサーは2008年、ネットブックと呼ばれる低価格製品に自社ブランドをつけ、2009年に世界第2位のコンピュータ企業として登場する[25]。

　このようにオープンな製品アーキテクチャが採用されると、部品企業の自律化の機会が多い。組立企業をリードする経営や、ODM企業のように実質的な組立企業としての経営も可能になる。反対に従来の組立企業は産業での地位を低下させやすい。それは擦り合わせ型のものづくりと異なって、自己の知識や資源よりも外部のそれらに依存するものづくりだからであり、価値を創出する企業行動の少なからずを喪失してしまうからである。

25）　2015年にはエイサーの世界シェアは7.0％に縮小し、アップルに次ぐ5位に落ち込んだ。市場が縮小するなかで競争が激化している。前掲『日経産業新聞』。

4.3 オープンとクローズドなネットワーク

今までみてきたように、エレクトロニクス分野ではオープンなモジュール型のものづくり傾向を強めているが、日本企業は独自な設計と生産による多機能製品にこだわり、また生産基盤にしてきた集権型のネットワークが存在するため十分に対応できなかった。他方、日本企業は擦り合わせ型の製品に合致した組織能力を保有しているため、工作機械や自動車では競争力を持つといわれてきた（藤本，2004）。しかし擦り合わせ型といわれる産業分野でもオープンなものづくりへの対応が必要になろうとしている。

(1) 擦り合わせ型製品のモジュール化

2009年度の工作機械出荷額では日本は27年間維持してきた首位の座を中国に譲り、ドイツも下回って3位になった[26]。リーマン・ショックによる需要縮小が作用しているだけでなく、他方で需要内容が移行している低価格な工作機械に対応できないからでもある[27]。そして自動車産業でも新興国向けの低価格な製品開発が課題である[28]。それに両分野とも製品の性能や機能を構造や機構部品だけでなく、エレクトロニクス部品にますます依存するようになるが、その領域ではオープンなモジュール化も可能である。

実際、電気自動車ではバッテリーの事実上の標準獲得を目指した競争が激化している。そして低価格製品を求める新興国市場では、機構部品も含めてオープンなモジュール化に進展することが予想される。事実、中国ではエンジンとトランスミッションがオープンなモジュールとして取引され、それをボディや車体、サスペンションなどと適合させるエンジン制御のROMモジュールも専門企業から購入して自動車が生産される例も登場している（大鹿，2009）。

---

[26] 日本は1982年に米国を抜いて以降首位だったが、2009年の生産額は前年比57％減の58億ドルに落ち込み、9％増109億ドルに伸ばした中国に一気に抜かれ、ドイツも下回り3位に転落した。『日本経済新聞』2010年2月27日付。その後2014年の工作機械生産額の国別シェアは中国26％、日本19％、ドイツ17％と変動している（『日経産業新聞』2016年7月4日付）。

[27] 工作機械業界の今日的状況と課題については加藤（2015）参照。

[28] 日本企業はこの課題への挑戦を開始し、ダイハツは2011年に燃費30 km/lで価格80万円の軽自動車ミライースを販売した。しかし新興国向けにはさらに低価格な自動車が必要である。

わが国でも日産自動車が三菱自動車に車体を供給し、トヨタもエンジン外販を発表するなど、限定的ではあるがオープン化が登場し始めた。今後は自動車産業でも、新興国向けの低価格車ではオープンなモジュール化が予測できる。電気自動車（EV）になると部品点数が大幅に減少し一段とモジュール化が進む。2003年設立のテスラモーターズは短期間に自動車産業に参入している。そして自動車の世界でも生産受託サービス企業が登場し、米アンドロイド・インダストリーズはドアやエンジンなどのモジュールを納品する。すでにトルコではトヨタが生産の一部を委託している。鴻海精密工業も自動車組立参入をすでに発表している[29]。

ただ顧客ニーズの変容によって新たな価値が求められたり、製品の性能を左右する斬新な技術が登場したりすると、オープンなモジュール型のものづくりでは対応しにくくなる。斬新な製品が登場すると、その機能や性能発揮の激烈なイノベーション競争が、ドミナント・デザインが登場するまで再び展開される[30]。一般的に製品アーキテクチャは擦り合わせ型からモジュール型に移行する傾向を持つが、このような理由でその逆の流れも生じる（Christensen & Raynor, 2003；柴田, 2008）。

(2) イノベーションと外部資源活用

そしてモジュール型のアーキテクチャでも、クローズドな社内化規格で行うか、それともオープンな事実上の標準モジュールを使用するのか、顧客が求める価値とそれを満たす製品の成熟度やイノベーション、モジュール化度合など製品を取り巻く環境によって競争力のある製品アーキテクチャは異なってくる。それは、クローズドとオープンなネットワークとを環境や戦略によって、使い分けることが必要なことを示す。

ピサノとベルガンティ（Pisano & Verganti, 2008）は、ネットワークはオープ

---

[29] 『日本経済新聞』2016年8月6日付参照。
[30] 戦中は家庭用ミシンの生産が禁止され、戦後の荒廃の中で衣類が求められて家庭用ミシン需要が高まり、足踏み式ミシンのフレームや歯車などの部品が1947年に標準化され、四畳半メーカーといわれるような零細なミシン企業まで多数登場してミシン産業は活況を呈した。その後ジグザグミシンが登場して主要企業による独自の製品競争に変わった。

ンでパートナーが対等な決定権を持つフラットなガバナンス形態が常に優れているという単純なものではなく、業務特質に応じてネットワークのあり方も多様であるとした。彼らはオープンとクローズド、フラットと階層性という2軸で切り分け、4つのセルでイノベーションを目的にするネットワーク活用をモデル化した。オープンで階層的な「イノベーション・モール」、オープンでフラットな「イノベーション・コミュニティ」、そしてクローズドで階層的な「エリート・サークル」、クローズドでフラットな「コンソーシアム」という4つのコラボレーション方式を提示して、それぞれの長所と課題を比較して戦略的に選択すべきだとする。

また近年は、研究開発の推進にオープン・イノベーションが主張されるようになった（Chesbrough, 2003）。業務や製品のイノベーションを図るとき、それを社内だけに求めず広く外部の組織や人とのコラボーションを活用するのがオープン・イノベーションである。顧客のニーズが多様化し複雑化しているため、企業内部でイノベーションを行うことはますます難しくなっており、外部のアイデアや資源を活用するほうが効果的だとする。それに内部の研究開発によっていち早く斬新な製品を市場に出すより、優れた事業の仕組みを構築するほうが経営にとって重要になっている[31]。反対に社内で活かせない研究開発成果は外部に提供し、外部からは優れた成果を導入できるようなゆるやかなネットワーク行動を行う。

また製品やサービスの生産者ではなく、受け手であるユーザーが行うイノベーションを活用すべきだとするのがヒッペル（von Hippel, 2005）である。自己のニーズに対応した製品が提供されないため、ユーザーは必要に応じて自らイノベーションを図る。作り手がユーザーのニーズや使い方に応えないのはその意欲が希薄なだけでなく、ユーザーが求めているイノベーションに必要なニーズや利用情報が、それが生み出された場所から他に移転しにくい粘着性の強い情報で構成されるからだとする発想である。

---

[31] 事業の仕組みについてその外形的な要因からモデル化するビジネスモデルと異なって、より多様な要素からなる事業の仕組みをとらえたものとして小川（2015）を参照。

5 多様なネットワークの可能性を求めて

今日、企業のネットワーク活用はコスト削減や不足する外部資源の活用などだけでなく、素早くイノベーションを図るためへと、その目的が変容してきた。変革を求められる企業は、企業や大学、研究機関とだけでなく、ベンダーや顧客など、より広範に異質な資源を持つパートナーとのネットワークを形成するようになった。そのため業務や製品をモジュール化していくだけでなく、目的やパートナーの特性に応じたネットワークの有効な活用が求められている。

資産の他人利用を排除して独占することの経済的重要性が薄れ、ダイナミックなネットワークを通じて、資源と知識とを活用しながら革新的なサービスを創造し、事業活動プロセスの革新を起こすことが重要である（若林, 2009）。このため外部資源を活用した事業のイノベーション方法はますます多様になる。

ものづくりでは今後、オープンな製品アーキテクチャのなかで、モジュールやプラットフォームという方法が採用され、自律分散型のネットワーク活用が高まる傾向にある。そのためネットワークの特質を生かしやすいように、製品や業務を再設計する。そして顧客との共創や顧客のイノベーション領域では、フラットなネットワークの採用も高まる。

製品や業務の特質、パートナーの知識やパワーの違い、ネットワーク活用の戦略、一方のパートナー側の戦略などによって、多様なネットワークが登場し、その活用の差が企業経営を左右することになる。容易に新規参入できるネットワークを活用して新たな事業の仕組みを創造すれば、既存事業に対する破壊的イノベーションとして作用する事業創出さえ可能な状況が生まれている。ネットワークの活用方法がものづくりを変革する力を秘めているのである。またものづくりの変革は、ネットワークとのかかわりなしには検討できなくなっている。

しかしオープンなモジュール化の傾向が強まるものの、一方でクローズドなモジュールや擦り合わせ型の製品アーキテクチャも、需要獲得や差別化で

有効な面を持つ。このためオープンなネットワークの一方で、クローズドなネットワークの役割もある。それをどのような基準で取り込み、オープンとクローズドなネットワークを柔軟に活用するためにどうするかの解明は今後の課題として残る。また中小企業はそれら両者にどのように取り組むかが迫られる。

　いずれにしてもネットワークは、参加する個の能力を活用することで、全体として有効なものを生み出しながら、全体と個とが相互作用によって進化することが期待できる。そしてイノベーションの推進が今日のネットワーク活用の大きな目的なのである。そのネットワークの持つ効果を発揮させるため従来、ネットワークの運営や形態が注目されてきたが、それだけでなくまずネットワークの能力を活かす分業方法に注目し、製品アーキテクチャや業務プロセスを変革することが重要である。そして戦略や業務に応じて有効なネットワーク活用法を選択するのが課題である。

参考文献

Annabell, Gawer & M. A. Cusmano（2002）, *Platform Leadership*, Harvard Business School Press.（小林敏雄訳『プラットフォーム・リーダーシップ』有斐閣、2005年）。

Baldwin, Carlis Y. and Kim Clark（1997）, Managing in an Aege of Modularity, *Havard Business Review*, Sep.-Oct.（坂本義美訳「次世代イノベーションを生む製品のモジュール化」『Diamyd ハーバードビジネスレビュー』1998年1月号）。

Baldwin, Carlis Y. and Kim Clark（2000）, *Design Rules, MIT Press*.（安藤晴彦訳『デザイン・ルール』東洋経済新報社、2004年）。

Burgelman, Robert A.（2002）, *Strategy Is Destiny*, The Free Press.（石橋善一郎外監訳『インテルの戦略』ダイヤモンド社、2006年）。

Campbell-Kelly, Martin & Aspray（1996）, *Computer: A Hisrtry of The Information Machine*, HarperCollins.（山本菊男訳『コンピュータ200年史』海文堂、1999年）。

Ceruzzi, Paul E.（2003）, *A History of Modern Computing*, The MIT Press.（宇田理・高橋清美監訳『モダン・コンピューティングの歴史』未來社、2008年）。

Chesbrough, Henry（2006）, *Open Innovation*, Harvard Business School Press.

Christensen, Clayton & M. E. Raynor（2003）, *The Innovator's Solution*, Harvard Business School Press.（桜井祐子訳『イノベーションへの解』翔泳社、2003年）。

Kim, W. Chan and Renée Mauborgne（2005）, *Blue Ocean Strategy*, Harvard Business Pub.（有賀裕子訳『ブルーオーシャン戦略』ランダムハウス講談社、2005年）。

Pisano, Gary P. & Roberto Verganti (2008), Which Kind of Collaboration Is Right for You? *Harvard Business Review*, December.（鈴木泰雄訳「コラボレーションの原則」『DIAMOND ハーバード・ビジネス・レビュー』2009年4月号）.

Prahalad, C. K. (2005), *The Fortune at the Bottom of the Pyramid*, Wharton School Publishing.（スカイライトコンサルティング訳『ネクスト・マーケット』英治出版、2005年）.

Utterback, James M. (2006), *Design-inspired Innovation*, World Scientific Pub.（サムコ・インターナショナル訳『デザイン・インスパイアード・イノベーション』ファーストプレス、2008年）.

von Hippel, Eric (2005), *Democratizing Innovation*, The MIT Press.（サイコム・インターナショナル監訳『民主化するイノベーション』ファーストプレス、2006年）.

青木昌彦 (2002)「産業アーキテクチャーのモジュール化」青木昌彦・安藤晴彦編著『モジュール化』東洋経済新報社。

大八木智子 (1999)「わが国繊維産業を取り巻く環境と中小繊維企業にみる国際化の取り組み」『RIM 環太平洋ビジネス情報』1999年1月、No. 44、さくら総合研究所。

大鹿隆他 (2009)「自動車産業」『ものづくりの国際経営戦略』有斐閣。

小川紘一 (2014)『オープン＆クローズ戦略』翔泳社。

小川正博 (2000)『企業のネットワーク革新』同文舘。

小川正博 (2015)『中小企業のビジネスシステム』同文舘。

加藤秀雄 (2015)『外需時代の日本産業と中小企業』新評論。

川濵昇・大橋弘・玉田康成編 (2010)『モバイル産業論』東京大学出版会。

佐藤幸人 (2008)『台湾ハイテク産業の生成と発展』岩波書店。

SE編集部 (2010)『僕らのパソコン30年史』翔泳社。

柴田友厚 (2008)『モジュール・ダイナミクス』白桃書房。

立本博文 (2009)「台湾企業：米国企業のモジュラー連携戦略」『ものづくり戦略の国際経営戦略』有斐閣。

田中辰雄 (2009)『モジュール化の終焉』NTT出版。

中小企業庁 (1997)『中小企業白書　平成8年版』。

中川功一 (2011)『技術革新のマネジメント』有斐閣。

西岡正 (2012)「サプライヤー・システムの変容と中小サプライヤーの競争力」小川・西岡・北島編著『ネットワークのイノベーションと再編』同文舘、2012年。

藤本隆宏 (1997)『生産システムの進化論』有斐閣。

藤本隆宏 (2004)『日本のもの造り哲学』日本経済新聞社。

丸川知雄 (2007)『現代中国産業』中央公論新社。

安本雅典 (2010)「グローバルな携帯電話メーカーの競争力」「海外携帯電話産業の転機」丸川知雄・安本雅典編著『携帯電話産業の進化プロセス』有斐閣。

若林直樹 (2009)『ネットワーク組織』有斐閣。

第4章 自律分散型ものづくりと中小企業

　デジタル技術の発展が自律分散型の産業構造をもたらし、製品だけでなく競争の方法やものづくりの仕組みを大きく変容させている。製品が複雑化し急速にイノベーションが進展するため、垂直統合型の生産システムではなく、専門企業による自律分散型の社会的分業を母体にする産業構造が登場し、そこに多数の企業が参入してグローバルなものづくりが展開される。そこでは需要の獲得をめざして激しいイノベーション競争が行われる。それにモジュール化した部品やその模倣品が登場して、それを活用することで多様な製品が登場し、短期間に類似製品が世界中に普及する。

　こうした環境のなかで新しいものづくりをリードしたのはアメリカや台湾のベンチャー企業、そして中国山寨にみられる模倣的ものづくりである。日本企業はものづくりイノベーションに遅れて飛翔の機会を逃し続けている。

　近年では個人でも少量なものづくが可能な3Dプリンターのような新しいデジタル技術も登場する。デジタル技術やインターネットの活用によって新しいものづくりイノベーションが実現している。果敢に挑戦する企業には新しい市場が登場し、またデジタル技術を活用して中小企業でも製品創出が可能になっている。しかし優れた技術を持つと自負する日本企業は、デジタル化がもたらす新たなものづくりへの転換に遅れグローバル市場どころか、国内市場でも競争力を失いつつある。

　本章ではデジタル技術がもたらした自律分散型のものづくり環境の生成とその影響、それに対して日本企業とりわけ中小企業にはどのような課題と可能性が生じているのか、そして新たなものづくりイノベーションの方向について検討することを課題とする。第1節ではパソコンと携帯電話にみる自律分散型産業構造の生成、第2節では自律分散な環境での競争がもたらした特質、第3節では自律分散なものづくり環境で躍進したアメリカベンチャー企

業と台湾企業の行動、第4節では中国山寨にみるダイナミズム、これらを踏まえて第5節では中小企業のものづくりイノベーションの方向を検討する。

1 デジタル製品ものづくりの変容

　デジタル技術を活用する製品は、金属や樹脂製などハードな部品を組立てる製品とは異なったものづくりに変容した。それをコンピュータと携帯電話の例からみていく。

1.1 デザイン・ルールのオープン化

　メインフレームという大型コンピュータでIBMが覇権を握る中、アメリカニューメキシコ州アルバカーキの小さな模型店MITS社が1974年に発売したAltair8800、そして1977年にはApple Ⅱが登場してパソコン市場は活況を呈するようになる。その拡大するパソコン市場に対処するため、急遽1981年に参入したメインフレームの覇者IBMは短期間で製品化を図ろうとした。このため自社技術で製品開発を行ってきたIBMが、このときは市場から部品を調達して製品を構成した。そして部品や周辺機器の円滑な調達のために、パソコンの回路やBIOSのソースコードなどを事実上公開してしまった（SE編集部、2010）[1]。さらに基本ソフトをMS-DOSの名称でマイクロソフトとライセンス契約し、そのうえ他社への供給をも認めた。

　それまで玩具程度にみなされていたパソコンがIBM社の参入によって、ビジネスにも使用できる本格的コンピュータとの評価を得て需要が拡大しはじめる。加えて製品仕様が事実上公開されたため、1984年発売のIBM PC/ATのアーキテクチャがいわば業界のデザイン・ルールになって多くの互換機が登場し、またこれに対応した多数のアプリケーション・ソフトや周辺機器が投入されて市場が活況を呈する（Baldwin and Kim, 2000）。

---

1) BIOSは入出力装置の制御プログラムをまとめたもので、OSを特定機種仕様に合わせる機能を持つ。IBM PCのBIOSコードはIBM所有だが、互換BIOSが発売されてしまう。

加えて1984年には互換BIOSチップが販売され、容易に互換機が生産できるようになる（Ceruzzi, 2003）。そして1986年IBMに先駆けてコンパックは、インテルの高速な32ビットCPU80386搭載の互換機を販売する。このときPC/ATのアーキテクチャでは高速なCPUの性能が発揮できないため、CPUとメモリや周辺機器との間でデータ伝送するバスを分離して処理速度の高速化を図った。さらにIBMが新機種PS/2では互換機にライセンスを求めるようになると、互換機企業9社は独自にEISA規格で標準化を図り、IBMの技術を離れた互換機アーキテクチャが発展をはじめる。またインテルは新型CPUがパソコンに迅速に採用されるように、高速化できるPCIバスを開発して無償公開し標準規格にする（Burgelman, 2002）。

模倣した互換機が規格を整備しパソコンを高性能化していく。それに合わせて機能を集約したチップセットが登場し、また新たな周辺機器が開発されて高性能化していく。回路上に主要モジュールを搭載したマザーボードまでもが1つのモジュールとして登場する[2]。このマザーボードにCPUやディスクドライブ、ビデオカードなどのコンポーネントを組み込むことによってパソコンが容易に完成する。高度なノウハウがなくても、中小企業でもパソコンを製品化できる環境が登場したのである。

業界標準の製品アーキテクチャが生まれ、それを構成するモジュールが標準化され誰でも生産・調達できるため、パソコン産業は急速に発展した。それまでアメリカ企業も、基本ソフトやアプリケーションを独自規格で構成していた。しかしデザイン・ルールが確立して市場には標準化された低価格なモジュールが登場したため、それを調達して組立てられるIBM PC/AT互換機が販売されるようになる。それは同時にものづくりシステムの変容でもあった。それまでの独自規格による擦り合わせ型のものづくり方法は、多数の専門企業が独自に行動できるオープン化した自律分散型のものづくり形態に変わる。

2）モジュール（module）はシステムを構成するために、いくつかの機能部品を集めて、まとまった機能を果たす部品を指す。その特質について詳しくは第2節で述べる。

1.2 イノベーションによるダイナミックな変容

コンピュータという製品には多様な技術や部品が必要であり、またそれらは急速な技術革新を実現しながら発展する。メインフレームと呼ばれたコンピュータシステムの時代には、需要量が少ないものの億円という単位の高額製品であったため、垂直統合型で受注生産を行い、自社規格のハードやソフトで構成するシステム化した製品販売の仕組みで顧客を獲得できた。

しかし特定ユーザー向けの有名顧客に対する事業と異なって、匿名顧客の大量な需要に対応するには、低価格化と高性能化のためのイノベーションが不可欠だが、多様なモジュールそれぞれは複雑性を高めながら独自に技術革新することで機能や性能を高めている。製品企業が単独でそれを実現するのは困難で、それぞれの専門領域で技術革新を図り、規模の経済性によって低価格化を図るモジュール専門企業からの調達のほうが性能やコスト面で有利になる。

このときそれぞれのモジュールはコンピュータというシステム製品の中で相互依存性が高いため、1つのイノベーションはその周辺部品だけでなく全体にも影響する。このためモジュールの独自なイノベーションを可能にするためには、製品のデザイン・ルールを設定して各モジュールの機能を規定するだけでなく、モジュールの入力と出力部分のインターフェースも規格化する。そのルールを守りながら性能や機能、処理速度などをそれぞれが独自に専門領域でイノベーションを図る。そのルールの役割をパソコンではIBM PC/ATアーキテクチャが担った。

そして主要モジュールが規格化されると他の領域にもモジュール化が波及して専門企業が登場し、自律分散なものづくりが可能になる。同時に同じ領域のモジュールの専門企業間の競争が始まる。事実上の標準モジュールの座を目指して、多くの専門企業が需要獲得とイノベーションの激しい競争を演じ、そのことが産業をダイナミックに変容させていく。

1.3 急速なイノベーションで発展する携帯電話

携帯電話の場合はさらに劇的にものづくりを変容させてきた。今日でいう

携帯電話は1979年アナログ式の自動車電話サービスとして日本で登場した。アメリカではモトローラ社の自動車電話が1983年実用化される。そして1985年、民営化されたNTTは携帯できる重量3kgの肩掛け式の電話を実用化した。1989年モトローラ社は重量303gと軽量な携帯電話を発売し、これを機に日米で本格的な携帯電話の普及が始まる。1991年ノキアが初めてのデジタル式携帯電話をヨーロッパで発売し、その後のノキア発展の礎を形成した[3]。日本とアメリカの携帯電話のデジタル化はそれに遅れる1993年であった。

　携帯電話の利用者が増大して通信方式がアナログからデジタルに移行すると、着信音に好みの音楽を設定できる着信メロディをはじめとしてさまざまな機能が付加されるようになる。1999年にはNTTドコモがiモードを開始し、携帯電話がインターネットに接続できるようになり、携帯電話による電子メールが盛んになる。2000年には内蔵カメラが登場し、通信速度の向上によって写真送信やゲームなどの利用が盛んになる。わが国では2000年代に入ると第三世代携帯電話が登場して、テレビ電話や高速なデータ通信が行われる。このように2000年代前期、日本企業は世界の携帯電話をリードする位置にあった。そのiモードや写真送信技術は今日のスマートフォンへと発展していく。

　このとき電話のデジタル化が大きな意味をもつ。アナログな音声がデジタル化されると、デジタルデータで作動するコンピュータで処理できるからである。そこではあるゆるデータがデジタルデータとして処理され、それをモバイルなコンピュータ、つまりスマートフォンで扱えるようになっていく。

　1993年アップルがPDA（携帯情報端末）という概念を提起し、1996年のBlackBerryや1999年のiモードと続いて、インターネットを活用する電子メールやウェブサイトの閲覧といったインターネット接続のスマートフォンが登場する[4]。それは電話と融合した小型のコンピュータで世界的に普及する。

3）フィンランドのノキアはゴム長靴とトイレットペーパー、電線を作る3つの企業が1967年に合併してできた企業である。1998年には世界シェア22.9％と携帯電話機のトップ企業になる。どのようにしてそんな企業が新しい事業分野で世界企業として成長したのかはBruun and Wallen（1999）を参照。
4）携帯電話の発展経緯は内藤他（2006）、安本（2010）を参照。

携帯電話はアナログからデジタル化、そしてスマートフォンへの発展のなかでものづくりの仕組みを変化させてきた。その要因はやはりコンピュータと同じように標準モジュールの登場、後述の中核になるプラットフォームの出現、そしてオープン化である。そこではパソコンにみた IBM PC/AT のようなデザイン・ルールになるモデルがあったわけではない。ただそれまで存在した電話という基本機能は明確であり、それを小型で移動しながらでも通話品質が低下しない電話に、そして便利な付加機能の開発が課題になった。
　このときパソコンとは異なって多くの特許が存在し、そのモジュールが製品に影響を与えた。また電話はその製品単体で機能するものではなく、電波を中継する通信基地の施設を含めたシステムであり、より広域的にいつでも通話や通信できる性能が基本条件になる。そのため電話機メーカーではなく、広域に通信基地や通信回線を保有して、通信基盤を構築するキャリアと呼ばれる通信事業者が産業を主導する。先進国の携帯電話は地域や各国の通信規格に合わせてキャリアの独自仕様で生産されてきた。
　ただ通信技術の発展とともに新たな通信規格が必要になり、キャリアや国境を超えた標準化設定にせまられる。そこではキャリアや各国政府間の協議いわゆるデジュアリー・スタンダードによって、共通な通信規格を模索しながら発展してきた。そして携帯電話はグローバルな市場での競争に移行する。

1.4　プラットフォームの活用へ

　無線電話や有線電話技術を基盤にデジタル技術活用で発展した携帯電話にはさまざまな技術が使用され、それらは特許になって存在している。このためキャリアや携帯電話メーカーがさまざまな製品特徴を謳う一方で、現実には特許使用料が電話機価格の 10％以上を占めるなど、初めから複雑な機能を果たす外部のモジュールが使用された（安本, 2010）。特許権に抵触しない新たなモジュールを開発するよりも、優れた標準モジュールを活用する方が旺盛な需要の中で素早い市場獲得に有利だったからである。
　携帯電話の高機能化によって複雑になったのがソフトである。そこでコンピュータと同じように携帯電話の基本ソフトが制作される。ハードウェアが

違ってもアプリケーションや各種リソースを管理する基本ソフトとしてシンビアンOSやリナックス、そしてスマートフォン向けのAndroidやiOSなどが登場する[5]。また基本ソフトとアプリケーション・ソフトを媒介するミドルウエア、そして各種機能発揮のためのアプリケーション・ソフトとさまざまなモジュールが登場する。基本ソフトと中核になるモジュールがオープン化したことで、これを利用すれば複雑な携帯電話の設計が簡単になる。

さらに高性能な携帯電話開発が課題になるなかで2000年代初頭以降、音声信号などをデジタル変換し復調処理するベースバンドIC、動画や音楽など複雑な信号処理を行うアプリケーション・プロセッサ、それにメモリなどをワンチップ化したMPUや、ソフトや機能を統合するカプセル化が進展しプラットフォームが形成される[6]。

携帯電話の場合は通話という音声処理から、各種信号処理による通信処理領域へと高機能化・複雑化するなかで、また拡大する市場の旺盛な需要に応えるために、そしてコスト削減と製品小型化のために、部品を集積してワンチップ化する方法でモジュール化が進展する。特許保有のモジュール企業が市場にそれを積極的に投入したことがオープン化に作用している。さらにベースバンドICや基本ソフトをワンチップ化した統合ICプラットフォームを提供する後述の台湾MTKが登場してオープン化が加速する。

1.5 モジュールのオープン化促進要因

今までみてきたようにパソコンと携帯電話のものづくりの進化には、オープンなモジュールが関与している。オープンなモジュールは一般には次のような条件下で進展する（小川，2012）。以下については69～71頁も参照。

第1に製品の仕様がほぼ類似化するドミナント・デザインの形成以降にオ

---

5) これら複雑化するICチップの基本部分の設計に特化する企業が登場する。1990年創業の英国のARMである。同社のMPUは低消費電力と同時に高い演算能力が求められるスマホや携帯情報端末で90％程度のトップシェアを持つといわれる。同社はその設計の知的所有権を持つ企業で生産はしない。2016年ソフトバンクが買収する。
6) プラットフォームは製品の機能や性能発揮の核になり、製品全体の基盤機能を持つモジュールである。

ープン化がはじまる。共通的な仕様がなければ標準モジュールは登場しにくい。

第2に製品が複雑で、それを構成する部品にも多様で高度な技術や知的所有権が存在し、企業が独自開発するにはコストや開発時間がかかって市場に即応できないときである。このため複雑なソフトや模倣しにくい部品が該当し、パソコンのCPUやOS、携帯端末では汎用IC（ASSP）からはじまった。

第3に多額の開発費や設備投資が必要で、外部に販売しないと投下資金が回収できない場合である。

第4に物理的な機構で機能を果たす部品よりも、電気信号などによって機能を果たすものが標準モジュールになりやすい。機械的に駆動するモジュールの場合、モジュールの形状や重量など制約が多く、接続部分のインターフェース規格が標準化しにくいためである。ただシマノの自転車ギアは世界中の自転車に採用され、また一部の自動車エンジンも標準モジュールとして使用されている。

第5に他の機器と相互接続してシステム化される度合いが高いとき、周辺機器も含めてモジュールがオープン化されやすくなる。機器を接続して機能を発揮するためにインターフェース規格の標準化が行われ、関連機器の標準化が加速してオープン化が進展する。

ただ技術的要因だけでなく第6に、大きな需要量とその急速な拡大がモジュール化を促進する。旺盛な需要に低価格な製品で素早く市場に応えるためには、独自に開発生産するよりも、大量生産によって低コストな専門企業のモジュール調達が有効になるからである。

以上のような条件を備えたときにモジュールがオープン化し、技術の複雑性を縮減したモジュールの活用で製品生産が容易になる。

1.6　モジュールの集約化と応用

電子回路のデジタルな部分は入力データを、出力データに変換処理するアルゴリズムを実現する電子回路とソフトから構成される。その電子回路は集積回路としてカプセル化され、技術進歩とともに集積度を高め小型化していく。さらにそれら関連する複数のICチップを1つにしてより小型化する。技

術進歩によって複数のモジュールを一体化した SoC（システム LSI）のような上位のモジュールも創ることができる。複雑な機能が小さなチップ１つで実現できるため、デジタル作動する IC チップを活用することで部品点数が少なくなり、複雑な製品が低コストで容易に製作できるようになる。

　本来、電子製品を生産する企業ではすべての電子部品を内製することはない。半導体やコンデンサー、抵抗などの素子はそれぞれに異質な固有技術と生産技術が必要であり、一方で大量に使用されるため専門企業が量産して低コストで提供する。製品企業はそれら市場調達できる部品を調達して必要な回路を構成する。市場に存在する部品を多用して製品を生産するのが電子製品では一般的であり、複雑な処理を行うワンチップの MPU やマイコンなど汎用性のある優れたモジュールは多数の企業に活用されていく。

　さらにオープンなモジュールを活用した製品生産は、製品のデザイン・ルールが業界標準になっていないデジタル製品でも採用されるようになる。それはデジタル製品がコンピュータ技術の応用であり、コンピュータ向けのモジュールやその応用モジュールによって製品の主要部分を製造できるからである。応用性のあるモジュールが使用され、また製品の特性に合うように改良されてモジュールは新たな領域で事実上の標準に発展していく。携帯電話やスマートフォン、平面テレビ、タブレットなどデジタル製品の多くがこうして生産される。そのデジタル技術がエレクトロニクス製品のものづくりを変容させている。

2　自律分散型ものづくりの特質

　今までみてきたようなエレクトロニクス製品、とりわけデジタル製品では擦り合わせ型製品とは異なるものづくり形態に移行する。クローズドな垂直統合型からオープンな自律分散型のものづくりに移行し、多数の専門モジュール企業と企画力やブランド力を持つ製品企業が登場して激烈な競争を繰り広げ、製品のコモディティ化を加速しながらダイナミックに変容するようになる。

2.1　事実上の標準の獲得競争

モジュールについてボールドウィン（Baldwin and Kim, 1997）は、それぞれが独立的に設計可能であって、全体としては統一的に機能するサブシステムで、複雑な製品や業務プロセスを構築するものであるとした。そうしたモジュールはその組合せによる製品の多様性の拡大、環境変動に対しては製品全体ではなく、個々のモジュールで対応するという不確実性の縮減、そして同時並行的に開発設計を推進できる開発の迅速性、という3つの性質を発揮できる。その前提としてデザイン・ルールをあらかじめ確立しなくてはならないと提起した。

さまざまなデジタル製品が登場するなかで、それぞれの製品領域で優れた機能を持つモジュールが標準モジュールになり、さらにコンピュータにおけるCPUやチップセット、基本ソフトなどは中核モジュールとしての役割を担う。中核モジュールに合わせて製品が設計されるようになり、とりわけ製品全体に大きな影響力を与え製品の中核になるモジュールはプラットフォームと呼ばれるようになる。パソコンではインテルのMPUとマイクロソフトの基本ソフトWindows、スマートフォンではアルファベットのAndroidやアップルのiOSなどである。

より広範なスマホ機能を1つに集積した台湾MTKのチップは、チップそのものがプラットフォームになった。コンピュータや携帯電話などの製品領域では、プラットフォーム企業が製品そのものの進歩をリードしていく。

自己完結的に複雑な機能を果たすさまざまなモジュールは、それぞれ独自にイノベーションを図り内部はブラックボックス化していく。そして優れたモジュールは多数の企業に採用されるように、業界のデファクト・スタンダード（事実上の標準）の座を目指して激烈な競争を展開して行く。一方でモジュールを調達して組立てるだけの製品企業は、保有する知識が希薄化して、独自な価値を付加できないため存在を低下させていく。

製品だけでなくモジュールでも、またそれを構成する素材でも事実上の標準の座の獲得を目指して多数の企業が競争することで、自律分散型のものづくりはダイナミックに変容する。たとえばインテルはパソコン用MPUではプ

ラットフォームの地位を獲得したものの、スマートフォンでは新興の英国 ARM が MPU 設計で9割を占めている。ARM は設計に特化して設計図をクアルコムやエヌビデア、MTK そしてアップルやサムスンにまで提供する。インテルとは異なった設計と製造を分離する新しい仕組みでリードする。イノベーションを怠るとプラットフォーム企業でさえ凋落する競争が行われる。

2.2 垂直統合型から自律分散型ものづくりへ

オープンなモジュールが一般化すると、デジタル機器分野の生産構造は垂直統合型から自律分散型構造に変容した（Grove, 1999）。コンピュータの世界では1970年から1996年の間に膨大なモジュールのクラスター群が登場して、生産の仕組みや産業構造を変えてしまった（Baldwin and Kim, 2000）。それまで製品企業は独自仕様の製品を企画設計して組立る形態が中心であった。とりわけわが国の大企業は競争企業には排他的で集権的な下請系列を構築し、多様な製品群を系列内で擦り合わせ型のアーキテクチャで生産してきた。

優れたモジュールが市場で調達できるようになると、アップルのように独自な製品規格にこだわった経営も可能であるものの、独自規格製品では価格競争に対応しにくく、多額の研究開発費拠出にも単独では対応しにくい。その顕著な例がわが国の携帯電話産業である。過去、インターネットにも接続できる i モード、写真を送信できる写メール、携帯電話による決済など先進的技術で世界をリードした。そして通信キャリアは事実上の標準の座獲得を目指したものの、世界標準の通信規格をリードできず、このため標準モジュールを活用した低価格な携帯電話やスマートフォン開発に遅れた。その結果携帯電話メーカーは、世界市場どころか日本市場でも存在感をなくし、携帯電話事業からの撤退が相次ぐ。

デザイン・ルールを基に多数の企業が自己の利益を追求し、他企業からは指揮されずに自由に行動する自律分散型の産業構造のなかでは、モジュール企業が高度な機能で安定した品質の部品を低価格で販売するようになる。モジュール企業は部品企業でありながら下請ではなく、独自の自律的経営が可能だが、それにはデファクト・スタンダードの地位獲得が条件になる。そう

した競争企業も調達できるモジュールを活用して、競争企業とは異なった顧客価値を創出できるかが製品企業の課題になる。製品以外の価値要素を活用して、斬新な顧客価値を創出できるかが製品企業を左右する。

2.3 新しいものづくり形態の登場

オープン化が一般化するデジタル産業では、図 4-1 のようなそれぞれが対等に分業化する産業構造に移行する。市場が拡大するなかでモジュールを調達すれば容易に製品が製造できるため、製品企業は生産を外部化して、製品の企画開発や設計とマーケティング機能中心のデザイン企業に変容する。標準モジュールの調達による生産は、組立企業の付加価値を低下させるので生産業務を委託してしまうのである。それはエレクトロニクス企業だけでなく、たとえば流通業でも当該製品を販売できれば可能であり、異業種企業が参入してくる。さらに販売力のある企業は、生産だけでなく設計業務さえも外部化してしまい、販売機能中心のブランド企業まで登場してくる。

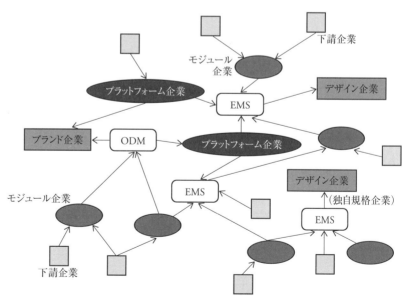

図 4-1　自律分散型の産業構造のなかでのものづくりネットワーク

代わって、デザイン企業やブランド企業の設計仕様に基づいて、標準モジュールを調達して製品の受託生産を専門的に行う EMS 企業（Electronics Manufacturing Service）が登場する（稲垣, 2001）。また EMS をさらに進めた ODM（Original Design Manufacturing）企業は、製品を企画設計してブランド企業に採用を提案して完成品として納入する。委託したブランド企業はそれに自社のブランドを付与して販売する（立本, 2009）。

EMS 企業は製品企業の不採算な工場を買収するなどして、短期間に巨大企業に成長した[7]。広達電脳や仁宝電脳工業、華碩電脳（エイスース）などの台湾企業はデザイン企業やブランド企業に代わって世界のパソコンを組立てる。鴻海精密工業は今日、中国本土に120万人の従業員を擁してスマートフォン製造を請け負う。

このような産業構造が登場するなかで、デザイン企業そしてブランド企業へと移行する製品企業の産業内でのリーダーシップは低下し、代わってプラットフォーム企業が産業全体をリードするようになる。実際、コンピュータ技術をリードするのはインテルとマイクロソフトであり、製品企業は彼らのイノベーションに依存する存在に変容した。

そして標準モジュールを調達すれば容易に製品組立ができるため、参入障壁が低下して新規参入者が増大する。先進国では異業種企業が、新興国では小規模企業までもが新規参入し、後でみるような模倣品とも呼ぶべき異質なものづくりまで登場する。それらの製品は低価格だけでなく多様な機能を持ち、それぞれの国や地域で需要獲得競争を展開する。先進国市場での高機能な製品と異なって、低所得でも購入できる単機能な製品や、顧客の特殊な活用法に応じた製品など多様化の度を高める（丸川, 2013）。

2.4　ソフトの比重の高まり

デジタル機器は機械とデータとをデジタル制御によってシステム化したも

7） EMS 企業は大企業が撤退した工場を引き継ぐなどして、ソレクトロン社などアメリカで登場したが、中国に生産拠点を構築した台湾企業などに代わられる。「EMS が製造業を救う」『週刊東洋経済』1999 年 7 月 17 日号。

のである。そこでは状況に応じて複雑な制御や機能を発揮するために、論理素子を多用してデジタル論理回路が構成される。そのデジタル回路は処理のためのアルゴリズムを形成するが、MPUのような高度な演算機能を持つ素子はデータとプログラムを読み込んでより複雑で多様な処理を行う。

多くの家電製品や自動車そしてパソコンや携帯電話などでは、コンピュータシステムを組み込んだ電子機器本体（組み込みシステム）に所定の動作をさせるためさまざまなファームウェア（firmware）形態のソフトウェアが使用される。これは電子機器に組み込まれたコンピュータシステムを制御するためのソフトウェアで、ソフトウェアをROM等のICなどに書き込んだ状態で機器に組み込む。

電子回路が用いられる製品では、物理的な機構以上にソフトのモジュールの重要性が高まる。コンピュータやタブレット、携帯電話、スマートフォンのような情報処理機器は当然に、そして工作機械や自動車などの機構部分が大きな役割を果たす製品でも、複雑な機能をデジタル回路部分が担うようになる。複雑で精密な制御をソフトで行い、その作動をサーボモータなどで働きかけ、その結果をセンサーで把握して必要な結果が出るようにアクチュエータに指示することを繰り返して精密な制御を行う。このため歯車などによる機構領域が消滅していく。機器を作動・制御する機構がプログラム制御にとって代わるためハードな構成部品が少なくなる。

なによりもソフトの性能向上のためには膨大なプログラムが不可欠で、その制作には時間とコストがかかる。そこで製品価格を抑制するためにハードのコスト削減が求められ、ハードな部品企業は絶えずコスト削減を迫られる。デジタル技術はハード部品を担う企業の収益を低下させながら、自律分散型の産業構造のなかでソフト企業の役割を増大させていく。

2.5 コモディティ化による価格競争の激化

自律分散型の産業構造ではプラットフォームをはじめとするモジュールを、市場調達して組立てれば中小企業でもコンピュータや携帯電話が組立てられる。このため多数の企業が参入して急速に製品が同質化し、短期間に同じよ

うな製品が市場に蔓延するコモディティ化に陥る。

　製品アーキテクチャや多くのモジュールがすでに標準化されているため、斬新さを謳った製品を開発しても短期間で模倣され、研究開発費や設備の減価償却費上で市場でのリーダーシップを失う状況さえ生まれる。それはオープンなモジュール環境での企業の宿命で、コモディティ化に対処するためには絶えざるイノベーションが不可欠になる。自律分散な産業構造ではイノベーションを行わなければ直ちに衰退の道を歩むことになる。

　それに、斬新な独自モジュールの開発や独自なモジュールの付加による製品の差別化、販売やサービスなどを含めた独自の事業の仕組みによって、事業全体で差別化を行うといった方法が必要になる。独自な顧客価値の創造が不可欠であり、技術力で競争優位を謳うだけでは競争に勝てない。

3　自律分散型環境で躍進する米国ベンチャー企業と台湾企業

　このようなデジタル化やモジュール化によって躍進したのはアメリカベンチャー企業であり、その生産を担った台湾企業である。台湾は世界のパソコン生産基地となって新たな産業構造を形成する。このとき日本企業はその分業システムの枠から外れた[8]。

3.1　アメリカベンチャー企業と台湾企業による自律分散ものづくり

　パソコンのオープンなモジュール化はアメリカにベンチャー企業の市場を提供した。旺盛な需要が予測でき、製品が準拠する標準アーキテクチャが確立して、技術の不確実性が低下したためIBMや半導体企業などを退社した技術者、そして新規参入する若者たちが次々起業する。各種周辺機器メーカーやソフト企業がデファクト・スタンダードの座を競って産業をダイナミックに躍動させていく。

8）本節は小川（2013）「自律分散型ものづくりと中小企業経営」『中小企業季報』No. 1 による。

そしてアメリカのベンチャー企業は技術開発に特化し、その生産業務を主として担ったのが台湾の企業であり、台湾企業は技術を吸収しながらコンピュータ産業の基盤を形成しパソコン関連の生産基地として発展する。今日世界のパソコン生産基地となる台湾は、どのようにしてものづくりシステムを形成したのだろうか。

　1960年代にラジオや白黒テレビを組立るアメリカや日本企業が低賃金の台湾に進出し、1960年代後半には電子部品メーカーも進出してエレクトロニクス産業の基盤を形成する。1970年代になると外資企業のほかに地場中小企業が参入して、社会的分業を発達させながら産業基盤を形成してカラーテレビや電卓生産を行うようになる。

　1980年代にはアメリカ企業が各種ターミナルやモニター、ディスクトップパソコンの輸出向け生産を台湾で開始する。大同のようなテレビ企業はコンピュータのモニター生産に、クアンタやコンパルなどの電卓生産企業はパソコン生産へと移行していく。インテルCPUの輸入代理店から始まったエイサーやマイタック（神通電脳）もパソコン生産に参入する。1980年代後半には製品アーキテクチャのオープン化、互換BIOSチップの販売などによって互換機生産が可能になり、一挙にパソコン産業が開花する。低価格を売り物に台湾ブランドはアメリカやヨーロッパへのパソコン輸出でにぎわう。

　しかし競争激化の中で1991年、コンパックが低価格戦略に転換することで、台湾の互換機企業は市場を奪われ低迷する。この状況から生まれたのが受託生産経営である。製品差別化が難しくなったパソコンは価格競争を激化させ、欧米や日本企業は台湾企業への委託生産によって低価格化を図るようになる。また1995年にはインテルがマザーボード規格ATXを発表し、自ら生産するとともに台湾企業に委託生産したことも台湾パソコン産業には大きな力になった。このときインテルが華碩電脳（ASUS）の技術能力を認めて、技術情報を優先的に提供するなど、台湾企業の技術水準は世界水準になり、モジュール技術と組立て製造能力で世界をリードしはじめる（川上, 2012）。

　マザーボードを調達してCPUとバス・チップセットや機能モジュールを搭載すればパソコンが容易に製作できるようになったのである。こうして台湾

は受託生産を基盤にする世界のパソコン生産基地として発展し、1990年代には生産業務を低賃金の中国や東南アジアに移行して産業基盤を拡大する。

3.2　産業基盤の重層化

　台湾では市場が拡大する互換機生産に向けて、多数の中小企業が参入して技術力を高めながら産業基盤を形成した。これには1980年設置の新竹科学工業園区の推進など、台湾政府のハイテク産業推進政策も大きな貢献を果たした（朝元, 2011）。産業集積が形成され、部品調達による製品組立やモジュール開発の小さな企業でも躍進していく。

　初期にはアメリカベンチャー企業からの技術指導、その後アメリカや日本の大手企業からの技術指導や部品調達、生産委託が行われて産業が拡大した。しかしその間には不況や急速な製品価格の低下、欧米や日本企業などの戦略転換、激しい技術進歩などさまざまな環境変化に見舞われ、その都度ダイナミックに変容しながら躍進してきた。

　このときとりわけ大きな役割を果たしたのがパソコンのプラットフォーム・リーダーのインテルである。インテルは自社の新たな高速化するCPU搭載の製品が、すぐに市場に浸透するように次々とパソコンの各種モジュールを規格化し、より容易にパソコンが擦り合わせ作業なしで製作できるように後押しし、その情報を台湾企業に提供したのである。競合するMPU企業に対抗するため、インテルの戦略には台湾企業が不可欠だった（立本, 2009）。

　そのなかで多様な企業との取引を行い、またモジュール開発能力や組立製造能力の重要性を認識してそれを強化し、新しいモジュールの開発、受託生産、そしてエイサーのような自社ブランド経営など、台湾企業は多様な方向を模索した。そして敗退した企業や成功した企業からスピンアウトした人材などチャレンジ精神にあふれた起業家が新規創業し、技術の向上と多様な試みが行われて産業基盤を重層化し向上させた（佐藤, 2007）。

　このとき創業経営者は素早い意思決定による試行錯誤で激変する環境に対応した。多様性や複雑性に富むパソコンという製品に対して、画一的ではなく、それぞれの企業が多様な経営を行う自律分散型の産業構造によって、ダ

イナミックな環境変化を克服し新しいビジネスシステムを構築したのである。

3.3 ダイナミズムを生み出せなかった日本

それは大企業が技術と市場をリードして、ベンチャー企業の挑戦が少なかったわが国とは対照的である。1980年代初期にパソコンの世界市場が互換機アーキテクチャに移行して新しい産業構造を築いていく一方で、日本市場では日本語表記などを理由に大手企業が独自OSによる独自仕様のパソコンで競った。日本企業が互換機路線に転換するのは1990年代初期であり、市場リーダーであったNECが互換機を発売したのはさらに遅れる1997年であった。今日いわれるガラパゴス化はすでにパソコンで経験しているのであり、この独自仕様への拘泥によって日本企業は世界市場で地歩を築けなかった。

このとき日本の中小企業は大手電機企業の系列下にあったため、また製造コストが高いためにアメリカのベンチャー企業の需要に対応できず、下請取引に依存して自律分散型経営に脱皮できずに成長の機会を失った。これが今日まで日本のデジタル製品分野の競争力低下要因として作用し、デジタル製品分野でベンチャー企業が叢生しない要因になっている。ものづくりシステムの変容の中で日本企業は、クローズドな垂直統合型からの脱皮に遅れ、高価格な独自製品にこだわって世界市場を獲得できず、近年では国内市場も失いつつあるという危機的状況に陥る[9]。

4 模倣品ものづくりのダイナミズム

標準モジュールが登場するとさまざまな専門企業による自律分散型の産業構造に移行し、多様なものづくり形態が生まれることをみた。さらに異質なものづくりが中国の山寨(サンサイ)である。以下では山寨の携帯電話生産を取り上げる。

---

9) 2016年10月富士通のパソコン事業が中国レノボの傘下に入ることが報道された。東芝もパソコン事業再建に苦慮しており、わが国のパソコン事業は家電や携帯電話・スマートフォンなどと同じ道をたどることになる。

第 4 章　自律分散型ものづくりと中小企業

4.1　山寨のものづくり

　中国の携帯電話事業は欧米や日本からの製品輸入からはじまるが、政府の政策によってようやく 1998 年に国産機が登場し、その技術を国有企業に移転して国産化を推進する。この結果 2002 年ころから国産携帯電話の生産量が増大しはじめる。しかし一方で、国営企業からブランドや携帯電話に必要なネットワーク接続許可証を借りて生産する「黒手機」と呼ばれる偽造携帯電話が登場してくる。中国の場合こうした偽造電話が登場できる制度的理由の 1 つに、顧客の電話機購入と、SIM カード挿入による通信会社との契約とが分離していることがある。

　そこに 2004 年以降台湾の MTK（メディアテック：聯發科技）が携帯電話の中核 IC チップを中国に販売したことによって、次々と新規参入者が相次ぎ、政府から製品認証を得ない模倣ともいえる携帯電話「山寨機」が登場する。MTK がベースバンド IC や基本ソフトをワンチップ化した統合 IC プラットフォームを提供するだけでなく、さらにチップと相性の良いモジュールを組合せた携帯電話の設計図を提供したからである（丸川, 2007）。

　このリファレンス設計（reference design：参照設計）を活用することで、ユーザーインターフェースと外装デザインを開発すれば容易に製品が出来上がってしまう。山寨機には海外メーカーのデザインをコピーした製品や有名ブランド名をつけた偽ブランド品まであり、大手メーカー製品の半額以下の価格で販売された[10]。

　クアルコムや TI などもリファレンス設計を提供するが、周辺ソフトは提供せず携帯電話企業はソフト開発が必要になる。高性能で独自な製品を作るためには高額なチップの調達、基本ソフトやアプリケーション・ソフトの設定や開発、周辺のソフト開発などで製品化には半年から 1 年程度かかる。これに対して音声やメールを通信デジタル信号に変換・復調する高周波 IC や、音楽プレーヤ、カメラ信号処理などの情報処理まで含むベースバンド IC と

---

[10]　2013 年の中国市場でのスマートフォンの実勢価格例は次のようになる。山寨系企業小米紅米は約 800 円、レノボ K900 は 2,550 円、サムスン GALAXYS 4 は 3,950 円、ソニー Xperia-Z は 4,980 円程度になる（尹, 2013）。

基本ソフトまでMTKのチップは一体で提供する。さらに携帯電話の設計や生産のサポートまで行う。このためMTKのプラットフォームを購入すれば1か月程度で簡単に携帯電話が製造できてしまう（阿, 2011）。

　山寨では工程が細分化されてそれぞれの専門企業による社会的分業が発達しているため、多くの業務を外部に依存できる。携帯電話設計会社がMTKのチップを活用して回路設計や形状設計もしてくれるし、なかには生産委託先まで紹介する。これら携帯電話設計企業は中国政府の国産化推進によって市場を失った台湾や韓国企業がはじまりで、その後国営企業からスピンアウトした技術者が担い手になる。さらにODMやEMS企業があり外部で組立を行える。

　こうして日本や欧米企業とは異なって、携帯電話事業が未経験者でも創業できるようになり、また細分化した工程に専業者が登場して自律分散型の産業構造ができる。2005年にはMTKのプラットフォームを使用して携帯電話を生産する企業が、零細も含めて200企業前後も登場して山寨機が活況を呈するようになる（丸川, 2007）。2007年には生産許可制度もなくなり、山寨機企業は堂々と携帯電話企業を名乗れるようになり、2010年には接続許可を取得した携帯電話企業でさえ約350社が存在する（尹, 2013）。

　山寨機を購入するのは低価格で使用できる電話なら何でもよい顧客層、収入の低い農村など地方の顧客層である。しかし中国の大手企業や海外企業もMTKのプラットフォームを使用した低価格製品を中国市場に投入するようになり、山寨機は同業企業とばかりでなく大手企業との競合を迎える。そこで山寨機はインドや、中東やアフリカなど輸出市場にも活路を見出す（丸川, 2013）。

　また山寨機企業として2010年創業で注目を浴びる北京小米は、SNSを活用して口コミと広告によるネット販売を活用した事業の仕組みで急成長した。外観や性能はアップルを模倣し、世界中から部品を調達して低価格を実現する。しかし同社は2016年に価格2,699元（約4万6,400円）と前機種の標準モデルの約1.4倍の「小米5」の販売を始めた。そこには米クアルコムの高性能半導体やソニー製高精細カメラ、高輝度画面を搭載した。低価格な「1,000元スマホ」戦略からの戦略転換は、世界シェアでも韓国サムスン電子、アップルに次ぐ3位に浮上して躍進する華為技術の存在であり、また北京小米を模倣

するOppo（广东欧珀移动通信）やVivo（维沃移动通信）の追い上げという環境変化である[11]。北京小米はこれらの企業の前に急速にシェアを低下させている。

このようにオープンなモジュールが基盤となる産業では、技術や競争の変容が劇的である。そのため戦略も行動も柔軟で素早く環境に適応することが、自律分散型環境の経営では不可欠になる。

4.2　ダイナミズムを失った日本企業

このようにして日本では大手企業しか生産しないハイテク製品が、製品の性能や品質には課題が多いにしても、自然発生的な産業の仕組みの形成によって、零細企業でも生産できるようになる。そうした中国のものづくりが、世界市場にまで影響を与えている。コンピュータやCDプレーヤ、DVDプレーヤなどでも同様であり、液晶テレビでも行われている。それは無秩序な偽物生産体系とすることもできるが、新たなものづくりの可能性も秘めている（阿, 2011）。

一方これらのデジタル製品分野で、最先端技術を標榜してきた日本企業は凋落している。先にみたように日本の携帯電話事業の立ち上がりは早く、ｉモードや写メールなど先進的な技術で携帯電話を高機能化したフィーチャー・フォン（feature phone）までは世界を技術でリードしてきた。しかし今や世界市場ではほとんど見る影がなく、その後のスマートフォンでは国内市場まで海外企業に奪われ、携帯電話事業からは次々と撤退する大企業の現実がある。

スマートフォン市場では日本企業の存在がないといってもよい状況に陥っている。パソコンも世界市場には登場しない。優れた技術を持つ言いながらも、国内市場中心の高機能なガラパゴス機では世界市場では地歩を築けなかった。これには顧客ニーズを無視した高度な技術による多機能化に走る日本企業の体質をはじめとしてさまざまな要因があげられるだろう。

11）2015年の中国スマホ市場シェアは北京小米15.0％、華為技術14.5％、OppoとVivoが8.1％と続く。ここでの記述は『日本経済新聞電子版』2016年2月15日を参照した。そこには日本企業も、2012年に中国市場で首位だったサムスンの影もない。2016年のシェアはOppo 16.8％、華為技術16.4％、Vivo 14.8％、そして小米は8.9％と低下した（『日本経済新聞』2017年2月7日付）。

このとき中小企業を取り上げれば、中国山寨機のような挑戦するものづくり精神を失っていると指摘せざるを得ない。先にみたように多様で複雑化するデジタル技術は、その複雑性を縮減するために自己完結的な機能を発揮するモジュールという概念の部品を作り出す。さらに一企業の枠を超えて、誰でもが生産と活用できるオープンなモジュールへと発展した。それは新たなビジネスチャンスをもたらしているのに、それを見出す日本中小企業が少ない。

　そこで登場した自律分散型のものづくりは誰でもが参加でき、激烈な競争の中で顧客獲得競争とイノベーション競争が演じられる。このときモジュール企業側では事実上の標準の座を獲得するためのイノベーションと価格競争が演じられ、そのモジュールを活用する製品企業側は顧客ニーズに対応した製品を開発する。そして中核モジュールや、さらに製品構成全体に大きな役割を担うプラットフォームと呼ばれるモジュールが登場すると、ドミナント・デザインのなかで製品の機能は同質化してしまうため、製品企業は少しでも顧客のニーズに合致した製品を開発しようとする。

　モジュールの多様な組合せによって顧客価値に合致した独自な製品を創出するか、より低価格な製品を生産していくかという競争になる。今日のデジタル製品はグローバル市場を対象にする。このため顧客価値はさらに多様になり、画一的な顧客価値で満足する顧客を対象にする巨大市場と、購買能力や習慣、価値観が多様ななかで、それに応じた顧客価値を提供するニッチ市場を対象にした競争になる。

　そして山寨機は後者の多様な顧客価値に応えるものづくり形態の1つでもある。山寨機ではSIMカードを2枚、3枚挿入できたり、大音量スピーカを備えたりと多様な携帯電話が開発される（丸川, 2013）。物まねと同時に顧客価値を実現するためのイノベーションも行われている。翻ってわが国の携帯電話やスマートフォンはどうか。子供向けや高齢者向けの機能に絞った機種もあるが、最先端技術を競い合って開発しているもののほとんどが同様な機能であり、高度な技術による代金支払い機能やテレビ受信などは、一般顧客には無用なのにほとんどの機種に装備される。機種は豊富なものの選択の余地が少なくデザインなどで選ぶことになる。顧客の価値観の多様化や顧客満足

が叫ばれるなかでである。

中国ではキャリア最大手の中国移動が、基本ソフト Android を使用した高機能のスマートフォン OPhone を開発した。OPhone 用に手直しした基本ソフトはオープン・プラットホームとして他の企業でも使えるようになったため、簡単にスマートフォンが製造できる[12]。山寨機の影響もあってか中国ではオープンなのものづくりの可能性を模索している。

5　自律分散環境での中小企業経営

今までデジタル技術がもたらしたものづくりの変容、デジタル技術の特徴を活用したベンチャー企業による国際分業のものづくり、そして中国山寨のものづくりをみた。そうした変化に対して、日本企業は新たなものづくりを構築したとは言い難い。デジタル技術がもたらすダイナミックな変化は、長い時間のなかでいつしか過去の資源や強みを無力化してしまうものであり、変化に対応しないと優れた企業でも生存できなくなる（McGahan, 2004）。今そうしたラジカルな環境変化に直面している。ものづくり方法のイノベーションが求められるなかで中小企業はどのように対応すべきなのであろうか。

5.1　オープンなモジュール領域での経営

オープンなモジュールが登場することで、自律分散型のものづくりが登場した。その変化にいち早く対応したのはアメリカと台湾のベンチャー企業であり、また中国山寨のものづくりである。対して日本では従来の垂直統合型の生産や独自規格そしてクローズドな製品アーキテクチャによるものづくりにこだわり、世界への飛躍の機会を逃した。従来の擦り合わせ型で強みを発揮した製品開発やイノベーション、コスト削減対応では成果を残せずに敗退した。そして果敢に挑戦することが特質の1つであるべき中小企業も、グローバル市場の開拓や新たなものづくり創出に挑戦せずに、垂直統合型の傘の中

12）朝日新聞グローブ、2013 年 10 月 25 日。

に入る志向から脱皮できず、従来の発想で自律化できる機会を逃した。

デジタル技術の発展によって自律分散型の産業構造が登場すると、大企業であることは必ずしも有利ではなく、柔軟で躍動力のある中小企業でも経営力を発揮できる。アメリカや台湾のベンチャー企業、山寨はデジタル技術領域で生まれ成長基盤を形成した。そこから中小企業は何を学べるだろうか、次のような経営の方向がある（小川, 2013）。

(1) オープンなモジュールによるニッチ製品創出

目覚ましいデジタル技術進展のなかで、高機能なモジュールがオープン化されている。そうしたモジュールを活用すれば中小企業でもニッチな製品が創出できる。市場調達できるモジュールを活用して独創的な製品が生産できる。

今日のスマートフォンまで発展した 2001 年発売のアップルの音楽プレーヤ iPod は、外部の企画設計会社とウォルフソンや TI、ソニーなど著名企業のモジュールを組合せて創造した画期的な製品である（Utterback, 2006）。今、オーディオの世界では CD を超える高音質なデジタル音楽であるハイレゾリューションへの変革が始まっており、さまざまな機器が登場する。それはニッチなマニア市場であり中小企業の市場である。そうしたニッチ市場や生産設備、制御機器など中小企業領域での製品創出にもオープンなモジュールが活用できる。独自な製品企画があれば、モジュールの市場調達によってそれを実現しやすくなっている。

いままで一般に日本企業は新しい製品を独自の技術と規格で開発してきた。それだけでなく、独自な創意工夫でオープンなモジュールで構成する製品創出が求められている。既に存在するコンピュータ技術やインターネット技術を活用することが重要なのである。存在するものの組み合わせを変えて新しいものを創造することこそシュンペータのいうイノベーションである。独創的な発想によって外部の資源を取り込むことが、とりわけ中小企業には必要である。

(2) ニッチでオープンなモジュールを創る

最終製品ではなく、それを構成するモジュールさらにそのモジュールを構成するサブモジュール、その原材料などの部品・原材料生産の経営もある。か

つてわが国が隆盛を誇った半導体領域では凋落が顕著であるが、擦り合わせ型技術で構成されるモジュールやその原材料では日本企業は競争力を持っている。それらの原材料分野も含めて、中小企業はニッチなモジュール、サブモジュールの分野に進出し、その狭い専門領域でデファクト・スタンダード獲得をめざす。今後ますますデジタル化が進展する自動車や精密機械、工作機械などの領域でもニッチでオープンなモジュール創出の機会は少なくない。

(3) EMS や ODM 経営を

デジタル製品分野には EMS や ODM という経営形態が存在するようになった。この経営形態を活用すれば生産設備や技術を保有しなくても製品企業になれる。事実、アマゾンやグーグルは高性能なタブレットを提供している。情報産業だけでなく流通業も ODM を活用して自社ブランド製品を販売するようになっている。中小企業の場合も前述のニッチ製品を EMS による少量生産で行うのも選択肢である。この場合には販売能力が課題になるが、ニッチで独自な製品であればインターネットによる販売も可能である。

反対に EMS や ODM 経営を自ら行う方向もある。鴻海精密工業のような巨大な工場経営ではなく、多様な小ロット製品を受託生産する経営である。単独でできなければネットワークを構築して、中小企業の連携によって行う方法もある。顧客対象は世界中である。後述するメイカーズ（makers）から受託する方向も今後はある。

(4) 山寨のインフラを活用する

中国深圳市に勃興したような山寨のものづくり集積を活用して、低価格な新興国向け製品を創ることは中小企業でもできる。販売対象にする新興国顧客の特性に合致した合法的な、低価格製品で山寨企業単独では作れない模倣でない製品を生産して販売する。それも模倣されるだろう。しかし販売方法やトータルな事業の仕組みは簡単には模倣できない。山寨のインフラを活用したものづくりがあってもよい。

いずれの場合も中小企業は大きな市場を対象にしたり、量産を行うのではなく、小さな市場、専門的なニッチ市場を舞台にする。小さな市場で専門化を深めることで競争を回避することが、小規模な企業でも自律化できる経営

の方向である。

5.2 デジタル技術を活用したものづくり

　情報技術の発展はサービスやインターネットの世界に止まるのではなく、製造業の分野に活用されて21世紀の産業革命がはじまるのであり、今それが実現できるようになってきたとアンダーソン（Anderson, 2012）は指摘して、その象徴的な例を3Dプリンターに求めた。形状は情報化できるものであり、物はデジタル情報になる。このためデジタル技術の発達によって情報から直接物ができるようになり、CADで設計したデータから3Dプリンターによって、まだ粗いものではあるが直接物ができるようになった。それは誰でもがものづくり起業家になれることを意味し、ものづくりの仕組みを大変革する可能性を持つ。

　確かに設計データから直接製品を製作する技術が急速に発達している。槽内の紫外線（UV）硬化型の樹脂材料に、設計した形状データからレーザー光線を照射して製品形状を作る光造形システムは製品モデルなどの試作用に使用されてきたし、粉末の金属や樹脂を積み重ねて形状を作りそれを焼成して金属製品を製作する粉末焼結のような技術もあった。

　今これらの技術も含めて3Dプリンターという範疇で語られる。それはCADデータを活用して溶融した樹脂や金属などをプリンターで噴射積層して立体形状を作る技術である。前述の技術などよりも製品が簡単に机の上で少量生産できるとして、また3Dプリンターでなければ製作できない複雑な形状の製品を作るものとして注目を浴びている。

　アンダーソンの産業革命という主張はデジタル技術によって直接的にCADデータから物ができることよりも、小ロットな物を個人や小規模企業が「メイカーズ」として生産することができることを指している。世界中の誰でもが起業家になれる環境をデジタル技術がもたらしていることに注目する。すでにガーシェンフェルド（Gershenfeld, 2005）が予言したように、ものづくりのデジタル化は個人が自己実現のためにものづくりを行うパーソナル・ファブリケーションを実現しはじめた。そうした世界中の誰でもが起業家になれ

る環境をデジタル技術がもたらしていることに注目する。

　積極的に 3D プリンターの可能性を追求する GE は、航空機エンジン部品のノズルなど実用化を進めている。しかし現在の 3D プリンターの精度は粗く試作品レベルの状態であるとする識者も少なくない（水野, 2013）。まだ 3D プリンターが産業革命を起こすデジタル技術を確立したとはいえない。物は形があるだけでは製品ではない。使用条件に応じた堅牢性や耐久性を持つ構造、使い易さ、品質の良さなど様々な属性が加わらないと購入に足る製品にはならない。

　ただ自分だけの物や趣味として作る物、ネット上でそれに関心を持つ人々が共同で製作していく物など、新たな視点からのものづくりの可能性を秘めている。とりわけ構想する製品をネット上に公開し、その賛同者や技術者が参加するコミュニティで製品を作り込む方法は、新たなものづくの仕組みの 1 つとして注目できる。またネットに製作する物を提示して、その製品に関心を持つ人から資金を集めるクラウドファンディング（crowdfunding）による資金調達で、マーケティング活動も同時に行うなど、アンダーソンの指摘する方法は確かに新しいものづくりを予感させる。

　このようなインターネット活用のものづくりコミュニティに多品種少量生産や受注生産、試作などに精通した、ものづくり技術を蓄積する中小企業が加わることで本格的な製品ができるようになる。図 4-2 のようにメイカーズに中小企業や産業集積、そして技術者や消費者などが加わったコミュニティを形成することで新しいものづくの世界が登場する。たとえ 3 次元プリンターで本格的な製品が製作できなくても、試作した製品をネット上に提示してその評価を仰ぎ一定の需要が得られるのなら、既存の中小企業、産業集積に発注すればよい。

　熟練技能や匠の技術を標榜するものづくりノウハウを保有する中小企業がインターネットを介してデジタルなものづくりを志向するネットコミュニティを形成すれば、イノベーションが起こる。そこでは狭い地域だけでなく、広くグローバルにコミュニティの範囲を広げて多様な価値観や取引との出会いを積極的に推進する。それは日本中小企業が再生する 1 つの方向になる。

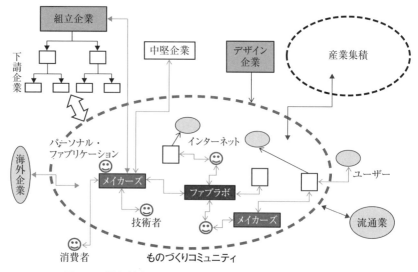

図4-2　情報技術活用の自律分散型ものづくりネットワーク

6　自律分散なものづくりへの脱皮

　いままでデジタル技術の発展によって、製品だけでなくものづくりの仕組みが変貌してきたことをみてきた。しかし日本企業は優れた技術や技能を標榜しながら、世界のなかで競争力を発揮できず敗退している。その大きな理由の1つは自律分散型のものづくりに対応した新たな仕組みを構築せず、製品や技術の優位性だけを追求して、顧客が求める製品を提供していなかったことが大きい。

　優れた技術とは顧客が求める製品を実現する技術であって、どんなに貴重で先端的な技術であっても、顧客価値を提供できない技術は価値がない。顧客は技術を購入するのではなく必要な製品を、必要な機能を購入するのである。

　一方で日本中小企業は設備投資をためらい、いつしか職人技能を誇るようになった。経済の高度成長期、日本企業が躍進したのは最新の技術と設備を先進国に先駆けて導入し、それを有効活用するために熟練技能を醸成したた

めである。ものづくりが再生するためにはデジタル技術を活用し、それを競合企業以上に性能を発揮できる新しい熟練技能を養成することが必要である。

　自律分散型の産業構造の出現は中小企業の特性を生かせる環境の出現でもある。さまざまな試みを大胆に行い、絶えずイノベーションに挑戦しながら柔軟に素早く環境変化に対応する。そして小さな企業であっても専門企業として自律するには、インフラとしてのデジタル技術活用が欠かせない。

　藤本（2005）は、日本企業は中国企業に対しては摺合せ製品で勝負するという視点転換が必要であるとして、モジュール型のものづくりに対して摺合せ型の組織能力に長ける日本企業の優位性を指摘した。しかしその後の推移をみると情報機器だけでなく家電製品などでも日本企業は競争力低下だけでなく、衰退化していることが明瞭になりつつある。

　誰でもがものづくりに多様な形態で参加できるようになろうとしているオープンなモジュールを基盤にする自律分散型の産業構造のなかで、新たな視点でデジタル技術を活用したものづくりの仕組みを再構築することが日本企業には不可欠である。最新のデジタル技術を活用した新しいものづくり概念を創出し、新しいものづくりイノベーションに挑戦する中小企業の出現に期待したい。

参考文献

Anderson, Chris（2012）, *Makers*. Random House.（関美和訳『メイカーズ』NHK 出版、2012 年）。

Baldwin, C. Y. and Kim Clark（1997）, Managing in an Age of Modularity, *Harvard Business Review*, Sep.-Oct..

Baldwin, C. Y. and Kim Clark（2000）, *Design Rules*, MIT Press.（安藤晴彦訳『デザイン・ルール』東洋経済新報社、2004 年）。

Bruun, Staffan and Mosse Wallen（1999）, *Boken om Nokia*, Bengt Nirdin.（柳沢由実子『ノキア』日経 BP、2001 年）。

Burgelman, R. A.（2002）, *Strategy Is Destiny*, The Free Press.（石橋善一郎ほか監訳『インテルの戦略』ダイヤモンド社、2006 年）。

Ceruzzi, P. E.（2003）, *A History of Modern Computing*, The MIT Press.（宇田理・高橋清美監訳『モダン・コンピューティングの歴史』未來社、2008 年）。

Gershenfeld, Neil（2005）, *Fab*, Basic Books.（糸川洋訳『Fab』オライリー・ジャパン、2012

年)。

Grove, Andrew S.(1999), *Only the Paranoid Survive*, Crown Business.(佐々木かをり訳『インテル戦略転換』七賢出版、1997 年)。

McGahan, Anita M.(2004), *How Industries Evolve*, Harvard Business School Press.(藤堂圭太訳『産業進化の 4 つの法則』ランダムハウス講談社、2005 年)。

Utterback, J. M.(2006), *Design-inspired Innovation*, World Scientific Pub.(サイコム・インターナショナル監訳『デザイン・インスパイアード・イノベーション』ファーストプレス、2008 年)。

阿甘(2011)(徐航明／永井麻生子訳)『中国モノマネ工場』日経 BP。

青木昌彦(2002)「産業アーキテクチャーのモジュール化」青木昌彦・安藤晴彦編著『モジュール化』東洋経済新報社。

朝元照雄(2011)『台湾の経済発展』勁草書房。

尹勇鋼「中国の携帯電話端末産業におけるドミナント・デザインとイモベーターとの関係」大阪商業大学大学院修士論文中間発表会資料、2013 年。

稲垣公夫(2001)『EMS 戦略』ダイヤモンド社。

小川正博(2012)「オープンなモジュール化と中小企業経営」『CUC View & Vision』No. 34、千葉商科大学。

小川正博(2013)「自律分散型ものづくりと中小企業経営」『中小企業季報』No. 1、大阪経済大学中小企業・経営研究所。

川上桃子(2012)『圧縮された産業発展』名古屋大学出版会。

川濱昇・大橋弘・玉田康成編(2010)『モバイル産業論』東京大学出版会。

佐藤幸人(2007)『台湾ハイテク産業の生成と発展』岩波書店。

SE 編集部(2010)『僕らのパソコン 30 年史』翔泳社。

立本博文(2009)「台湾企業:米国企業のモジュラー連携戦略」新宅純二郎・天野倫文編『ものづくりの国際経営戦略』有斐閣。

内藤耕・禿 節史・赤城三男・溝渕裕三(2006)『デジタル技術の衝撃』工業調査会。

藤本隆宏・新宅次郎編著『中国製造業のアーキテクチャ分析』東洋経済新報社、2005 年。

丸川知雄(2007)『現代中国の産業』中央公論新社。

丸川知雄(2013)『チャイニーズ・ドリーム』筑摩書房。

水野操(2013)『3D プリンター革命』ジャムハウス。

安本雅典(2010)「日本の携帯電話」「グローバルな携帯電話メーカーの競争力」「海外携帯電話産業の転機」丸川知雄・安本雅典編著『携帯電話産業の進化プロセス』有斐閣。

第5章　情報技術の進展と事業イノベーション

　今日、情報技術が社会や経済に変革をもたらしている。その情報技術をリードするのはデジタル技術をベースに、コンピュータ技術そしてインターネット技術である。本章ではこれらの技術特質と企業経営に与える影響を検討し、情報技術が進展するなかでの今後の企業経営の方向、とりわけ中小企業の事業イノベーションについて検討する。

　第1節では前記3つの技術が相まって発展するそれらの技術特質をみる。

　第2節では情報技術が企業経営に大きな影響をもたらすとしてきた、ポーターの競争戦略論と情報技術のかかわりについてレビューする。ポーターは一貫して情報技術が産業構造を変化させ、競争が激化する方向に作用すること、一方で情報技術が競争戦略手段を補完することを指摘する。

　第3節ではまずアマゾンを取り上げ、同社の情報活用による競争優位要因を解明し、インターネットがもたらす情報の役割、情報を活用した企業活動について検討する。ついでインターネットによる情報特質の変容と、企業間関係のデコンストラクションについてみていく。

　第4節では情報技術活用による顧客志向の重要性、いかにして情報を創出するか、インターネットの情報活用による新しい事業の創出についてみていく。第5節では中小企業の情報技術活用の方向をみる。中小企業は狭い業務領域に特化し、情報技術を活用した専門性の深化による競争優位の形成と、世界に向けての情報創出が課題である。

1　情報技術の進展

　今日の情報技術の核になるデジタル技術と、もう1つのインターネットという2つ技術の特質についてコンピュータ技術とのかかわりを含めて概観する。

1.1　デジタル技術の進展

　デジタル技術の発達によって、あらゆる情報がデジタルデータとして表現・処理されて機能するようになった。本来は連続した実数値のデータを、整数値の離散量として表現し、それをさらに一般には 2 進法の 0 と 1 のデータに変換して扱うのがデジタル技術である。

　早くから文字はコード化してデジタルデータとして表現してきたが、音声や画像、映像などのマルチメディアデータと呼ばれるものまで、デジタル表現するようになる。音声は PCM（パルス符号変調：Pulse Code Modulation）などでデジタル化し、画像や映像は光を赤・緑・青の三原色成分に分解し、ぞれぞれの輝度を 256 諧調に区分して RGB（255, 242, 127）などと表すことで各色の明るさなどを数値化する。この三原色を混ぜることで、連続的に無限の色彩を表現する。図形は線分の始点と終点の座標を数値化するベクタ形式でデジタル化する[1]。この形式では例えば円なら「図形コード＝円、中心座標、半径」で表すことで多様な図形データを表現できる。さらに味覚やにおい、触覚のような感覚的な対象にまでデジタル化が試みられている[2]。

　こうしてレコードにとって代わった音楽 CD、銀塩カメラと化学的処理によってされ再現されていた写真はデジタルカメラとプリンターによる画像表現に、テレビや映画といった映像もデジタル動画に、電話もデジタル電話になった。そこでは無限に連続した情報を、本来の性質を基本的には損なわないようにサンプリング技術によって分割して、極小な領域でデジタル化する[3]。

1）図形のデジタル化にはラスタ形式もある。これはドットの濃淡で図形を表現する。
2）味などのデジタル化については『科学技術振興機構報』第 399 号、2007 年 5 月 28 日付や、『日本経済新聞電子版』2015 年 7 月 17 日付など参照。
3）たとえば CD は原信号（アナログ音源）をデジタル化したものだが、それは標本化と量子化という方法で作成され、その値はサンプリング周波数（Hz）と量子化ビット数（bit）という単位で表される。標本化は原信号を 1 秒間の間に何回数値化したかで表され、CD の場合 1 秒間に 44.1 kHz、つまり 44,100 回のスピードで記録する。量子化は音の大小の変化を数値化するもので、CD の場合原信号を 16 bit（2 の 16 乗＝ 65,536 個）に分解して記録する。サンプリング周波数と量子化ビット数の数字が大きければ大きいほどスタジオの原曲に近い高音質になる。近年では CD の約 6.52 倍の情報量を持つ「192 kHz/24 bit」のハイレゾと呼ばれる音源もある。

それは小型化や多機能化、使用方法など製品特質を変容させていく。

かつてニコラス・ネグロポンテ（Negroponte, 1995）は「デジタル技術や通信技術の発達によって、放送、通信、出版など異なるメディアが1つに統合される」と主張した。今日ではメディアだけでなく、そして機器のようなハードなものだけでなく、われわれの社会生活や事業活動などの全てに、デジタルに統合された情報が活用される。今やデジタル技術はインフラとして企業活動を支え、その有効な活用が企業経営に不可欠になっている。

1.2 デジタル技術の特質

デジタル技術の特質は第1に、コンピュータなどで扱うことに適し、可搬性が高まり、その複写や伝達、そして共有を容易にする。デジタル化は無限に細分化できる本来の情報を、有限個の数値データに間引きする技術ともいえる。デジタル化された情報はアナログ情報に比べて情報量が少なく、本来持つ情報の一部が失われて完全な情報の表現とはいえない。しかしその情報喪失の一方で、デジタル化した有限なデータで本来もつ情報の特質を不足なく表現することが可能であり、あいまいな情報やノイズを除去したデータともいえる。このためそのデータを複製しても、完全な情報として同じものが再現できる。

第2に、データ圧縮による情報処理の容易化である。人間にとって必要なデータの実質的な性質（情報量）を保ったまま、情報を元の表現よりもデータ量を減らす圧縮処理を行うことによって、扱いやすいデータ量にできる。マルチメディアデータでは本来の情報の性質を、人間にとって十分に認識できる程度に圧縮技術によって処理し、少ないビット数で符号化処理を行い、変換や再現、伝送しやすくできる。圧縮技術によってさらに大量なデータを瞬時に処理できる。

第3にデジタル化することでコンピュータによる高速処理が行え、それが新たにさまざまな情報をデジタルデータ化する。デジタル技術とコンピュータ技術との発展が相まって、多様な情報がデジタル化され、データ量の大きな情報を処理するためにまたコンピュータ技術が発達していく。たとえば電

話音声は CD のようにあらかじめデジタル化しておくのではなく、音声を瞬時にデジタル化して通信回線を介して送信し、また受話器ではアナログに復調するデジタル電話に代わった[4]。

　第4にデジタルデータを活用して、機器の制御や作動など複雑な処理が容易化できる。制御や作動のためのアルゴリズムを機器に組み込めば、自動処理やきめの細かい制御、複雑な作動などを機器で行える。製造現場では長い時間と試行錯誤や経験などの積み重ねで培われてきた熟練技能をコンピュータで代替し、熟練技能では不可能なことさえも処理できる。そのための処理プログラムやデータベースの整備が重要になる一方で、機器のオペレーション作業者の役割や重要性は相対的に低下していく。

　第5にデジタル機器はその前後工程、そして周辺工程へと連結化を促し、周辺機器とのシステム化を進展させる。古くは中岡（1971; 1979）が指摘したように、生産工程では異質な機器や業務であっても連結していく。コンピュータ関連機器はそれらが単独で作動するのではなく、周辺関連業務と連結し、相互にデータを活用してより効果的に機能を発揮する。それはデジタル機器のシステム化であり、複数の機器を組合せて統合的に機能を発揮させる。

　第6にデジタル技術は製品そのものを変容させる。機器にコンピュータが組み込まれたスマート製品は、ソフトを更新することでその機能を増幅し進化させることもできる。機器を制御するために内蔵されるコンピュータを、組込みコンピュータ（embedded computer）と呼び、それはエフェクタやセンサとで構成してシステム化される（坂村, 2016）。今日ではほとんどの電気製品は組み込みシステムで作動している[5]。自動車ではエンジン制御やブレーキ制

4）スマートフォンでは音声を声の特徴と音韻情報に分け、音韻情報だけをデータ化する。前者の声の特徴はコードブックという音の辞書から似たものを選び、その登録番号を音韻情報のデータと一緒に送る。受信側はこの情報を元に音韻情報のデータと、コードブック番号の音から、相手の声を合成して再生する。
5）組込みコンピュータはセンサとエフェクタ（アクチュエータ）を介して、実世界とつながっている。これは IoT でも同様であり、そこでデータが作られる。今日コンピュータといわれるものの出荷額のうち 90％以上が組み込みコンピュータであり、その割合はますます高まっていくと予想される（越塚, 2015）。

御、カーナビなど、100個以上のコンピュータが搭載されている車種もある。

　さらに第7に、デジタル機器が様々な製品に使用されるようになると、それらに共通な部品の標準化と、システムの中核になるプラットフォームが登場する。多くの製品にコンピュータが組み込まれると、それらコンピュータの基本機能を担うOS（基本ソフト）が登場する。OS上でセンサやエフェクタとのデータのやり取りや計算などを行うアプリケーションソフトが作動するが、アプリケーションから直接OSを呼び出すと手順が複雑になるためミドルウエアを媒介して活用する。それはアプリケーション開発も容易にする。

　これらOSやミドルウエア、そしてアプリケーションをさまざまな機器に活用できるように標準化することで、さらにコンピュータの活用が広がっていく。ソフトや機器の開発が容易になり、また機器どうしの接続なども簡単になる。そうした共通的な基盤をプラットフォームと呼び、その獲得競争が起こる。他方で機器の標準化、それを構成するモジュールの標準化が進展する。業界標準になるモジュールの獲得を目指しての競争が演じられる。

1.3　インターネットの特質

　複数のコンピュータ・ネットワークが国際的に広く相互接続されたものがインターネットで、異機種のコンピュータやさまざまな機器でも接続し通信できるように、通信プロトコル TCP/IP（Transmission Control Protocol/Internet Protocol）を共通に活用し、全体を管理する主体が存在しない自律分散システムとして形成される。インターネット上にはメールサーバやWebサーバなど役割の異なる多数のサーバが設置され、それらのサーバがクライアントからの要求で情報を別のサーバに送ったり、持っている情報をクライアントに渡したりすることで、電子メールの送信やWebブラウザでホームページを閲覧できる。

　インターネットは第1に容易な情報伝達による時空の縮小効果を持つ。簡単に瞬時に世界中にWebやメールで情報を伝達することができる。同時間に込みあう製品の受発注なども瞬時に処理できる。受け手はそのデータを使用して生産や発送に着手できる。同じ情報を多数の受け手に一度に伝達もできるし、Webに掲示することで広く伝えることもできる。SNSであれば、知

り合いの輪を広げて不特定多数に伝達し、その反応も短時間に得られる。
　遠隔地でも大量の情報を伝えることができるし、個々の相手に情報をカスタマイズして、相手が興味を持つ情報だけを伝えることもできる。はるか離れた場所の出来事が瞬時に世界に伝達され企業活動に影響を与え、遠隔地から取引情報がもたらされる。また瞬時の情報伝達に触発されて人の移動や物流速度も加速する。地域、国内から世界へと広がる企業の取引範囲の拡大をインターネットが支えている。
　地理的空間の縮小は遠隔地だけではない。自己の近隣に何かを求めている人がいるのか、何がどこで使用可能か、どのようなイベントが行われているのか、リアルタイムで人やものの移動状況も把握できる。それらの情報が新しい事業を生む。
　第2に関連する情報を世界中から検索できる。インターネットによってわれわれは、社内LANによる組織内の情報だけでなく、世界中のサーバ情報を検索できるようになった。このとき重要なのは検索キーワードを起点に、関連するWebページの情報も検索できることである[6]。芋づる式に世界中の関連する情報を次々と手繰り寄せられる。
　従来、重要な情報は企業や行政機関、研究機関など専門家が保有していた。そうした情報の少なからずが、一般消費者でも検索できるようになった。それは情報の非対称性の消滅であり、秘匿されている情報にまで公開を促す。生産者の製品情報や生産情報、製品の価格、ときには製品の原材料や原価までWebページの検索で知ることができる。価格比較サイトを開けば、当該製品を購入する場合どこの店舗で購入するのが安いのかわかる。その店舗さえもインターネット上にある。それが消費者の購買行動を変容させている。
　第3に不特定多数への情報発信によって世界中の企業や人が繋がれる。中小企業でも、個人でも、手軽にインターネット上に情報を公開し世界中に発

---

6) WWWではWebページの記述には、HTMLやXHTMLといったハイパーテキスト記述言語が使用される。ハイパーテキストはドキュメント（ウェブページ）に別のドキュメントのURLへの参照を埋め込むことで（ハイパーリンクと呼ぶ）、インターネット上に散在するドキュメント同士を相互に参照可能にする。

信できる。Webページへの情報発信、掲示板、ブログやメールなどを活用することで世界中の企業や人が繋がれるようになった。大きな組織と小さな組織そして個人の間で、情報発信の格差が縮小した。マスコミュニケーションだけでなく、個と個とのコミュニケーションが可能で、ピンポイントでの情報交換ができる。そこではいかに他が関心を持つ情報が創造できるかが課題にはなるが。

　ミルグラム（Milgram, 1967）は、地球上では6回ほど人を介在させれば特定の人に行き着くことを実験し、それを六次の隔たり（six degrees of separation）と呼んだ[7]。それを数学的に解明したワッツ（Watts, 2003）は、ごく少数のランダムリンクによってわれわれの社会が結びついている狭い世界をスモールワールド（small worlds）と呼んだ。そのスモールワールドがインターネットの世界では素早く実現できる[8]。

　見知らぬ人と瞬時に情報交換し、興味のあること、今突発している出来事を文字だけではなく、画像や動画で伝達することができる。その情報発信機器を手軽に携帯し、必要なときには路上でさえ世界中とコミュニケーションできる。そんな情報環境がわれわれの前に登場している。それは人や企業の行動を変容させていく。

2　戦略的視点からみた情報技術

　前節でみた情報技術の進展がどのような影響を企業にもたらすかをポーター（Porter）の戦略論から検討する。

7）これについては追試が行われ、必ずしも6回程度で未知の人にたどり着くとは証明されていない。しかし、かなり少ない仲介者で未知の人に遭遇することが可能であることが想像される。詳しくはブキャナン（Buchanan, 2002）を参照。
8）川上（2015）はインターネットにはいわば住んでいる住人がいるという。ネットなかの情報を監視し多様な情報を結びつけたりもする住人もいる。

2.1 ポーターの競争戦略論における情報技術

　情報技術の発展と企業活動の関連に注目したポーターは、競争戦略論のフレームワークで情報技術の影響を検証し、情報技術の進展に応じた戦略との関係を何度にもわたって主張してきた。本節ではそのポーターの主要な論文をとりあげ、情報技術と戦略や事業経営とのかかわりを検討する。

(1) 情報技術と競争優位

　古くなるがまずPorter（1985）である。古いとはいってもポーターの戦略視点からの情報技術の位置づけは明確であり、その後の論文の基調になっている。今日からみると情報技術の発展はまだ緒に就いた時期ともいえるが、情報技術は業界構造を変えてしまうため競争のルールを変える、情報技術は競争優位の新たな手段をもたらす、そしてまったく新しい事業が登場するがそれは既存業務の中から生まれる、という3つの大きな影響を提起した。

　そして戦略上、情報技術が重要なのは、製品創出プロセス全体に影響を与えるとともに、製品に変化を及ぼすため企業運営の方法が変わるからだとする。そこで競争における情報技術の役割をみるため、企業内の活動を技術や経済的特徴によって分類したバリューチェーンに注目する。相互に影響しあう異なった活動が結びつくことでバリューチェーンは価値を創造するのであり、そのリンケージが競争優位の源泉の1つになる。そして情報技術はその価値活動の方法や活動間のリンケージの性質を変える。

　価値活動は物理的な部分と情報処理的な部分から構成される。従来、イノベーションは主にバリューチェーンの購買やオペレーション、出荷、マーケティング、サービスという主活動の物理的な部分で行われてきた。そこでの人間労働を機械に代替することで進歩して来たのである。しかし今や情報処理部分の技術進歩が著しく、コスト削減と情報処理の可能性を急速に増大させている。そして主活動やそれらのリンケージに必要な情報を多様で大量に提供するようになった。また同時にコンピュータ制御の設備など、物理的な部分をも情報技術が変革している。そのうえ製品そのものも変革して、製品を有形ではなく無形で提供する可能性さえ高まっている。

　その結果、情報技術は業界構造を変える。業界構造はすでに一般化してい

る5つの競争要因の組合せによって決まるが、それぞれの要因が変化して組み合わせが変わる。地理的側面だけでなく、事業の範囲や競争の範囲も変えてしまう。そして情報技術がバリューチェーン活動のすべてのコストを変えるため、従来以上に差別化を強化する戦略が求められる。

(2) インターネットと競争戦略

つぎに情報技術の中でも、当時急速に発達したインターネットに焦点を置いたPorter (2001) 論文である。インターネットを活用したドットコム企業が躍進して注目され、アメリカではニューエコノミー時代の到来が声だかになっていた時期である。売上によって利益を獲得するという当然の企業活動がネットビジネスでは行われず、事業実現の可能性を示すだけで資本調達を続ける当時の異常な状況を不自然と批判した。どのように事業を行い、どのように売上を稼ぐかという大雑把な概念であるビジネスモデルという言葉を掲げて、戦略もなしに資本を確保するが、それは早晩破綻すると指摘した。

インターネットはバラ色の経営環境をもたらすのではなく、業界全体の収益を減少させる方向で業界構造を変える。また事業のやり方を平準化して、業務面での優位性を構築する能力を低下させるものととらえた。そしてインターネットという先進的な技術であっても、それだけで競争優位の手段になることはないとする。スイッチングコストが上昇し、ネットワーク外部性も働くので、先行者が競争優位を獲得できるというのは神話であり、企業の収益性に影響を与える基本要因は依然として業界構造であり、業界の平均以上の収益を獲得するには持続的な競争優位が必要という主張である。

インターネットは業界構造に次のような影響をもたらす。製品やサプライヤーに関する情報が簡単に得られるので買い手の交渉力が高まる。ネット販売によって営業部門や流通チャネルの必要性が低下するため参入障壁が低くなる。顧客ニーズに対する新しいアプローチが生まれるので、新たな代替製品が登場する。そしてインターネットはオープンシステムであるため独自の製品やサービスを提供し続けることが難しくなり、業界内の競争が激化する。

また変動費を引き下げて固定費を増大させるため、破壊的な価格競争に向かう圧力が生まれる。それにインターネットによって市場が拡大し多くの企

業が参入し競争が激化する。他方で情報を広く入手できるので買い手の交渉力が強まる上に、買い手は遠方からでも購入可能になるため市場は地元から地域へ、さらに国内から海外へと広がっていく。

インターネットの普及で業界の平均収益性が低下するなかで、収益性を高めるにはコスト優位か、もしくはプレミアム価格を実現できる価格優位を追求することになる。それには2つの方法がある。優れた技術や価値ある資源、有能な人材、実効性の高い組織構造などを活用して業務効果を高める。もう1つは他社とは異なった製品機能やサービス、ロジスティクスなどによって戦略ポジションを構築することである。前者の業務効果を高める方法は多数あるが模倣しやすい。それらを支えるアプリケーションソフトは、入手や開発が容易になっているからである。このためスピードや俊敏さを追求しても、それを持続することが難しく、業務効率性を高める方策は戦略的ではないというのがポーターの持論である。

だからこそ巷間いわれることと反対に、インターネットの時代には戦略ポジションの重要性が増しているという主張になる。独自のバリューチェーンの構築はその活動要素にトレードオフを伴い、それがなければ独自の価値提供はできない。その活動のリンケージにインターネットを活用するのであり、それは従来の活動や競争の方法を補完する。ある活動で生成されたデータを他の活動や社外のサプライヤー、流通チャネル、顧客にまで伝達して独自の価値を提供することにインターネットが役立つとする。

そうするとインターネット活用は多くの場合、新たに登場するドットコム企業よりも既存企業のほうが有利になる。すでに有効なバリューチェーンを保有しているからである。だから既存企業は従来事業とは別にネットビジネスを展開するのではなく、従来事業に組み入れて、その競争優位を強化する手段としてインターネットを活用すべきなのである。

(3) **スマート製品が変える競争戦略**

次に今日注目を浴びるIoT（Internet of Things）と、競争戦略をテーマにした最近の論文（Porter and Heppelman, 2014）では、情報技術が製品に革命的な変化を与え、処理能力の向上や機器の小型化、そしてネットワークでつながる

第 5 章　情報技術の進展と事業イノベーション

　スマート製品（smart, connected product）がものの本質を変えるとする。インターネットに接続機能のある製品は、機能や性能の増幅が可能になるだけでなく、それがもたらすデータが産業にインパクトを与える。スマート製品は業界構造と競争を変容させ、企業に競争上の新たな機会と脅威をもたらし、業界地図を塗り替えまったく新しい産業を輩出すると指摘する。

　スマート製品はセンサやプロセッサ、ソフトウエア、そして接続機能を組込んだものであり、それはコンピュータを内包した製品である。センサが機器の状況や取り巻く環境の状況をコンピュータに伝え、その情報をコンピュータが判断してエフェクタに何らかの作動を働きかけ、その結果をセンサで検知して、再びコンピュータが判断を行って制御する。

　そこでは日常的にデータを創出し、それをクラウド上で収集・分析して当該製品を管理するだけでなく、関連する製品も含めたシステムとして制御できる。製品が情報を収集し分析判断できるコンピュータを内蔵するため、製品自体で独自の機能を発揮できるが、さらに関連する機器と通信することでシステムとして自律的な機能を果たすこともできる。

　これは一般にものとものとのインターネットを意味する IoT と呼ばれている[9]。単にインターネットで接続されるのではなく、製品自らの稼働状況や環境データを把握し、それに対する制御や最適化を図り、関連する機器にそのデータを配信してシステムとしての自律性を発揮する製品である。こうしたスマート製品の特質が、産業構造に与える影響を 5 つの競争要因の視点から次のように指摘する。

　製品差別化が多様になるため競争軸は価格だけではなくなる。また複雑な製品でシステム度が高まるため、スイッチングコストが高くなり買い手の交渉力は低下する。多様な差別化が可能になるので、既存企業同士の競争は低

9） IoT という言葉は 1999 年に P&G 社のケビン・アシュトンが、サプライチェーンを変革するため、RFID（Radio Frequency Identifier）と呼ばれる ID タグを埋め込んだ近距離無線通信チップを用いることを主張したことからはじまる。しかしそれ以前からいわれてきたコンピュータを組込んだ製品を、どこでも使用できるユビキタスコンピュータと呼んでいた概念が発展したものととらえたほうが、今日言われる IoT 概念に近いと坂村(2016) は主張する。

下する。しかし一方で固定費が上昇するので、固定費を回収するため販売量の増大を図ろうとするので、値下げ圧力が高まる側面もある。

　一方で複雑な製品設計が求められ、埋め込み技術や階層性の高い情報技術インフラにかかる固定費などが新規参入を難しくする。このとき既存産業はハード技術中心でありがちで、情報技術領域で積極的にイノベーションを図らないと、情報技術企業が新規参入しやすくなるという側面もある。他方で代替品の脅威は低下する。

　ただ情報提供も含めた製品のサービス化が高まると、製品の販売ではなく、利用料金徴収による新しい事業モデルも登場する。そして製品の構成要素のうちハードよりもソフトや接続機能の価値が相対的に増大するため、ハード中心のサプライヤーの交渉力は低下する。一方で通信や制御の基本ソフトなど、強力な交渉力を持つ世界的なサプライヤー登場の機会が増える。

　業界の事業領域はますます拡大し、スマート製品を組合せた製品システム、さらに業界の垣根を超えた複合システム事業が登場してくる。このため競争に参入するために業務効果は最低限必要だが、それだけで優位性につながる例は稀だとする。何を行わないかを選択し、ターゲットにする顧客に対して独自の価値をもたらす、他社と異なったやり方をする方法が必要になる。

(4) スマート製品が変える企業経営

　前述論文の続編というべき論文（Porter and Heppelman, 2015）では、接続機能を持つスマート製品が、バリューチェーンと組織形態にも変化を与えるという影響を前提に、競争戦略の視点から製造業のあり方を検討する。このとき接続機能を備えたスマート製品は、100年以上前に起きた産業革命以来、最も重要な変化であるとポーターはとらえる。

　接続機能を持つスマート製品が、バリューチェーンを変容させるのはデータの存在である。従来はサプライチェーンを構成する諸活動の中で情報が発生していたが、それに加えてIoTは製品自体が、その使用にかかわる多量で多様なデータをリアルタイムで創出する。その利用だけでも価値があるが、これに加えて従来活用していたサービス履歴、在庫などのデータとの統合によって飛躍的に情報の価値が高まる。そうするとデータの解析と活用とが企業活

動にとって重要性を増す。

　スマート製品の登場はバリューチェーンに次のような変化をもたらす。製品開発では機械工学的要素からシステムエンジニアリングへと、ソフト主体に変化する。製品が多様な機能を果たすために物理的な部品だけでなく、多様な機能の発揮を低コストで行うソフトが重要になる。さらに使用しながらソフトの更新によって製品の性能や機能を変化させることができるし、またそのような設計が求められる。

　部品が簡素化されて複雑な機構部品が少なくなり、製品生産の機械化が進む。当然そこにはスマート化された生産設備も導入され、製造システムの自動化が進展する。スマート部品はファームウェアとして組み込まれるが、そのソフト制作が重要性を増す。それらソフトの不具合は、めったに起こらない条件下で生じたり、関連する機器から送られるデータなどによって発生しやすい。ソフトの不具合やバグなどは目や耳では発見しにくく、思いもかけない時に誤動作を起こす。それに配慮した作動テストや検査などの重要性が増す。

　加えて製品機能や仕様が顧客ごとにカスタマイズ化される度合いが増える。そして顧客との関係が販売後も日常的に継続する。ときには製品が大きなシステムの一部になったり、構成部品の供給者になることも少なくない。そうすると突発的な修理が求められるなど、即応的な対応が求められる。それにものの販売からサービスの販売へと収益獲得方法を変更できる。

　前述と関連するが、スマート製品ではアフターサービスの重要性が高まり、遠隔での製品監視や素早い対応が求められる。また複雑で大規模なシステムになるとトラブルの原因解明はより難しくなるため、コンピュータ診断のような検査システムの構築が必要になる。

2.2　小　括

　1960年代から1970年代にかけて情報技術化の第一波は、注文書や経費の支払い、そしてコンピュータ設計のCADなど、バリューチェーンの活動を自動化した。それは一方で業務プロセスの標準化を進めた。そして1990年代にはインターネットが登場して、低コストで情報検索や情報伝達ができるようになった。

このため外部のサプライヤーや流通業者、顧客まで含めたコミュニケーションが可能になり、調達や販売そして製造まで広域化したグローバル化を支援する。
　さらに 2010 年代に入るとモバイル技術が発達し、われわれはあらゆる場所でコンピュータを活用し、世界中のサーバからの情報を検索できるだけでなく、リアルな眼前の出来事の情報さえ発信できる。さらにスマート製品が登場して、製品は使用しながら進化するものになる。それらの活用によって膨大なデータ、いわゆるビッグデータが登場して、それを解析し有効に活用することが課題になる。その膨大なデータを処理するために、意味を認識して自己学習する人工知能（AI）と呼ばれるコンピュータまで登場する。
　こうした情報技術の発展を背景に、今までポーターの情報技術をテーマにした論文を古い順にみてきた。彼は早くから情報技術が企業経営に影響を与えるとして注目している。そこで一貫しているのは、いくら優れた情報技術を採用したとしても、その技術の採用だけで高収益の獲得は困難だということにある。高い収益性をもたらす要因は魅力ある産業構造のなかにあり、そこで同業者よりも抜きんでた利益率を確保するには、競争優位を持続できる戦略ポジションの設定が不可欠であり、それ自体は情報技術が進展しても変わらない。
　それどころか、情報技術が発展してインターネットの時代を迎えると、それらは競争を激化させ、業界全体では収益性を低下させる。ただ情報技術は競争戦略手段を補完し有効な競争優位形成にも寄与する。このため進歩する情報技術を活用しないという選択肢はなく、どのように活用するかが企業に問われることになる。
　収益性を高めるにはつまるところ、コスト優位かプレミアム価格を追求するかである。業界内で最も効率よく業務を進めるベストプラクティスを絶え間なく追求していくのがオペレーション効率の追求であり、これに対して差別化した顧客価値の提供によって、独自のポジショニングを設定することが戦略である。前者は情報技術によってますます模倣しやすくなっているので、後者の戦略こそが重要だというポーターの見解になる。こうしてポーターは 1990 年代以降の日本企業の競争力の低下を戦略のなさに求めた。

一方で情報技術によって企業や産業のバリチェーンの変革が求められる。バリューチェーンは価値を創造するために必要な活動を、技術や資源の違いなどから区分したものであり、その活動だけでなく、活動間の連携の仕方によって異なった事業のやり方になる。異なったやり方をするのが競争戦略であり、業界内で他社とは異なったやり方を設定する戦略ポジションこそが、情報技術が急速に発展する今日ほど必要なのだという。

　そして IoT とも呼ばれる接続機能を持つスマート製品の登場は、情報技術がもたらす産業革命ともいうべき大きな変化であり、製造業はもちろん産業全体に大きな影響をもたらす。そこでは製品が自ら情報を創造し、その情報を活用することで事業経営の変容を余儀なくされる。製品単独での存在から関連する機器などとのシステムへ、さらにそれらシステムの複合体へと拡大する傾向を強める。それは業界の境界を書き換える。製造業は製品を販売する事業ではなく、製品のもたらすサービスを提供するサービス業へと向かう可能性が高まることなど、さまざまな変化がおこることを予想している。

3　インターネットと情報活用

　ポーター（Poter, 1985）は情報革命がまったく新しい事業を生み出すとした。一方でバリューチェーンさえ構築しないネットベンチャー事業に警鐘を鳴らしてきた。そのためもあってか彼には成功したネットビジネスについての具体的検討は多くはない。そこで次にネットベンチャーの中でも最大の成功例ともいえるアマゾンについて、その成功要因を解明することで、インターネットを活用した事業のあり方を検討する[10]。

　次いでインターネットによる情報の機能変化が業務を変容させ、バリューチェーンのデコンストラクションを招き、取引関係を変容させる影響をみる。それは中小企業にとっては脅威であると同時にビジネスチャンスをも招く。

---

10) 本節のアマゾンの記述については小川（2015）を参照した。

3.1 アマゾンにみる情報活用
(1) 業界慣行の破壊と活用

　消費者を対象としたネットビジネスの草分け企業で、商品販売事業を成功させたのはアマゾンである。そのアマゾンは1994年に創業し2001年まで利益を計上できなかったが、他の多くのドットコム企業と異なって、市場からの資金供給が続いた。それはアマゾンの事業の仕組みがインターネット技術を基盤にするという先進性だけでなく、アメリカの書籍流通を変革する仕組みを持ち、その業務プロセス構築の意義が投資家に理解されたからである[11] (Seybold, 1998)。

　アメリカの書籍販売では小売店は書籍を一度買い取り、売れなければ値引き販売か、返品という方法が採られる。このとき一般店舗の返品率30％に対して、アマゾンの返品率は3％で、返本コストが10分の1と低い。売上データベースを活用して書籍ジャンルや著者ごとの販売予測を行い、予測数量をもとに大量に仕入れ、販売状況をみて素早く値引き販売して売上を確保するため返本が少なく、その分収益が高まる。

　一方で物理的な小売店舗は開設しないものの[12]、素早い納品のために倉庫を設けて在庫を豊富に備える。巨大な倉庫で円滑な保管や出庫作業のために、情報技術を活用する在庫管理手法フリー・ロケーションも採用した[13]。これらに要する巨額の投資がコストを増大させ収益を赤字にする。しかし同社は製品在庫を保有し、少しでも早く顧客に製品を届けることを重視した。製品提供時間を実店舗に近づけるためで、その仕組みは今日、多様な製品の販売でさらに効果を発揮する。

　またアマゾンは製品回転率を高めることで、膨大なキャッシュ・フローを

---

11) オンライン小売業の標準モデルを創造したアマゾン社は、この分野ではじめてクレジットカード支払いの仕組みを導入するなど、そこにはさまざまな斬新な事業の仕組みがある (Seybold, 1999, pp. 173〜193)。
12) 2016年アマゾンはアメリカで実店舗のコンビニエンスストアを開設し始めた。
13) バーコードとハンディターミナルによる在庫管理によって、在庫品を空いている場所にランダムに置き、出庫の際にはその場所をターミナルで検索するのがフリー・ロケーションである。

確保する仕組みを初期には構築した。入荷した書籍を平均18日で販売し、その2日後にはクレジットカード会社から代金が入金される。一方、仕入れ代金の支払いは53日後である。結果として運転資本回転期間はマイナス33日になり、運転資金が絶えず充足された（Spector, 2000）。既存の書店では在庫回転率が低いために行われていた業界慣行が、高い在庫回転率を実現することでキャッシュ・フローを生み出す源になったのである。

(2) 顧客に対する豊富な情報提供

ただアマゾンの最大の成功要因は、実店舗では困難なネットにしかできない顧客への情報提供にある。製品を検索すると、生産者側が提供する製品属性情報の提示はもちろん、当該製品に対する「カスタマーレビュー」という購入者の投稿情報で、製品に対するプラスの評価だけでなくマイナスの評価まで、顧客は店舗で購入する以上の製品情報を得ることができる。また同じ領域の類似製品の提示で選択肢の幅を広げ、顧客側が納得した製品を購入できるし、反対にそれらの情報によってときには購入を思いとどまり、購入しない満足感や顧客価値さえ提供している。

加えて過去の購入や検索履歴から顧客の趣味や購買傾向を探り出し、それに合致する製品をメールやホームページ上で、重点的に顧客1人ひとりに推奨するレコメンデーション機能を設ける。こうして一般書店では提供できない的を絞った情報を個々に提供することで顧客を吸引する。「商品を販売して利益を得るのではなく、顧客の購買意思決定を手助けして利益を得る」という創業者ジェフ・ベゾスの顧客志向理念をさまざまな手段で実行している[14]。

(3) ロングテール市場の開発

さらに実店舗では困難な新たな市場を同社は創造する。少部数の書籍、マニアしか購入しない限られた書籍の販売で利益を獲得する方法の創造である。サイバー事業の世界では可能なロングテール（long tail）という、一般店舗では扱いにくいニッチな製品の販売がネットビジネスでは有効なことを示し

---

14) アマゾンの経営理念については、次のベゾスへのインタビュー記事 Bezos (2008) 参照。

た[15]。

　低コストで製品を陳列できるサイバーショップでは製品品揃えを増やすことによって、新しい顧客層を開拓できる。実店舗では取り扱えないニッチな製品を、関心を持ちそうな顧客にレコメンデーション機能で直接提案する。こうした店舗型小売業が扱いにくい商品販売で、総収入の半分から1/4ほどを獲得し、それが年々増大する（Anderson, 2006）。

　今日では書籍販売からはじまった事業のノウハウと、そのインフラを活用して家庭用品や各種電気器具分野まで取扱領域を拡大し、また他企業に事業インフラを提供するデジタルマーケットプレイスを構築して品揃えを拡大する。さらに受託販売方式によって倉庫での製品保管コストを外部化し、トイザラスのような大型小売店まで事業パートナーにするなど、新しい販売方法で事業を拡大する（雨宮, 2012）。加えて電子書籍端末キンドルの発売、電子書籍への進出、さらにトップシェアを誇るクラウド事業への参入など、事業インフラを核に仕組みを進化させて顧客価値を創造する。

3.2　情報による顧客価値創造と模倣困難な業務プロセス構築

　アマゾンは前述したように製品に謳われている情報だけでなく、製品に対する満足や不満体験など顧客からの多様な情報提供によって、購買の際の不安感を解消させる情報を顧客に提供する。また購入者に迅速に手元に届けるために、今日でも新しい試みを続けている。その仕組みを書籍以外の製品にも拡大して実店舗を凌駕してきた。これに対してネットビジネスの少なからずが、製品やサービスに対する顧客の嗜好や購買行動への配慮を怠っている。事業対象の顧客ニーズを明確にして、その価値を提供する業務プロセスの構造的な仕組みが、情報技術活用の事業でも重要性を増す。

　アマゾンは使用し易いサイト構築だけでなく、物流網の構築や在庫投資、

---

15) コンビニエンス・ストア経営に顕著なように、今日の事業は多様な製品群のなかから売れ行きの良い製品に的を絞って供給し、生産効率や販売効率を上げている。それがABC管理や2：8の法則などとよばれる手法や考え方につながる。ネット販売ではそれとは異なった収益獲得が可能であることを示した。

ニッチな需要の創造、レコメンデーション機能、それに運転資金調達の仕組みなどさまざまな工夫によって事業の仕組みをトータルに構築したため、ネットビジネス企業にも実店舗企業にも模倣しにくく競争優位を形成する。このことは事業を支える業務プロセスや資源の重要性を改めて示唆する。競争力のある事業構築には、限られた資源の活用による価値創出のための業務プロセス、そして模倣しにくい仕組みを形成するための資源活用方法が鍵になる。

加えて競争企業に対して勝利できるような戦略を同時に設定することが事業には必要である。模倣しにくい独自のバリューチェーンによる斬新な事業の仕組みなしには、どんなに優れた事業でも模倣されてしまう。ポーターが愚者の言葉と揶揄したビジネスモデルという言葉では、また内容のない事業計画に勿体をつけるために、表紙を飾るためのビジネスモデルという優雅な言葉（Magretta, 2002）を付けるだけでは、顧客価値を提供できる事業にはならない。

それにアマゾンの事業では、書籍や家電製品などを販売するための情報創出が鍵になっている。このとき同社はその情報をレコメンデーションという方法で発信するだけではない。製品評価やカスタマーレビューなどの方法で情報提供を募っている。それらの情報が顧客から自発的に投稿され、その情報を他の顧客が利用する。顧客が必要な情報を顧客側が自主的に創出する仕組みである。インターネットでは多様で膨大な情報が発生している。それらの情報コストを引下げ顧客価値の向上に結びつける仕組みが重要になる。このとき同社は、豊富な情報を無償で外部創出する仕組みを構築し、その情報を競争優位手段にする。

3.3 情報技術によるデコンストラクション

インターネットによって人や企業は豊富な情報を活用できる。それは従来の事業の仕組みや企業間関係を陳腐化させている。

（1）情報のリッチネスとリーチを克服

産業や事業における情報の役割に注目したエヴァンスらは（Evans and Wurster, 1997）は、事業を成り立たせている業務プロセスがバラバラにならないよう

に、接着剤の役割をしているのが情報であると指摘した。産業や事業を定義している物理的なつながりも重要だが、それを結びつけて競争優位や収益を生み出しているのが情報である。

このとき情報は資材の調達や生産、販売、物流、製品サポートなどの活動で構成されるバリューチェーンの担い手の関係を規定し、束縛する一方で競争優位の基盤を形成する。それぞれの活動を効果的に運営し、効果的に結び付けて収益性を高める役割を担う。そのときその活動の担い手間の関係や活動の特質などに応じて、必要な情報が交換される。

しかしインターネットという情報伝達手段は、そうした従来の物理的な伝達手段の制約を解き放す可能性を持つ。それぞれの担い手間の関係に依存しなくても、必要な情報がインターネットで入手伝達できる。たとえば集権的な系列関係を結ばなくても、必要な資材を低価格で世界中から調達できる。それはバリューチェーンや産業構造をデコンストラクション（解体）していく可能性を秘めていると彼らは指摘した。膨大な情報が情報技術とりわけインターネットの発達によって、タダ同然でやり取りできるようになったからである。

このとき彼らは情報の特質を示すためにリッチネスとリーチ（到達範囲）の概念を提示する。そして情報が物理的手段に埋め込まれている限り、その経済性はリッチネスとリーチのトレードオフ関係を免れないという。リーチは職場や家庭などで情報を交換しあう人数を示す。リッチネスは情報そのものの3つの側面で定義される。1つは帯域幅で、一定時間内に送り手から受け手に伝えられる情報量である。第2の側面は情報をどの程度カスタマイズかできるか、第3はインタラクティブ（相互作用）性である。

一般にリッチな内容の情報伝達には相手への近接や専用の伝達経路が必要なため、その費用や物理的制限によって情報を伝えられる対象の範囲が限られた。反対に大勢に伝えるリーチの高い情報は帯域幅、カスタマイズの度合い、相互作用性が限定された。情報伝達の広がりと豊富な内容は、同時には成立しにくいというトレードオフの関係にあったのである。

そのことがかつての情報の経済性を支配し、ビジネス世界が機能するための前提の基礎にもなっていたが、インターネットの登場によって変容した。誰

もが誰とでも無料や低コストでコミュニケーションを図れるようになった。濃密な関係を築かなくとも、個人や組織はリッチネスをほとんど犠牲にすることなく、リーチを拡大できるようになったのである。

(2) 新たな企業や新たな仕組みが登場

そこで彼らは新聞やリテールバンキング、自動車販売など物理的な流通コストの高い業界の例をあげながら、バリューチェーンのそれぞれに新しいプレーヤーが登場したりして、既存のバリューチェーンの存在意義が失われて事業の仕組みが立ちいかなくなる可能性をあげた。そしてバリューチェーンは破壊ではないが解体していく。従来からの機能は果たされるが、新しい機能が加わったりしてデコンストラクションが起こるため、企業はバリューチェーンを再構築しなければならないとする。

インターネットの情報作用によって企業や産業のバリューチェーンが解体され、それまでの部分を担った企業が豊富な情報によって新しいバリューチェーンをリードする場合や、ときにはまったく新しい機能を担う企業が登場してくる。このような産業のデコンストラクションがすべての産業とは言わないまでも静かに進展する。そこには技術進歩やそれに対応する投資額の増大などの要因もあるが、情報流通の変化が関係している。

巨大な装置産業である半導体産業では、かつては日本企業の存在が大きかったが今では見る影もない。日本企業の垂直統合型の生産システムに対して、半導体の製造だけを担うファウンドリーと呼ばれる企業が台湾に登場した。設計された半導体の生産だけを担う受託企業が躍進し、産業のバリューチェーンが解体され産業構造が変わった。さらに今日では複雑化する半導体設計のコアの部分に特化するARM社のような企業も登場している。日本企業が得意とした半導体ユーザー企業とのリッチな情報で、垂直統合型で生産する仕組みでは、複雑化する半導体を素早く低コストでは生産できなくなったのである。

4 情報技術がもたらした事業環境と今後の経営

吉田（1967）は意味のある記号集合が狭義の情報であると規定した。それは

人間が価値を認めたものすべてが記号化され情報になるということでもある。そうした記号が次々とデジタル化され、コンピュータとインターネットで処理され伝達される社会のなかに、企業もわれわれも存在している。そして従来は物理的なもの、ハードなもののイノベーションが企業活動をリードしてきたが、今日ではそれよりも情報技術のイノベーションが急速に進展し企業活動だけでなく、われわれの社会生活まで変革している。このため情報技術の可能性を活用せずには、企業は生存も成長もできない環境にある。

4.1　顧客志向での情報技術活用

　ネットビジネスを成功させるには8つの原則があるとして、シーボルト（Seybold, 1998）は次の原則を提示した。適切な顧客をターゲットにする、顧客のふるまいを総合的に把握する、顧客に影響する業務プロセスを合理化する、顧客との関係を広い視野でとらえる、顧客に主導権を与える、顧客の業務を支援する、個別化したサービスを提供する、コミュニティを育成する、である。

　そして16企業の事例を分析して、ネットビジネスが成功した企業の要因を次のようにまとめた。企業文化を製品志向から顧客志向へと転換する、マーケティング対象を絞り込む、核になる業務プロセスを顧客の観点から再設計する、顧客の望んでいることを実現できる組織を作る、情報技術のインフラを顧客対応に改良する。こうして顧客が何を望んでいるのかを解明し、それを実現できるインターネット活用の仕組みで、まず既存の顧客がより満足できるようにしてから、次に新規の見込み客を顧客化していくことが事業成功の方法だとした。

　これはネットビジネスにおける情報技術活用について述べたものだが、情報技術活用を迫られる一般の事業についてもそのまま該当する。まず事業の対象にする顧客層を特定して、その顧客の求める価値を明確にする。価値を明確にするには、顧客の行動や置かれた状況を的確に把握して、提供する顧客価値を絞り込んで定義する。経済がグローバル化し、情報があふれる今日では顧客の価値は多様化し変容している。顧客自身が今日必要な価値を認識できていない場合さえ少なくない。このため顧客の置かれた環境、その中で

第 5 章　情報技術の進展と事業イノベーション

どのような課題の解決に迫られているのかを観察し解明する。顧客のさまざまな場面やコンテクストのなかで、提供できるソリューションを適切な顧客価値にして提案する。

　次にその顧客価値提供のための業務プロセス、バリューチェーンの設定である。すでにみてきたように情報技術の進歩によって従来の活動やリンケージが陳腐化している可能性がある。地理的にもより広い地域から必要な資源の調達や運営が可能になっている。それに情報技術の発達によって収益獲得に必要な活動も変容している。

　熟練職人が枯渇するなかでコンピュータ制御の高性能設備の役割はますます高まっている。またプラスチックや金属などを、積層して複雑な形状の製品を生産する 3D プリンターのような技術も実用化の度を高めている。熟練技能に依存するのではなく、技術力を標榜する経営であれば、情報技術活用の最新な生産設備の使用が求められる。より精密で高精度な高品質の生産を継続的に行うのであれば、ほとんどの場合人間の技能よりも機械の技術が勝っている。ただ高額な設備活用は資金と技術の両面で一般の中小企業には困難である。

　顧客価値を提供するためには、画一的な製品の提供ではなく、顧客が求める性能や機能に的を絞った製品、顧客ごとに個別化した製品やサービスを提供することになる。それはオプション化であり、マス・カスタマイゼーションによるものづくりが必要になる（Pine II, 1993）。半製品までの生産で受注後にオプション部品を装備したり、製品をモジュール化してモジュールの組合せによって製品を個別化するなどの方策がある。

　これらの顧客価値に対応するものづくりには、従来の業務プロセスをデコンストラクションして新たに再編することが必要になる。今まで社内で行ってきた業務でも効果的に行う企業があれば外部化する、反対に顧客価値に最も寄与する業務は内部化し、それを収益獲得の鍵になるように価値化していく。ときには競争優位形成のために、アマゾンの倉庫のように、コストが増大してしまう業務でもバリューチェーンに組み込む必要がある。

4.2　情報創出と活用

　アマゾンの事業から学ぶことの1つに情報の創出と情報の提供があった。そのときアマゾンは外部で創出された情報を内部化して活用している。まず生産者や出品者の情報を活用する。それらのサイトにリンクが張られており、顧客はより詳細な情報を知ることもできる。ただそれらセールスポイントを並べた情報だけでなく、その製品を購入した人や他の製品との使い勝手を比較した人などの情報も提供する。製品を使用して満足した人や不満を感じている人が、それをみて投稿してくる。

　その豊富な情報は同社が制作しているのではなく、すべて外部のステークホルダーが創出したものである。その多様な視点からの主観的な情報は、同社が制作するよりも、顧客にとってははるかにリッチな情報である。同社のサイトに情報を提供しまた閲覧する仕組みは、それを活用する顧客に満足感を与えて競争優位の手段になっている。

　情報は絶えず更新され新鮮なものでなければ注目されない。また情報は人によって注目する価値が異なるので、多数のユーザーが求める情報を絶えず創出するには多大なコストがかかる。それをアマゾンのように外部で創出される仕組みを持つことは最も効果的である。

　中小企業であっても顧客からの受注情報や仕様書、設計データ、問い合わせや苦情などなどの情報が外部から入ってくる。それをデータ化する、また設計データを部品加工データなどに変換してライブラリー化する。外部で作られる情報をいかに内部化して活用するかはさまざまな方法で可能である。それに新たな情報を加えて外部に発信していく。

　情報が蔓延する今日、リッチな情報をいかに低コストで創出し、価値化できるかが情報活用の鍵になる。インターネットによってマスコミュニケーションのように多くの人に情報を発信することも、反対に1対1のコミュニケーションも可能になる。意図的にSNSの口コミを使って情報を流通させるバイラル・マーケティング（viral marketing）は低コストで中小企業でも活用でき、世界中の人に情報を発信することも可能である。

　中小企業でもその存在や技術、製品をアピールできる。マーケティングや

販売手段としてインターネットを活用できる。ネットビジネスをしなくとも、企業の存在、優れた製品や技術を保有していることを発信していく。インターネットは地理的距離を解消し、人と人を企業と企業を結びつける。そして、小さな企業でも世界に自己の存在をアピールできる。外部に情報を提供することで、反対に情報が組織に入ってくる。そして容易に中小企業でも情報を発信できる環境がある。

4.3　新しい事業への挑戦

　進展する情報技術がバリューチェーンを変革し、製品そのものがリアルタイムで情報を創出する今日、企業活動や組織さえもがデコンストストラクションを求められている。多くの場合、既存業務の中からまったく新しい事業が生まれるとポーターは指摘したが、企業の業務とは直接かかわりのない情報の分野でもGoogleやFacebookのような企業が生まれて、情報技術のイノベーションをリードしている。

　今日、新しい事業創出の多くにはインターネットが核になっている。インターネットは世界中に点在しているものや人、組織を距離と時間を超えて1つに集めることができるが、それを基盤に登場した事業の1つがクラウドソーシング（crowdsourcing）である。それは仕事の遂行や資産の使用時間などを細切れにして利用者と結びつけて価値化する事業で、資産保有者や業務従事者はそれまで価値のなかった時間帯を換金化できる。例えば業務を細切れにして、その時間だけ業務に従事できる人を世界中から集めて処理する。業務を細分化・分断化しそれぞれを専門能力のある人材に分担従事してもらう。

　また保有している自動車や保有する駐車場が勤務などで使用しない時間帯に、その時間帯だけ使用したい人をネットで募集して貸す事業がある。工場の設備が稼働しない時間帯に、業務を外部から受託して稼働させることもできる。海外の低コスト労働力や高額で雇用できない専門人材の活用など、クラウドソーシング事業にはさまざまな形態が登場してくる。

　クラウドファンディング（crowdfunding）事業も類似の事業で、インターネット経由で不特定多数の人に資金の提供や投資など募って資金を確保する。特

定製品の事業や事業計画をネット上に掲示して、それに興味や賛同する人から少額の資金を募る。あらかじめ設定した金額が集まらなければ募集を停止するので、計画の意義を評価する人が少なければ賛同者のリスクが守られ、同時に製品のマーケティング調査の一翼をも担える。情報技術を活用した金融サービス事業はフィンテック（fintech）と呼ばれ、スマートフォンを活用しての決済や資金運用、銀行のインフラ、仮想通貨などその領域は幅広い。そのフィンテックにも活用でき、データの改ざんが不可能ともいわれるブロックチェーン（blockchain）技術が登場し、大きな可能性を持つと期待さている[16]（朝山, 2016）。中小企業の場合にはフィンテックを活用しての資金調達利用が可能である。

　情報技術を活用した事業創出は中小企業にとっても多様な可能性を持っている。その1つにシェアリング事業がある。2008年に生まれた空き部屋の貸し出しの米国エアビーアンドビー（Airbnb）は、インターネットと空き部屋がある人はだれでも旅館を営めるという発想で事業を拡大した。そこでは同社が物件の審査や利用者の審査をすることなく、物件の写真やユーザーの詳細なプロフィールを登録するだけで、後は利用者双方で宿泊の可否を決める。利用者はネットで宿泊について質問できるし、他のユーザー評価を閲覧して選択する。ここでも情報は外部が創出し、それをサイトに提示して仲介することで事業が成立する[17]。

　シェアリング事業には部屋やホールなどの共有、ものの共有、自動車の相乗りなど移動の共有、保有する能力を一時的に提供するスキルの共有、資金にかかわる共有などの分野があり、サービスの供給者と利用者がn対n（個人間取引）で、ソーシャルメディアとスマートフォンを活用して供給者と利用者を仲介する。スマートフォンが有効なのは、利用者が存在する近くに必要な

---

16) ブロックという複数の取引の集まりを単位として記帳などが処理されるが、そのブロック内の処理が終了しなくても次のブロックに進んでブロックのつながりを作り、それはネットワーク上の分散データベースに送られる。データの前後の整合性を保ったまま改ざんすることが不可能なため安全に運用できるなどの特質がある。
17) 同社はホストから3％のサービス料を、宿泊者からは宿泊料金に応じて6～12％を受け取る。

ものがあるかを瞬時に検索できるからである。

　シェアリング事業の背景には共有による価値創出のシェアリング・エコノミー（共有型経済）がある。そこには、ものから得られる価値（サービス）が必要なのであって、必ずしもものの所有権を移転しなくとも価値は得られるというサービサイズ（servicize）の考え方がある[18]。それは循環型経済にもつながる考え方で、そこに情報技術が活用されることでサービスの移転と消費を円滑に行う事業になる。サービサイズの視点に立てばシェアリング事業にはさらに多様な可能性がある。

5　中小企業経営と情報技術活用

　中小企業の情報技術の活用については次のような見解があった。「1990年代半ばを過ぎると、零細な中小企業も単なるオフィスワークの自動化にとどまらず、取引先とインターネットで交信するようなった。このため生産効率を高めるだけでなく、中小企業が大企業と対等な立場で取引することを情報技術が可能にした。もはや大企業の下請として注文に応じる必要などない。規模の大小にかかわらず電子上で取引が成立するからである」[19]。

　現実はそうなったのだろうか。確かに情報技術は利用すべき手段であり、事業のインフラとして活用できなければ中小企業の未来は拓けない。ただどんな技術が登場しても、それを活用するだけで企業が躍進できるわけではない。何よりも顧客が求める価値を、他社よりも優れた何かを伴って提供できなければ、新たな技術も活かせない。活用して効果を上げるための戦略や仕組みがなければ情報技術は活かせない。

5.1　独自なものを世界に発信

　現実に今まで中小企業の情報技術活用は、投資額に見合う収益効果を発揮

---

18) アメリカで始まったシェア事業やサービサイズの考え方はBotsman and Rogers（2010）を参照。
19) 西垣、2001年。

できていなかった[20]。それは業務にかかわる単純な情報処理だけを、そして中小企業では業務量が少ない情報処理に、情報技術の活用を推進してきたからである。工作機械をはじめとして生産設備で情報技術を活用してきた企業は収益を享受している。ただ高額な最新の情報技術制御設備は多くの中小企業にとって導入できない。資金と償却に必要な売上を獲得できないからである。

しかし今インターネットは情報のリッチネスとリーチを両立させた。そして個人でも世界中に情報を発信できる。外部に企業の存在を知らせ、得意な技術、提供できる顧客価値、それらの競争優位性や特異性をアピールすることができる。適切な情報発信で小さな企業でもブランドの確立さえ可能になる。インターネットは顧客が求めている情報を収集し、他方で顧客価値をアピールするためのマーケティング手段として中小企業でも活用できる。

自己をアピールすることが中小企業でも個人でも、低コストで容易にできる。ただその情報が注目されるには、独自な製品や技術などが存在しなくてはならない。他社とは異なった顧客価値の特質がなければ訴える情報がない。そのために事業をイノベーションする。そして顧客にアピールできる価値のユニークさをわかりやすくアピールする。顧客とのコミュニケーションでその内容を絶えず更新し付加していく。

5.2 情報技術による専門化の推進

経済のグローバル化と情報技術が進展するなかで、中小企業はどこに活路を見出していくか。情報技術を装備する最新設備を活用して、絶えず技術力を高めていく方策が技術力を標榜する企業にはある。その事業領域ではバリューチェーンを拡大して、限定領域ではあるが垂直統合的に業務領域を充実させていくことで競争優位も強化できる。いろんな分野でこうした優れた企業が全国に散在している。

しかし中小企業の多くにとって、業務領域を拡大して資本集約度を高める方策は不可能である。そこで、業務領域を拡充できない中小企業は反対に業

---

[20] これについては本書第2章を参照。

務領域を縮小させ、狭い業務範囲に特化した専門性を追求する方法がある。小さな領域であれば最新の設備を装備することも可能であり、その分野で競争優位な技術力を高められる。技術だけではなくスピードや納期、コストなども付加した事業の仕組みが構築できる。業務領域を狭めて、その技術力の深さ、そこから生まれる専門特殊な技術の応用に情報技術を活用することが今後の中小企業経営の方向である。

　世界的に競争が激化するなかで大企業でも、すべての領域で高度な技術力を発揮することは困難で、優れた外部資源を活用して自己のコア・コンピタンスを強化する経営を志向するようになった。このため小さな領域でも高度な専門性を発揮する企業があればそれを活用する企業がある。ただ高度な専門化した事業で収益を確保するためには、広く世界にも販売先を求めることが不可欠である。そのため前述の世界に向けた情報発信が必要になってくる。

　地域のなかだけでなく、世界に目を向ければニッチなものでも需要がまとまり一定量を確保できる。その製品や技術を求めている顧客をいかに自社に誘導するかである。インターネットではリッチな情報が広く流通できるため、企業活動もネットワークを基盤とするようになる。ただそれは狭い地域の産業集積内のネットワークではない。インターネットと交通網の発達によって、企業の活動領域が拡大していることの認識が必要である。

　急速に変化する複雑性の高い環境のなかで、企業活動のすべてを単独で行うことはますます難しくなっている。このため自社にとって最も必要な業務、顧客価値創出に欠かせない業務に絞り込んだ経営を志向せざるを得ない。それは業務を補完し連結する他の企業を求める。そうしたネットワークの時代には、他社では対応できない専門性を持たなければ存在できない。このとき中小企業が専門性を高めるには、より小さな領域に特化して業務内容を深めることである。それは技術力も高め易くなる。

5.3　技術進歩に絶えざる挑戦を

　マクガーハン（McGahan, 2004）は産業の構造的な進化は通常数十年という時間を要し、その変化はいくつかの段階を経て起こるものであると指摘した。そ

れは当該産業に利益をもたらしてきたコア活動と、個々の企業が独自の強みにしてきた資源や知識、ブランドなどのコア資源の双方とが利益獲得に貢献しなくなるような変化である。そうしたドラスチックな変化はゆるやかに長い時間をかけて起こる。そのために渦中にいる人間は気づきにくく、変化が誰の目にも明らかになったときにはすでに対応できなくなる。今日の情報技術の進歩はそのようなドラスチックな影響をほとんどの産業にもたらすもので、産業革命といってもよいインパクトをもたらしている。

確かに情報技術は目まぐるしい速度でイノベーションを起こしている。ただそれを使用しなくても生活できるし企業活動も遂行できてしまう。しかし活用して効果を発揮させる企業と活用しない企業とでは、やがて格差どころではない状況をもたらす。情報技術の発展は生産の方法も販売の方法も変革しようとしている。それは傍観する企業にとっては脅威だか、挑戦する企業には新しいチャンスの訪れでもある。物理的な技術力だけでなく、情報技術を活用する技術力が企業経営を左右する、それが今日という時代なのである。

参考文献

Anderson, Chris (2006), *The Long Tail*, First Hyperion Books.（篠森ゆりこ訳『ロングテール』早川書房、2006年）。

Baker, Wayne (2000), *Achieving Success Through Social Captal*, Jossey-Bass.（中島豊訳『ソーシャル・キャピタル』ダイヤモンド社、2001年）。

Bezos, Jeff (2008), The Institutional Yes, *Harvard Business Review*, Feb.（有賀裕子訳「アマゾン・ウエイ」『DIAMOND ハーバード・ビジネス・レビュー』2008年2月号）。

Botsman, Rachel and Roo Rogers (2010), *What's Mine Is Yours*, Collins.（関美和訳『シェア』日本放送出版協会、2010年）。

Buchanan, Mark (2002), *Nexus: Small Worlds and the Groundbreaking Science of Networks*, Norton.（坂本芳久訳『複雑な世界、単純な法則』草思社、2005年）。

Evans, Philip and Thomas S. Wurster (1997), Strategy and The New Economics of Information, *Harvard Business Review,*. Oct..

Evans, Philip and Thomas S. Wurster (2000), *Blown to Bits*, Harvard Business School Press.（ボストンコンサルティング・グループ訳『ネット資本主義の企業戦略』ダイヤモンド社、1999年）。

Magretta, Joan (2002), Why Business Models Matter, *Harvard Business Review*, May.（村井章子訳「ビジネスモデルの正しい定義」『DIAMND ハーバード・ビジネス・レビュー』

2002 年 8 月号）。
McGahan, Anita M.（2004），*How Industries Evolve*, Harvard Business School Press.（藤堂圭太訳『産業進化の 4 つの法則』ランダムハウス講談社、2005 年）。
Milgram, Stanley（1967）, The Small World Problem, *Psychology Today,* May. pp. 60-67.（野沢慎司・大岡栄美訳「小さな世界問題」野沢慎司編・監訳『リーディングス　ネットワーク論』勁草書房、2006 年）。
Negroponte, Nicholas（1995），*Being Digital.*, Vintage Books, 1996.（福岡洋一訳『ビーイング・デジタル―ビットの時代』アスキー、1995 年）。
Pine II，Joseph（1993），*Mass Customization,* Harvard Business School Press.（江夏健一・坂野友昭監訳『マス・カスタマイゼーション革命』日本能率協会マネジメントセンター、1994 年）。
Porter, Michel E. and Victor E. Millar（1985），How Information Gives You Competitive Advantage, *Harvard Business Review*, Jul.-Aug..
Porter, Michel E.（2001），Strategy and Internet, *Harvard Business Review*, Mar..
Porter, Michel E. and James E. Heppelman（2014），How Start, Connected Products Are Transforming Competition, *Harvard Business Review*, Nov.
Porter, Michel E. and James E. Heppelman（2015），How Start, Connected Products Are Transforming Companies, *Harvard Business Review*, Oct.
Seybold, Patricia（1998），*Customers.com*, Random House.（鈴木純一監訳『ネットビジネス戦略入門』翔泳社、1999 年）。
Spector, Robert（2000）, *Amason. Com*, HarperColins Pub.（長谷川真実訳『アマゾン・ドット・コム』日経 BP 社、2000 年）。
Watts, Duncan j.（2003），*Six Degrees*, W. W. Norton & Company.（辻竜平・友知政樹訳『スモールワールド・ネットワーク』阪急コミュニケーションズ、2004 年）。
雨宮寛二（2012）『アップル、アマゾン、グーグルの競争戦略』NTT 出版。
朝山貴生（2016）「ブロックチェーン概論」馬淵邦美監修『ブロックチェーンの衝撃』日経 BP 社。
小川正博（2015）『中小企業のビジネスシステム』同友館。
川上量生（2015）『鈴木さんにもわかるネットの未来』岩波書店。
越塚昇（2015）「IoT 時代のノード」坂村健監修『コンピュータがネットと出会ったら』KADOKAWA。
坂村健（2016）『IoT とは何か』角川新書。
中岡哲郎（1970）『人間と労働の未来』中央公論社。
中岡哲郎（1979）『技術を考える 13 章』日本評論社。
日経コンピュータ編（2015）『デジタルビジネストレンド』日経 BP 社。
西垣通（2001）『IT 革命―ネット社会のゆくえ』岩波書店。
吉田民人（1967）「情報科学の構想」吉田民人他『社会的コミュニケーション』培風館。

第6章　顧客価値基準による事業イノベーション

　近年、高度な技術力を標榜してきた日本企業が世界市場から撤退したり、多額の損失計上によって事業の縮小や売却を余儀なくされている。本章では経済のグローバル化や情報技術の進展による競争激化のなかで、技術偏重のイノベーションではなく、顧客価値基準による価値創造のイノベーションという視点から、「カテゴリー」概念を用いて、新たな顧客価値に対応するとともに模倣しにくい事業へのイノベーションを提起する。それは大企業だけでなく中小企業にとっても有効で事業創造に結びつく。

　斬新な事業の創出は革新的な製品や技術の開発という視点から検討されることが少なくない。しかし豊富な知見のある既存の事業領域やその周辺で、顧客との新しい関係を構築できる新たな顧客価値を創造することも、事業創出の有効な方法になる。それは事業ドメインを大きく変化させなくとも、例えば顧客との関係を変革する従来とは異なった価値を提供する製品カテゴリーを創造すれば、新しい事業や市場が創造できることを意味する。以下では顧客価値の再定義を基点にした新たなカテゴリー創造によるイノベーションが実現する事業や市場の創出を検討する。

　部品加工を主体にする中小企業の場合も、業務範囲の拡大や付加、反対に特定技術やサービスに絞り込むことで、前述のような新たなカテゴリー形成が可能である。それには事業の仕組みであるビジネスシステムのイノベーションを行うことになる。このとき新たな顧客価値を創造するには製品の使用場面、顧客のコンテクストに注目し、その多様な使用状況のなかで新しい価値を再定義する。そして模倣を少しでも無力化するカテゴリー化と、可視化しにくいビジネスシステムへのイノベーションで新たな価値を創造する。

　以下第1節では、環境変化の中での事業再定義の必要性と、再定義の考え方をみる。続く第2節では時計という身近な製品を取り上げ、価値の多様性

と顧客価値創造の視点を検討する。ここで得られた製品カテゴリーという概念と、新しい事業の考え方をみるのが第3節である。製品カテゴリーによるイノベーションをアーカー（Aaker, 2004; 2011）の視点をもとに検討し、それが新しい事業や市場創造に有力な方法であることをみる。その方法を中小企業に援用して、中小企業のカテゴリー・イノベーションを事例からみたのが第4節である。第5節では中小企業のカテゴリー・イノベーションの場合、トータルな事業の仕組み構築が不可欠なことをまとめとする。

1　事業の再定義

　日本企業の事業基盤は大きく変化している。このため事業の前提を分析して、事業を再定義することは新しい事業や市場の創造に結びつく。

1.1　変化に対応しないことが危機を招く

　今日、日本企業の少なからずが、とりわけ中小企業の経営が悪化して廃業や倒産によって姿を消している。1983年には780,280事業所を数えた製造業は2014年には397,735事業所へと約38％も減少している。もちろん残った企業の業績が良好であれば、企業数の減少そのものは産業の衰退を意味しない。しかし今日の中小企業の売上高経常利益率は1.8％、大企業であっても平均値は3.2％と低い[1]。わが国の製造業は収益性を高めなければ、研究開発や新規設備投資も行えなくなってしまう。従来経営の踏襲ではなく、事業そのもののイノベーションが不可欠なのである。

　かつてドラッカー（Drucker, 1995）はIBMやGMという巨大企業が危機に陥ったことを取り上げ、ある前提のもとに形成された事業の定義が、新しい現実にそぐわなくなっているのにそれを放置して、新たな前提に対応した事

1）売上高経常利益率の平均は財務省『法人企業統計』を使用しているため、事業者規模が大きな企業の数値であり、現実の中小企業の平均利益率はこの数値を大きく下回り、マイナスであることさえ予想できる。なお売上高経常利益率についての資料は中小企業庁（2011, p. 63）を参照。

第6章　顧客価値基準による事業イノベーション

業の再定義を行わないことが危機を招いたと指摘した。企業の存立基盤や運営の基礎になる前提が変わってしまったのに、従来と同じ事業を続けていることが企業を苦境に陥れるとドラッカーはみたのである。

　事業を成立させている前提が他方では事業の定義要素になり、第1の要素は社会構造、市場や顧客、技術とその変化などの環境である。第2は企業の使命である。第3はこれら環境のなかで使命を達成するための企業の強みである。これら3つの前提の変化に対応したイノベーションが不可欠だという。ドラッカーの指摘は、そのまま今日の日本企業衰退の要因にも当てはまる。変質した環境に合わせて事業の定義を見直し、新しい前提のなかで強みを発揮できる事業の仕組みを再構築すれば、ドラッカーが例にあげたIBMやGMのように再生できる[2]。

　今日、世界の成長市場は先進国ではなく、経済が沸騰する新興国市場に向かっている。新興国市場では先進国市場で効果のあった事業の定義は通用しない。所得水準の違いや所得格差、購買行動そして民族の慣習や宗教などの違いによる生活スタイルも多様な市場を形成し、同じ製品領域でも異なった価値が求められる。新興国市場をターゲットにして躍進した韓国のサムスンやLG電子は、地域ごとに顧客価値を掘り起こして、顧客からの発想で1990年代末の経営危機を脱し、短期間に世界ブランドを構築している[3],[4]。

　中国や台湾、韓国など新興国企業はコスト競争力を誇るだけでなく、新しい価値を提案し品質も向上させてきた。13億人の人口を抱える中国は低賃金労働力による労働集約型のものづくりだけでなく、一方で労働力不足への対応として最新の機械設備を装備し始めている。スマートフォンiPhoneを組立

2）ドラッカーの指摘に対してその後再建を果たしたGMであるが、2008年のリーマンショックで極度の経営不振に陥って株価が1ドルを割り込む事態になり、2009年6月に連邦倒産法第11章の適用を申請して破たんする。再建のためアメリカ政府が新会社に出資し新生GMに移行する。身軽になったGMは2010年ニューヨーク証券取引所に再上場を果たし、再び世界のGMとして躍進している。
3）新興国市場をターゲットにしたサムスンのマーケティング戦略については、張（2009, pp. 116-130）参照。
4）サムスンの経営については畑村・吉川（2009）参照。

る台湾本社の世界最大の EMS（Electronics Manufacturing Service）企業である鴻海精密工業は、中国本土の工場従業員が 110 万人といわれるが、今後 100 万台のロボットを導入して労働力不足を補うとしている[5]。

今日のスマートフォンのような精密な電子機器の基板組立では、極小な部品を扱うため既に人間労働が不可能になっている。そんな超精密な生産業務が中国工場で行われている。そこでは最新の電子部品の表面実装機が使用され、ロボットによる組立作業が行われるという現実を理解することが、とりわけ中小企業には必要である。事業定義の前提はドラスチックに変化している。

画一的な顧客価値の提供や過去と同じ視点で市場をとらえるのではなく、それぞれの顧客が置かれている状況の中で求めているものを提供するという視点から新たな価値創造に向けて、抜本的に事業の仕組みまで再構築することが日本企業の喫緊の課題である。大企業などから部品生産を受注する中小企業は取引関係にある顧客だけではなく、市場や未対象顧客の動向から新しいものづくりを発想することが必要である。自社の技術からの発想ではなく、顧客の状況変化や市場の変化から事業の在り方を検証する。

1.2　企業の使命と強みの認識

環境という前提条件の中でどのような事業を行い、社会に貢献していくかを明確にしたものが企業の使命である。それは具体化していくと事業ドメインになるもので、使命は事業として成立し持続できる内容であることが重要になる。そうすると変容する環境の中で経営できる競争力のある事業でなくてはならず、競争企業に優位な事業としての強みが不可欠になる。

かつて、半導体は産業のコメと呼ばれ、とりわけ DRAM 分野で 1980 年代には日本企業がアメリカ企業を圧倒した。しかし次第に競争力を低下させるなかで日立製作所、NEC そして三菱電機 3 社の DRAM 部門の合併によって生まれたエルピーダメモリは、わが国唯一の DRAM 企業であったが、2012 年 2 月に会社更生法申請に追い込まれた。そして経営権はマイクロン社に移り、日

5）『日本経済新聞電子版』2011 年 8 月 2 日付。

本の DRAM 企業は消滅した。

　また 2012 年には、パナソニックやソニーのテレビ部門が相次ぐ多額の赤字によって、事業縮小に追い込まれた。そしてシャープは液晶パネルの最新工場である堺工場を単独では運営できなくなり、台湾の鴻海精密工業が筆頭株主として資本参加することになった。その後 2016 年、資金繰りに窮したシャープ本体は自ら鴻海精密工業の傘下に入った。これらはかつてハイテク分野と呼ばれ、わが国ものづくり技術力の象徴的存在であった。しかし今日、韓国や台湾企業に敗退し、事業の縮小撤退に追い込まれている。シャープや東芝などかつて隆盛を誇ったエレクトロニクス産業が強みを失い、しかもその回復の兆しがみえない[6]。

　かつて競争力を誇ったこれらの分野にはどんな強みがあったのだろうか。日本企業は欧米で開発された技術を導入して最新の設備を装備し、一方で全員参加による生産現場での改善運動を行うことで、不良率を低下させ歩留まり率を向上させてきた[7]。この結果、高品質で多様な製品を、欧米企業より低価格で提供できるのが強みであった。

　しかし最新の設備採用が競争優位要因になる半導体産業でも、設備の老朽化が目に余る。生産性を向上させるためにウエハーは大口径化を重ね、21 世紀には 300 mm の時代を迎え、さらに次の 450 mm 時代を迎えようとしている。しかし日本企業は 300 mm どころか 200 mm なかには 150 mm の設備に止まっている企業も少なくない。それは敗退の要因でもあり証でもある。

　中小企業も同様に設備が老朽化している。最新設備を導入せずに熟練技能をうたっても高度な技術力とはいえない。競争優位性のある熟練とは、その時点で最新の技術や設備を他社以上に活用できる能力である。高度成長期から 1980 年代までのかつての日本企業のように、新興国企業は飛躍的に技術力

6） 2016 年粉飾決算で経営不振を招いた東芝は、白物家電事業を中国の美的集団に売却した。また富士通がパソコン事業を中国レノボの傘下にすることが報道された。すでにレノボは NEC のパソコン事業を傘下に入れており、わが国シェア 1 位と 2 位の企業が、中国企業なしでは経営できない状況になる。
7） 今井（2010）参照。

を高めている。日本製価格の半分程度の台湾製や中国製の工作機械を、中国企業は多数導入し設備能力を向上させている。デジタル化された最新の日本製の工作機械を導入する企業も珍しくはない。日本企業もかつては、欧米の最新技術と最新設備に熟練技能を融合させてものづくりの組織能力を高めた。

　グローバル化した市場、コモディティ化した市場で、かつての強みがいつしか弱みになっているのに、過去の成功におぼれ海外企業の力量を過小評価して、新たな強みや仕組みを構築せずに敗退する[8]。そしてグローバル市場を獲得しなければ収益を確保できない製品分野で、国内市場を前提にした経営を続け、国内の延長として2次的に海外市場を扱うという戦略から脱皮できなかった。成長するグローバル市場中心ではなく、縮小する国内市場に固執する経営である。

　大企業だけでなく中小企業でも同様である。中小企業の場合、高度な技術力を持ちそれが大企業も支えていると喧伝される。しかし顧客の大企業が競争力を低下させているとき、そこに部品を供給する企業が市場の求める技術力を保有しているのだろうか。それらはすでに過去の技術力だとは言えないだろうか。

　ものづくりのデジタル化や、グローバリゼーションの進展の下で新興国企業が急速に台頭しているために、色あせた熟練技能や過去のコア・コンピタンスに依存するものづくりは通用しなくなっている。新興国企業よりも古い機械設備を使用して、熟練技能による技術力を標榜していれば凋落の道を歩むことになる[9]。最新の設備を導入して新しい強みを再構築し、新たなコア・コンピタンスやケイパビリティを育成することが技術力を誇る企業には必要

---

8) 日本企業の技術革新の遅れは、近年のスマートフォンをみれば明瞭である。1996年にカナダのRIM社のブラックベリー、2007年のアップルのiPhoneが発売され、台湾企業や韓国サムスンが参入して携帯電話に取って代わったが、日本企業の参入は2010年からであり、世界市場ではほとんど存在感がない。参入が決定的に遅れただけでなく、技術的にリードされてしまった。
9) 日本企業の設備投資は2008年以降低迷しており、これに伴って導入した設備の経過年数を意味する設備年齢は年々長くなる傾向にある。『ものづくり白書2011年版』pp. 23-27参照。古い設備でも熟練技能で最先端の製品生産を行うことも可能であるがそれは例外である。そのような例については小川（2007）で取り上げた清田製作所（東京）を参照。

である。そして技術力だけに依存しない新たな経営を創造する。

1.3 新たな顧客価値と強みを活かす事業の再定義

　今日の環境や競争状況という新しい前提を踏まえた事業の再定義が日本企業の課題である。事業を再定義する場合例外はあるにしても、技術やコストだけに強みを求めているだけでは、技術力を高める低コストな海外企業に対抗できない。それにクリステンセン（Christensen, 1997）が解明したように、高度な技術力が顧客価値や収益獲得に、どんなときも結び付くわけではない。顧客が使用できる機能また必要とする製品や技術にしか、顧客は経済的価値を認めない。それ以上の技術にも、それ以下の技術にも顧客は対価を支払わない。

　2012年に株式時価総額がトヨタの4倍にもなって、かつての倒産状態から復活したアップルを再建した音楽プレーヤーのiPodやスマートフォンのiPhoneそして、タブレットのiPadはとりわけ斬新な技術で構成されているわけではない。既存の技術を組合せて製品化したものである。しかも製品化時点では先行企業が既に存在していた。しかしアップルの製品や事業のコンセプトは斬新であり、アップルというブランド価値も加わって他の追従を許さない。

　単純な操作、膨大なデータを携帯できるモバイル性、外部のデータや多様なソフトを活用できる拡張性、システム化とプラットフォーム化、そして斬新なデザインや販売方法など、これらが具現化する新しい顧客価値創造を学ぶべきである。確かに企業のイノベーションには斬新な製品開発が重要である。しかし革新的な製品や技術が開発できれば、顧客を獲得でき競争優位が形成される訳ではない。そうではないことはパナソニックやソニー、シャープなどの例が物語る。

　中小企業の顧客価値を原点にした事業の事例をあげよう。低価格な自動車整備を謳うNCオート（大阪）は、早くから板金加工や塗装部門を保有する自動車整備業ではあるが、それだけには終わらない。レンタル用自動車15台やリース用自動車200台を保有し、自動車の買い取り、中古車販売、新車販売、保険業と多彩な事業を行う。同社の場合これらの事業が密接に関連して他の事業と結びつき循環することで利益を確保する。

修理の際には好評な代車を用意して、その乗車体験から買い替えやリース、レンタル利用に誘う。リースやレンタルの車は、顧客が希望すれば中古車として販売できる。多数台所有しているため、古い車の中から使用できる部品を他の中古車に回して性能を向上させる。買い取った中古車も整備によって性能を向上させ販売やリース、レンタルに回す。法人顧客を多数擁しているため、これらの事業と車検や整備事業が関連して結びつく。顧客との信頼のなかで、法人向けに中古車や新車を販売するだけでなく、顧客企業の経営者にも販売する。

　こうした事業を可能にしたのは、顧客ニーズ優先の整備業経営にある。顧客が車を使用しない夜間にも車検整備を行い、また低価格な修理や短時間の納車などで信頼を獲得し、その信頼で法人需要を拡大してきた。それをベースに幅広い事業を相互に結びつけて顧客へのサービスを高める一方で、それぞれの事業の相互補完によって低価格な料金でも収益を高める。

　その顧客価値が理解されて、顧客は車にかかわるソリューションなら同社に相談することになり、自動車に関連する業務をすべて扱うようになる。さらに中古自動車を改造して、電気自動車の開発販売も行うなど新しい取り組みにも余念がない。ディーラー車検や整備が進む中で自動車整備業の経営は一般に厳しく、廃業が続いている。しかし同社は自動車総合サービスという新しい事業カテゴリーで利益を獲得する。

　この例からいえることは、社会経済が変わる中で顧客は新たなニーズを潜在的に保有することであり、それを顧客との接点のなかで探り出し顧客価値にすることで新しい事業が創造できることである。そのための事業の再定義と新しい仕組みを構築することで、環境変化を事業機会に変えることができる。そのとき自社の強みを活用して新しいミッションを形成する。多くの企業にみられるように技術だけに依存し拘っていては、変化を取り込む事業の再定義は難しい。イノベーションの出発は、解決を待っている顧客価値の発見である。

2　価値の多様性と顧客価値創造

　製品に対する顧客価値は多様である。顧客が潜在的に欲している価値を見出して顧客に提案することで新しい事業が創造できる。

2.1　顧客価値

　顧客価値の定義は必ずしも明確ではない。価値概念を理論の出発点にするマーケティングでは、価値を品質とサービスそして価格の組合せと考える。品質やサービスが向上すれば価値は向上し、一方でそのための価格が低下すれば価値が向上する。低価格で品質やサービスが高いものほど価値が高いことになる。また顧客から見た価値を分析するために、顧客ベネフィットから顧客コストを差し引いたものを顧客価値とする考えもある。製品のほかサービス、人材、イメージなどから顧客ベネフィットは構成され、顧客コストは購入価格のほか、製品獲得や使用、メンテナンス、所有などにかかわるコストから構成される（Kotler, 2006）。

　顧客価値を高めるには製品が発揮する便益を高め、サービスやイメージ、ブランド価値を高めることで顧客満足度を向上させる、一方で製品の購買や使用、廃棄などにかかわるコストを低下させていく。このように顧客が、製品やサービスに期待するベネフィットの束と、その製品を評価・獲得・使用・廃棄することに伴う費用の束の差を顧客価値とすることより、顧客価値を高める方途の選択肢が広がってくる。

　そして価値を認めるベネフィットは、顧客によって多様であり異なるため、顧客を絞り込むことによって顧客価値を高めやすくなる。しかし現実にはコスト削減ができないため、顧客を無視した多機能化によって高額な製品としての体裁を整え、多機能化すればそのなかから必要な機能を選択できるので多様な顧客に対応できる、という方法がとりわけ日本企業では採用されている。多くの顧客は不要な機能が装備されその分割高な製品を強いられている。顧客が必要とするベネフィットを低価格で提供することが顧客対応の基本で

あることが忘れられている。

　価値観は多様であるため顧客を絞り込まなければ、顧客価値を高め顧客満足を得ることは難しい。顧客を絞り込めば、一方でより大きな市場を事業対象外にしてしまう。ただ顧客満足度の高い製品は、その評判によって価値観の異なった顧客をも誘引できる可能性を秘め、顧客が市場を拡大してくれる。反対にはじめから顧客対象を広げてしまうと、顧客価値が捉えきれず満足する顧客が少なく、獲得できる顧客まで逃してしまう。

2.2　時計にみる顧客価値の創造

　企業が顧客価値を的確に設定することは難しい。それを時計という身近な製品を例に考えてみよう。所得水準の上昇に伴って需要を拡大し、貴重品や奢侈品から生活必需品に、そして流行製品、装飾品へと変化しながら価値を変容させてきたのが時計という製品である。1956年には国産初の自動巻腕時計が発売されるなど、時計は日本経済の復興の中で産業基盤を確立する。

(1)　時刻を正確に刻む時計

　そして需要が飛躍的に拡大するなかで、大きなイノベーションがわが国で登場する。従来のゼンマイやテンプ、振子を使った機械式の時計に対して、集積回路や水晶振動子を使った水晶式時計である。セイコーは1967年に世界初の国産の水晶式置時計、1969年には世界初の水晶式腕時計「アストロン」を発売する[10]。クォーツとよばれる水晶式時計は時刻精度を飛躍的に向上させた。機械式の時計は当時1日に10秒から1分程度の誤差が生じたが、水晶式時計は1か月で20秒程度、中には1年で数秒の誤差と正確な時刻を刻む。それは斬新で画期的なイノベーションであった。

　このイノベーションによって日本の時計産業は長年の目標であったスイス時計産業を抜いて、世界一の時計生産国に躍進した。1979年には腕・懐中時計5,970万個、置掛時計4,350万個、総生産は1億個を超えた。1970年代には

---

[10]　1967年にスイス電子時計センター（CEH: Centre Electronique Horloger）と、日本のセイコーは集積回路を用いたアナログ式の世界初のクォーツ時計の開発に成功した。ただ、その後いち早く量産化に成功したのはセイコーである。

セイコーが特許を公開したことで、各メーカーがクォーツ時計の製造に参入し、時計市場はクォーツ一色になる。このため、クォーツ時計の量産化に遅れて市場を奪われたスイス時計産業は壊滅的打撃を受けた。普及品市場を日本企業に奪われて企業数を縮小させて衰退する。

(2) 時計のファッション化

しかし1983年、スウォッチの登場によってスイス時計産業は再び復活する[11]。SMH社が提案したスウォッチは、時を知るための機械をスタイリッシュで面白く、個性的、高品質で、低価格な小道具として提案された。それは刺激的なファッションを求める若者への新しい顧客価値の提案であった。時計という製品を再定義し、顧客に新しい価値を提案したのである。

そしてスイス時計産業はスウォッチを軸に復活していく。それはスイスの時計産業が、多数の部品メーカーと組立企業からなる小規模企業の分業構造で成り立っているからである。スウォッチは産業集積に部品需要をもたらし地域産業を活性化させた。それにスウォッチで成功したSMH社はオメガやロンジン、そしてブランパンやブレゲといった高級時計企業をグループ化して復活させたからである[12]。

SMH社は時を知る小道具を廉価なファッション製品のスウォッチにして新たな価値を創造し、一方で昔から宝石商や専門流通業を通じて販売していた高価な時計を、高精度な時刻の高級時計として復活させる。心臓部ともいうべきムーブメントを専業のETA社で超薄型化し、精密な工作機械と職人技能を活用した超精密な複雑時計にして製品価値を高め、利益率の高い高額製品としての地位を高めることに成功する（磯山, 2006）。時刻の正確な数千円と

---

11) 19世紀半ばには世界最大の時計王国になったスイス時計産業は19世紀後半、互換性のある精密な部品の大量生産によって躍進したアメリカの台頭によって、深刻な打撃を受けた。そこでスイスも互換性のある精密時計部品の大量生産を開始し、さらに20世紀の初めには、時計にカレンダーやストップウォッチなどの付加機能を付けて競争力を高めた。1920年には、ロレックスが世界で初めて防水時計を開発している。
12) スイス時計産業ではスウォッチグループやリシュモン、LVMH、WPHHなどの著名なグループがみられる。これらは協同組合的なゆるやかなネットワークである。ただスウォッチグループの場合は、スウォッチ、オメガ、ロンジンなどのブランド管理やマーケティングなどを集権的に行う。

いう低価格なファッション製品と、古くからのコア技術のリニューアルによる機械式の超精密時計とによって、スイス時計産業は再び躍進する。これに対してクォーツ時計は世界中で生産され、最初の45万円という高額製品から瞬く間に価格を低下させてコモディティ製品になる。

その結果、大きく輝いたSEIKOブランドは急速に色あせる。そこにはセイコーの時計に対する製品の定義と技術観に課題があった。歴史あるスイス企業に遅れて参入したセイコーにとって、最大の技術目標は時刻の正確性であった。機械式時計の大量生産品で、スイス時計の時刻の正確性に追いつくことが難しかったセイコーは、古くはベル研究所が創案した水晶発振式時計を研究し、半導体を用いて超小型にしさらにデジタル化に成功した。これによって機械式では達成できない正確な時刻を刻む技術を開発した。

時刻の正確な時計を大量に安価に生産することには成功したセイコーやシチズンが、その正確なムーブメントを世界中に低価格で供給したこととも相まって、クォーツ時計は一挙にコモディティ化した。しかし時計にはもう一つ装飾品としての機能があった。SMH社はクォーツ時計のファッション化の一方で、時計師の職人技術の粋を集めた精緻な時計機構とデザイン、そしてブランドによる模倣しにくく、コモディティ化しにくい価値を発見し、時計の再定義に成功したのである。

(3) 価値の再定義と新たなカテゴリー形成

技術志向の強い日本企業は正確な時を刻む製品という価値を実現したが、SMH社が提案したような新たな顧客価値を創造できなかった。正確な時刻という基本機能をほぼ達成したとき、時計の持つ装飾性、ファッション性に目を向けて価値創造することができなかった。スイス時計には普及品の機械式時計と、奢侈品として価値の減耗しにくい古くからのラグジュアリーブランド時計があった。後者の製品を持たない日本企業は時計の新たな意味づけができなかった。一方でスイス企業は、それこそが自己の強みであることを再認識して、職人の熟練技能を活用した高度なものづくり技術にまい進し、複雑な機構や宝飾性による高額な機械式時計と、クォーツを使用した安価だがファッション性豊かなファッション時計という2つの領域で、事業をそれぞ

れ再定義して新しいカテゴリーを創造した。

ただSMH社はファッション性の高い製品だけで事業を推進したのではない。その新たな顧客価値を実現するため、事業の定義に即した新たな事業の仕組みを構築している。ミラノにデザイン研究所を設けてデザイン技術の向上に努めた。そして年2回の展示会を開催して世界中からアーティストやデザイナー、企画者を呼び込んでいる。1つのモデルは1シーズンのみの販売にしたりと、まさにファッション製品にしている。また部品の購買をグループ内で一本化して効率的な部品調達システムを開発する。そして新たな時計流通チャネルを構築するためブハムコ社と合弁会社を設立して、従来の時計の流通とは異なった販売方法を採用する[13]。

普及品市場では単なる安価で正確な時計ではなく、おしゃれなファッション小物として繰り返し購入する製品に、スウォッチは時計の性格を変えたのである。そのために衣服と同じように展示会を開催して、多彩なデザイナーに参画を求め、ファション製品としての流行を作り出す。顧客は衣服と同じように好きな、あるいは自分の服装にあう時計を買い求め、複数の時計の購買を促すという仕組みを創造した。

一方の高級な機械式時計では職人的な加工技術を向上させ、サービス体制を充実して補修備品を備え、保有する製品価値が維持できることを訴求する。そこでも複雑機構や宝飾性を高めてファッション性も加えながら高額化を図る。近年日本企業も機械式時計を復活させているものの、そのブランドが高まったとはいえない。ただカシオのGショックのようにクォーツ時計でありながら、斬新な機能と堅牢性で新しいカテゴリーを創造できた製品もある。

2.3 模倣しにくい価値の設定

セイコーのクォーツ時計が短期間にコモディティ化したように、需要を獲得できる製品は模倣される宿命にある。そこで模倣しにくい製品にすることが課題になる。競合企業が模倣しにくい顧客価値とはどのようなものだろうか。

---

13) Markides（1997）参照。

近年ではシャープが長い時間をかけて研究開発して製品化した液晶テレビが5年程度で模倣され、10年で競争力を逆転されたり、DVDプレーヤーに至っては3年程度で追いつかれるなど、技術開発に力を注いでも短期間で模倣されてしまう[14]。模倣されるだけではなく、同時にコモディティ化して激しい価格競争に突入し、収益が確保できない状況に追い込まれてしまう。

　そうしたコモディティ化による競争を避けるために、キム（Kim, 2005）はブルー・オーシャン戦略を提起した。それまで支配的だった価値を見直し再構築して新しい価値を創造するバリュー・イノベーションによって新しい市場を創造するのである。そこでは考慮されなかった価値要素を付加したり、反対に特定の価値要素を削減したりして、競合他社とは異なった価値曲線を創出することで競争者の存在しない市場を開拓できるとした。

　しかし楠木（2006）はいくら新しい価値曲線を発見しても、その製品が顧客を獲得すれば直ちに模倣されてしまうので、再びコモディティの波に襲われてしまい根本的な対策にはならないとする。それを解決するには、イノベーションを不可視化して模倣を防ぐことであると提起した。

　このとき製品の性能といった価値次元は数値化し易く、それは他社の目標になって模倣されてしまう。これに対して「新しい用途をもたらすような価値次元の転換と、可視性の低い価値次元での差別化を同時に実現する（中略）ブルー・オーシャンと資源の見えないイノベーションの合わせ技による」カテゴリー・イノベーションによって、可視性の低い価値次元の創造が重要だとした（楠木, 2010a）。

　その例としてiPodをあげる。それは音楽ソフトの編集を顧客側で行えるプレーヤーという新しい価値次元の製品であり、ユーザーは自分の好きな楽曲だけを持ち歩くことができる。その価値は単純に数値化できるようなものではなく、また曖昧である。そのため模倣しにくく、それが顧客層に受け入れられたときにはMP3プレーヤー、あるいはデジタル・オーディオプレーヤー

14）デジタル製品のキャッチアップについては小川（2009, pp. 3-8）参照。

という新しい市場カテゴリーで圧倒的なシェアを確保してしまっている[15]。

それは新しい用途をもたらすような価値次元への転換と、可視性の低い価値次元での差別化を同時に実現する。そのようなイノベーションによって生まれた製品では、製品についての概念そのものが顧客側に新しく形成される。そのため何が良いものかという製品を選択するとき、カテゴリーを創造した製品そのものが基準になり模倣追従しにくくなるとする。模倣製品が現れ、なかには当該製品と同等の性能を誇っても、当初にイノベーションを実現した当該製品だけに注目が集まってしまう。楠木（2010b）は、そうした新しい次元の異なった製品創出には新しい概念が必要であり、その価値を顧客に訴えるには、それが素晴らしい価値を持つというストーリーの創造が不可欠だとする。

3　カテゴリー・イノベーション

前節でみた新しいカテゴリーの創造による新事業・新市場創造について検討しよう。それは模倣しにくい事業を創造することになる。

3.1　カテゴリー・イノベーションとは

楠木があげたカテゴリー・イノベーションという概念をいち早く提起したのはアーカー（Aaker, 2004）である。ブランド論の大家であるアーカーはブランドと顧客との関連性（relevance）を失わせるような新しいカテゴリーやサブカテゴリーの製品が登場して、従来の競争関係やブランドの効力を失わせるような競争が起こっていると提起した。

従来とは何か異なった新たな製品領域である斬新なカテゴリーが登場して好評を博すれば、競争企業はそれに追いつこうとするが追いつけずに脱落していく。新しいカテゴリーが顧客に認知されたときは、既存の有力なブランドさえ役たたなくなる。そして今日、そうした新規のカテゴリー創設を伴っ

---

15) iPodの進化についてはSteven（2007）参照。

たイノベーションが多くの分野で出現して、企業の競争関係を一新していると提起した。

アーカーはミニコンピュータの覇者 DEC 社がパソコンの登場で消滅した例、ソリューションという新しいカテゴリーによって復活した IBM 社の例、日本のビール業界でのドライビールというサブカテゴリーで業界シェアの大変動をもたらしたアサヒの例、低価格のディスクトップ型のコピー機というカテゴリーによってゼロックス社の事業を侵食したキヤノンの例などをはじめとして、新たなカテゴリーが事業をイノベーションしていることを指摘する。

新しいカテゴリーの形成を Aaker（2011）は、次のように 2 つの方法で説明した。1 つは、製品の属性によって新しいカテゴリーを形成する。これは製品の持つ何らかの属性で他の製品カテゴリーとは異なる領域を作ることである。先駆的企業はその属性をアピールすることによって新しいカテゴリーを主張し、それが市場から受け入れられればカテゴリー化が成功する。このとき属性によって、従来の領域と異なった製品として区分されれば、一部の性能は既存製品より劣ってもよい。

もう 1 つの方法はロールモデル（模範例）を構築することである。先の iPod のように特定製品が新規のカテゴリーを示してしまう例である。この場合はその模範製品にどれくらい近いかということで、カテゴリーに属するかどうかが決まる。前述の方法より曖昧ではあるが、このカテゴリー形成は当該企業にとって強力な競争優位を形成する。強力なブランドがあれば、前者よりもこのロールモデルとしての新しいカテゴリーあるいはサブカテゴリーが形成される。この方法で新しい製品を形成した企業は、一人勝ちに近い状況を形成できる。ロールモデルとして形成できない場合のカテゴリー基準は、前者の製品属性になる。

新しいカテゴリーでロールモデルのブランドを獲得できれば、企業は大きな恩恵を得ることができる。カテゴリー形成の主導権を持つことができるし、競合企業が優れた製品を創造しても後追いの印象になり、それは反対に先駆企業のモデル製品の正当性を高めることにも作用する。ただ、いち早くカテゴリーを形成した企業が必ずしもロールモデル企業になれるわけではない。

デジタル・オーディオプレーヤーの場合、1998年セハン情報システムズ社が世界で初めてMP3プレーヤーを発売し、同年には一定市場を確保したダイヤモンドマルチメディア社のRioも登場している。1999年にはソニーもメモリースティック・ウォークマンを発売している。しかしデジタルオーディオプレーヤーのロールモデルになるのは、2001年発売のiPodであり一人勝ちする。

アーカー（2011）は自社のブランドを訴求するのではなく、カテゴリーを提唱して市場に認知させ、そのカテゴリーが認められれば提唱者がロールモデルになること、このためにカテゴリーのオピニオンリーダーになること、加えてイノベーションを継続していくこと、そして売上と市場シェアでリーダーになることがロールモデルの条件になるとする。

スティーブ・ジョブズは自らが広告塔になってこれらを実践した。そしてデジタル・オーディオプレーヤーというカテゴリーではiPodというブランドがロールモデルの地位を獲得する。カテゴリーが認知された後、ソニーやパナソニックが技術的に優れた製品を創出しても、iPodの牙城を崩すことはできず市場を奪われ、一方でアップルは2012年時点で株式時価総額のトップ企業となる礎を築いていく。

3.2 模倣しにくいカテゴリー・イノベーションの実現

アーカー（Aaker, 2011, pp. 20-25）はイノベーションの程度を、漸進的（incremental）イノベーションと本格的（substantial）イノベーション、そして市場を一変させる変革的（transformational）イノベーションとの3つに分けた。漸進的イノベーションはブランド選好に少し影響を与える程度の改善であり、本格的イノベーションは製品・サービスに目にみえる改善があるため、新しいカテゴリーかサブカテゴリーを定義できる。ただそれには目を引き話題性のある変化が必要である。

そして変革的なイノベーションは、既存の製品・サービスや事業の仕組みを陳腐化させ劇的な変化で市場を一変させる。それを実現するには新しい資産や能力が必要になり、クリステンセン（Christensen, 1997）の破壊的イノベーションと同一の概念で、新しいカテゴリーを登場させる。模倣しにくいので

はなく、模倣してもライバル企業を有利にしてしまうカテゴリー・イノベーションは企業の戦略として理想的である。しかしカテゴリー・イノベーションを実現するには次のような要件が必要になる。

(1) まず既存企業が実現していない発想での新たな顧客価値の創造である。たとえその価値に気づいていたとしても、技術的な理由や採算性といった経済的理由によって実現できなかった価値の創造である。

(2) それは顧客側の満たされないニーズやそれまで気づかなかったニーズ、想像できなかったニーズを満たす製品であり、市場化されたとき直ちに顧客の願望を満たす製品であること。それまで提供されずに顧客が不満を感じているニーズや新たな価値を発掘したカテゴリーの創造である。いくら優れた価値を提供する新たなカテゴリーであっても、それが市場に浸透しなければカテゴリーは形成できない。ときにはもっと遅ければ市場から受け入れられるが、製品の登場があまりに早くて受け入れられないこともある[16]。

(3) そして競争企業にはすぐには模倣しにくく、そのカテゴリーを構築して市場をリードするまでの時間があること。例えば、他社が光電管を使用した電卓で市場を競っていたとき、液晶を長らく研究してきたシャープは1973年、表示部に液晶を使用した初めて液晶仕様の電卓 EL-805 を世に出した。その後複雑な画像表示の研究開発を積み重ね、1995年に液晶テレビを開発し、1999年には20型液晶テレビを商品化した。それは従来のテレビに対して革新的な製品であったが、先述したようにすぐにパナソニックや東芝などの国内企業が追従し、5年ほどでサムスンが技術をキャッチアップして業界のリーダー的地位を確保してしまった。

---

[16] 著名な例でいえば電気炊飯器である。東京通信工業と称していたソニーも1946年開発に取り組むなど、さまざまな企業が電気炊飯器を製品化しているが、それを1950年に発売して市場を獲得したのは東芝である。それは技術的課題の他に、カマドで美味しいご飯を炊くのが主婦であるという通念の打破が必要だったからであり、その利便性が浸透しなかったからである。東芝は電力会社と共同での実演販売で市場を開拓した。その後、家庭の主婦が働きに出て素早い炊飯が求められたり、集合住宅の登場によってカマドの使えない家庭が登場して一挙に市場は拡大していく。ソニーの開発については盛田(1987)参照。

第6章　顧客価値基準による事業イノベーション

　今日ではテレビといえば、液晶さらに有機ELパネルを使用した製品になろうとしているが、シャープはカテゴリー・イノベーションのリーダーとしての位置を獲得できなかった。それは、技術的課題はあったものの平面的で薄く、大画面化できるという製品特性に向けて、開発目標が明確な技術開発を各社が行っていたため、そして液晶パネル製造装置の少なからずを外部専門企業に依存したため、後発企業が設備を導入して短期間に追従してしまったからである。シャープは技術のリーダーではあったが、カテゴリー・リーダーにはなれなかった。そして液晶テレビは壁掛けテレビといった使用方法があったとしても、従来と使用方法が変わらなかった。

　(4)　このためカテゴリー・イノベーションには、新たな用途開発が欠かせない。

　(5)　比較的短時間に、新しいカテゴリーであることを社会的に認知させる。徐々に浸透すれば追従も容易で、たとえカテゴリーが認知されたとしても、カテゴリー・リーダーにはなれないかも知れない。

　(6)　このとき短期間に新規のカテゴリーを市場から認知されるには、強力なブランドも欠かせない。

　新たなカテゴリーのなかでリーダーになるには、その領域での強力なブランドが有効である。デジタル・オーディオプレーヤーの場合、初期にリードしたRioはそのブランド認知度が低かったし、シャープは海外の知名度が低く、海外市場を制覇できなかった。

3.3　顧客価値基準によるカテゴリー形成の可能性

　シャープが開発した液晶テレビは従来のブラウン管テレビと技術的には異次元で、画期的なイノベーションによって実現したものである。しかし画期的な製品ではあっても製品カテゴリーが大きく変わることはなく、短期間で類似製品が登場し、価格やブランド、販路などによって独創的な地位を獲得維持することはなかった。新しいカテゴリーを形成できず、ロールモデルになることもできず競争力が低下して、多額の損失を計上するまでに追い込まれた。

斬新な技術を開発した新製品であっても、それでカテゴリーを形成できるものではない。新たなカテゴリーは従来とは異なった使用目的や、異なった顧客に受け入れられることが必要である。このとき液晶テレビのように画期的な技術であっても、同じ用途で同じ顧客が使用するのであれば、せいぜいサブカテゴリーの形成で終わってしまうこともある。今日のような大画面テレビではなく小さな画面で、それを大型化する前に参入者が相次いだ。光磁気媒体である CD-ROM、DVD、BD なども、それぞれには技術的飛躍がある。それでも使用目的はほぼ同一であり、次第に大容量になって映像まで扱えるようになるという技術的には大きな進歩があるものの、サブカテゴリー的な位置づけで終わっている。

　異質で新たなベネフィットを与えるものが、サブカテゴリーあるいはカテゴリーになる。かつて室内で聴く音楽を室外に持ち出した製品として新しいカテゴリーを創造したソニーのウォークマン、さらにその持ち運ぶ楽曲を数千曲にも可能にし、その曲目を編集選択できるようにした iPod というように、カテゴリーは使用場面、使用状況に注目することから生まれている。それは使用方法が異なり、従来とは異なる価値を提供する。

　今日の製品カテゴリーという概念は技術によって生じるよりも、用途や使用方法、今まで困難だったものを可能にさせる、顧客にとって驚きを感じるような新しさ、そして欲しくなってしまうものといった側面から区分されることが多い。

　カテゴリーは技術基準ではなく、顧客価値基準で製品を創造する結果生まれることになる。それを実現するのは技術やビジネスシステムであるが、基本にあるのは新たな価値であり、その価値は異質な場面や状況の中に存在している。そして従来は技術や経済的理由で考慮されず、また無視されてきた価値である。さらに新しいカテゴリーとして自然に形成されるものではなく、既存製品とは異なるものとして企業が意識的に位置づけて、顧客や社会にアピールして認知させることで形成されるものである。

3.4　より多様なカテゴリー形成の可能性

　今日の製品は物理的なものだけでなく、ハードにソフトやサービスが加

わってシステム化した複雑な製品という特質を顕著にしている。そのように複合化した製品では、ハードよりもソフトやサービスの価値が増大している。

コンピュータから始まったデジタル製品では、ハード部分の価値よりもプログラムの価値が大きくなり、製造コストでもソフトのコストの方が大きくなっている。ただ家電や自動車などの製品では、ソフトは物的な回路や素子の中にパッケージ化されて物的な部品として扱われている。自動車は3万点ほどの部品で構成されるといわれるがその3分の1強が電子部品であり[17]、例えば使用されているマイコンは、外見はハードだが中身はソフトである。自動車ユーザーはソフトを意識することは少ないものの、エンジン制御だけでなく今日ではブレーキ操作さえプログラムで制御されている。

スティーブ・ジョブスのようにどんな働きをするかというソフトが初めにあり、そのソフトを実現するためにハードを構想するという、発想の転換での製品創造さえ始まっている。ソフトが製品の主役になって重要性がハードから逆転している。そしてソフトは関連するソフトを求め、それらは直ちにシステム化していく。ハードの部品もそれらシステム化の一環として求められることになる。

ソフトとハードやサービスが複合化しシステム化した製品は、多様な機能を発揮しさらに周辺機器や他の機器との連結やネットワーク化も可能になる。このためハード中心の製品に比べてより多様な顧客価値を発揮できる。製品価値が多面化するのである。さらに製品機能だけでなく、迅速な配送やきめの細かいアフターサービスといった製品提供に付随するソフトやサービスも複雑になり、それも製品価値を形成する。

それに対して顧客の求める価値は個々に異なる。このため企業は顧客の求めるニーズや価値観に応じて、必要な価値を中核にしてより多様なカテゴリー化が可能になる。特定の顧客や使用場面に絞ることで、必要とされる顧客価値は異なり、それを重視した製品カテゴリーの形成が可能になる。

---

17) 佐伯（2012）参照。

4　中小企業におけるカテゴリー・イノベーションの可能性

製品カテゴリーのイノベーションによる新たな事業や市場の創造についてみてきたが、それは中小企業でも可能なのだろうか。部品加工業のように製品ブランドを保有しない加工サービス業でも可能なのだろうか。以下ではこれらについて事例を中心にみていく。

4.1　ニッチな市場でも新しいカテゴリー形成

第3節でみたように新しいカテゴリーを形成して、そのリーダーになるためには強力なブランドが必要になり、この面からいえば中小企業は不利である。しかしカテゴリーは顧客の求める新しいベネフィットに合致したとき形成されるのであり、それはニッチな領域にも存在する。ニッチな市場は中小企業の市場であり、そのなかで通用している強力な中小企業のブランドも存在するし形成できる。このため中小企業でもカテゴリー・イノベーションの実現は可能であり、ニッチなカテゴリーで形成した市場を拡大できる可能性もある。

例えば回転寿司店という飲食店は、従来の寿司店とは異なった気軽な楽しい寿司店カテゴリーとして認知され、今日では世界中に回転寿司店が開かれたり、その仕組みをもとにした異質なチェーン店も登場している[18]。

その回転寿司店のコア設備になる寿司ロボットは1981年、最中あん充填機を主力にする食品機械製造業であった鈴茂器工が開発したものである。同社は今日でも国内の寿司ロボットの半数以上のシェアを握るリーダー企業であり、新しいカテゴリーを創造しJASDAQ上場企業に成長した。それはチェーン化する回転寿司店の寿司職人の人手不足と、人件費を低下させたい顧客ニーズに応じたことから生まれたものである（渡辺, 2002, pp. 104-132）。ニッチな世界で新しい顧客価値を掘り起こすことによって、中小企業でも新しいカテ

---

[18]　海外の回転寿司の事情については、加藤（2002）参照。

ゴリーが形成できる例である。

　中小企業はニッチな市場で、独自な技術で製品を市場に提供していることが少なくない。大きな市場領域で中小企業が製品カテゴリーを形成することは難しいが、小さな領域なら可能である。ただ自社の資源からの発想ではなく、顧客の製品使用場面やソリューションからニーズを発掘して、顧客価値視点でカテゴリーを創造する。

4.2　加工製造業の新規カテゴリー開発事例

　それではさらに、部品加工業のような中小企業でも新規カテゴリー開発は可能であろうか。次にこの点について例をあげて検討しよう。

　チバダイス（東京、主力工場埼玉）は従業員30名の歯車用金型製作を本業にする企業である。歯車を生産加工する企業も、各種金型を加工する企業もあるが、歯車用金型に特化する企業は珍しい。それに同社は金属用とプラスチック用という2つの歯車加工向け金型を提供する。前者の場合は長尺の棒材を引っ張りながら、ギア溝などを特殊切削加工して仕上げる同社独特の工具ともいうべき金型が中心であり、後者の場合は射出成型用金型である。

　両者とも特殊な歯車用金型であり、また形状も小さく、なかには直径0.4ミリとルーペで拡大しないと判別できない極小な歯車もある。大きな歯車でも直径120ミリであり、自動車や精密機器向け小型特殊形状の歯車金型が主力製品になる。

　同社は前述の金属棒を削り出して歯車を加工する金型から出発して、歯車金型製作や特殊歯車製作をたどって進化してきた。金型製作とそれを使用して加工する加工機械製作企業としての歩みが、同社のユニークな事業の原点である。

　国内の歯車需要の低下によって、歯車切削用金型やそれを使用する加工機械需要が減少したため、プラスチック金型や特殊歯車生産に事業の重点を移して来たが、海外の顧客から歯車引き抜き切削技術の引き合いが近年増えてきて事業の見直しが始まっている。一般的な歯車の量産加工技術と異なって、金型を使用する切削方法は加工の際に材料を変質させないため加工精度が高

く、耐久性にも勝ることが評価されて古い技術が息を吹き返したのである。顧客が変われば顧客価値も変わる。

　同社は環境変化に合わせて新しい事業を展開してきた。近年では2002～2003年ころに受注が大きく減少したため、事業の在り方を抜本的に見直しした。新しい事業になったのが試作歯車を短時間で納品する「スピードトライ」と名付けた試作品事業である。顧客は次々と新製品開発を行い、その際に試作の歯車を必要にする。従来は工作機械で歯切り加工して試作品を納品したが、量産化を開始すると、面の粗さなどが試作品とは異なって障害が発生するのが顧客の悩みであった。そこで金型による量産品と同様な射出成型品で生産して、3日で顧客に納品する仕組みで試作品の受注増を実現した。

　また同社は2004年、中小企業では珍しいプラスチック歯車の研究所を、前私大助手を所長に迎えて社内に設立した。この研究所は樹脂素材の材質や成形品の騒音、耐久性、強度などの試験検証業務を外部から受託する。そこでは検証のために短期間に成形歯車を生産する必要があり、このための技術が前述のスピードトライの技術開発にも結び付いている。また2012年には社員教育用に、160頁の本格的なプラスチック歯車専門書を刊行した。検査証明書を発行できる研究所の存在が、歯車企業としての信頼性を高めている。

　同社は2代目になる現社長も含めて家族経営を標榜する。このため企業規模は大きくできない。そこで古くは1966年という早い時期に、金型加工用に放電加工機を導入するなど、放電加工機やマシニングセンター、各種歯車加工機などコンピュータ制御設備を積極的に導入して生産量の増大と品質の向上を図る。一方で従業員教育を進めて技術力を向上させ、より難しい歯車加工に挑戦して付加価値を高め、人員の制約を克服して新しい技術、新しい事業に挑戦する。

　顧客の動向に注目すれば、新しい事業は事業の再定義で可能であり、その挑戦が新たな組織能力を形成し、また新しい事業を可能にして収益を支えてきた。今日では歯車の開発から金型製作、生産技術開発、歯車製造それに研究検証業務と、歯車一貫生産を行えるユニークな小さな企業として、グローバル化時代の中小企業経営の1つの在り方を示す企業になった。

第6章　顧客価値基準による事業イノベーション

　チバダイスの場合、ニッチではあるが長尺棒材のまま歯車を精密加工する製品カテゴリーを初期には形成している。顧客企業にはそのための金型とそれを使用して加工する製造機械を販売する。その後、需要の変化に合わせて金属とプラスチック製の特殊な歯車を加工する企業として業務を拡大し、さらに量産品と同じ品質の歯車を短納期で提供する試作品事業を開始したり、中小企業では珍しい研究所を設けて試験サービスやコンサルティング業務を行うようになる。小規模な企業にもかかわらず、品質検証業務が行える超精密小型歯車企業という事業カテゴリー化を進めている。

　加工サービス業の場合、新たなカテゴリー形成は技術や加工方法に依存する割合が大きくなるものの、顧客企業のニーズに応えるソリューションという視点を持つことによって、短納期で量産品と同様な試作製品を提供するといった業務によるカテゴリー化も可能なことをチバダイスの例は示唆する。ただそこでは製品カテゴリーではなく、新たな事業カテゴリーという色彩が強くなるが、それは一般の中小企業も同様である。

　技術だけでなく事業の仕組みのイノベーションを行い、その事業のカテゴリーをアピールしていくことが中小企業を変革する。市場に向けて情報を発信してカテゴリーの先進企業であること、そのカテゴリーが顧客に新しい価値を提供することを訴える。アピールするための絶えざるイノベーションと、新しい事業概念による事業の仕組みの形成によって事業カテゴリーを形成できる。

4.3　トータルなものづくりシステムによる事業カテゴリーの形成事例

　もう1つ加工業の例をみよう。加藤製作所は岐阜県可児市に本社工場を構える精密プレス加工、プラスチックインサート成形加工、金型設計製作業である。売上高の6割が自動車関連で、そのほか燃焼・厨房機器部品等を生産する。同社の技術力は世界的に定評があり、世界中の自動車用各種機能部品を主に生産する。

　主力製品の1つは金属板を円筒状に絞り加工後、側面に複数の穴加工や、内面の鏡面加工をする自動車向け部品である。これらの加工を1台のトラン

スファ・マシンで行い、しかもキズやバリがなく、肉厚も均一に加工するプレス技術を保有する。これを生産する工場は無人工場であり、異常が発生すると機械に設置した通信機が担当者の携帯電話を呼び出す仕組みである。

　同社の技術力は蓄積し磨きあげられたファクトリー・オートメーション化した生産システムにある。工場の床は1㎡当たり15tの荷重に耐えられる堅固な強度を持つ。建屋内は一定温度に調整されそこには200〜300tプレスが並び、コイル状にまかれたフープ材に複雑な絞り加工を施したり、加工品の一部の厚みを増す増肉加工や、反対に材料よりも薄くする減肉加工といった複雑な加工などが、1人の作業者でプレス機5台以上を担当するという徹底した自動化で行われる。使用する金型も空調付の立体倉庫に保管され、コンピュータ操作で短時間に取り出しや保管ができる。

　工場建屋には震度計が設置され、震度4ですべての設備が自動停止する。強力なプレス機が多数稼動しているものの、建屋外からはその騒音がほとんど聞こえず振動もない。品質検査を行って厳選した材料を、強固な建物に設置された設備と自社製の高精度な金型を活用して、超精密で複雑な加工を行う。品質管理も徹底しており、加工品は組成断面の検査、応力検査など各種検査が随時実施され、また当日の検査サンプルは2年間保管して、品質トラブルがあった場合は、その原因を検証できる体制を敷いて顧客の信頼を確保する。

　ここには、高品質・低コストを求められて、国内でのものづくり環境が厳しくなる中でも、コスト競争力のある工場経営がある。単に超精密な加工を行うだけでなく、世界中にその製品を量産供給可能な徹底した自動化した生産システムがある。技術と品質と価格で価値を形成する日本人が追求してきたものづくりの1つの姿がある。それはものづくりの仕組み全体で形成されるマン・マシン・システムであり、組織能力による日本型ものづくりであり、製品ではなく仕組みがもたらす生産システムのカテゴリーである。

　ただ同社は、国内だけで生産システムを構築するという姿勢ではなく、一方でグローバル企業でもある。1991年から海外展開を開始し、子会社や関連会社としてアメリカ、韓国、シンガポール、中国などに会社を保有し、複数

の大企業との共同出資会社もある。このとき同社より出資割合が多い国内大企業との合弁事業であっても、同社に経営を任されるほどの海外経営のノウハウを持つ。国内外の5工場はすべて24時間稼働が可能であり、設備やシステムは共通化が図られ、緊急時には相互に生産の融通が可能な体制を敷く。

　特殊な加工技術を誇るのではなく、材料から製品検査まで含めたトータルな仕組み、さらには突如発生する自然災害などによるリスクに対してもグローバルな生産体制で対応できる安心感を顧客に与える仕組みまで構築する。顧客が抱いている不安やセキュリティに対して、製品の品質保証だけでなく安定的な供給も含めた、グローバルでトータルな生産システムを基盤にした安定供給保障の事業カテゴリーでもある。技術が基盤だが、それをより大局的な視点から編成して仕組み全体で発揮する事業カテゴリーである。生産システムのカテゴリー化で顧客ニーズに応える事業の在り方を加藤製作所の例は示している。

　今、同社のように海外展開する中小企業も増大している。自動車や電機の1次協力工場ではすでに当然のことでもあり、2次協力工場以下の企業まで海外展開を行う。東京都大田区のように、小規模な企業の海外拠点を公的機関が設置して海外に誘導するような地域まで現れている（山田, 2009, pp. 106-115）。ただ海外展開には政治、宗教、労務などカントリーリスクが大きい。このため、単なる低い労働コスト目的の進出ではなく、事例企業の供給体制の整備のような、新しいカテゴリーによる進出国での事業基盤形成が不可欠になる。

5　カテゴリーからの事業の再定義

　日本企業は技術力中心の事業経営から、顧客価値を基盤にするものづくりへのイノベーションが求められている。そのときトータルな事業の仕組みによるカテゴリー構築は模倣しにくく効果的な戦略ポジションを設定できる。

5.1　技術力偏重経営からの脱皮

　1990年代末以降日本企業には製品や技術のイノベーションが求められ、十

分とはいえないまでも実現してきた。しかしその成果は短期間で模倣され、さらに新興国企業の積極果敢な最新設備への投資の前に、競争力が低下して収益を悪化させ、研究開発力の低下や製品生産の撤退に追い込まれるなど、製品や技術開発一辺倒の経営がほころんできている。製品や技術の革新性、斬新性だけにこだわっていては競争に勝利できない時代が来ているのである。

　これに対して本章では新たな製品カテゴリーの創造という視点から、模倣しにくい、追従しても効果が薄い事業の創出や市場創造を検討してきた。この点からいえば、日本企業はカテゴリー・イノベーションを実現できなかったが故に、市場を維持できなかったとも指摘できる。

　先述したスイスの時計産業復活でも、SMH 社はファッション時計という新たな製品カテゴリーを創造して、正確な時刻表示を実現した日本企業を尻目に復活した。それは日本企業や新興国企業でも模倣しにくいものであり、その後の独走態勢を許すことになった。近年いろんな視点で取り上げられるアップルの復活も、新たな製品カテゴリーの創造という視点から iPod や iPhone、iPad をみていくとその強さがわかり易い。それらは模倣できるが、他社が追従するほどその優れた製品コンセプトが高まって行く。モデルとなるそれら製品より優れた製品を創造しても需要を獲得しにくい。

　アップルは技術ではなく、その製品コンセプトの斬新さで顧客を引き付けてきた。1976 年の創業以来、スティーブ・ジョブスは社会を変える製品を提供してきた。このためアップル・ファンという顧客が同社が発売する新しい製品を期待を込めて待っている。製品化のパイオニアでなくとも、その製品コンセプトではパイオニアであり、顧客の期待とコンセプトでロールモデルになる新しいカテゴリーを築く。顧客は技術を待っているのではなく、その製品で生活スタイルや生産スタイルを変革することを待っている。さまざまな製品にあふれても、顧客は解決したい課題を持っている。それが新しい製品カテゴリーを作るのである。

5.2　事業の仕組みの構築

　前節で部品加工業における製品カテゴリー形成の可能性をみた。そして自

社ブランド製品を持たない部品加工業の場合、顧客価値基準でトータルな事業の仕組みにすることでカテゴリーを形成できる可能性をみた。

　先に著者は、顧客に価値を提供するためのトータルな事業の仕組みがビジネスシステムであるとした（小川, 2015）。ビジネスシステムは選択した顧客のニーズに応えるために、さまざまな事業の要素を組み合わせて意識的に構築される。そこで事業概念、業務プロセス、組織、資源そして組織能力（ケイパビリティ）、顧客が求める製品、顧客と企業との情報作用、という7つの要素から構成するビジネスシステムのモデルを提示した。それぞれの要素をさらにサブ要素に分け、それら要素やサブ要素の組合せ、相互補完によって異なった事業の仕組みが形成される。要素が相互補完するシステムであるため、他社より劣る資源という制約があっても、事業概念に基づいて要素やサブ要素を編成することによって、他社よりも優れた顧客価値を創造できる。

　カテゴリー・イノベーションは単純にカテゴリーを標榜するだけでは完成しない。顧客にその価値が認識できなければカテゴリーは存在できない。このため顧客が求めているニーズを、また問題解決を求めている事象から解決策を探り出してニーズ化することからカテゴリー・イノベーションをめざすことがブランド力に欠ける中小企業にこそ重要になる。使用場面の中に潜んでいる新しい価値基準の発見が新しい市場創造の鍵であり、それを実現するのがビジネスシステムになる。

　そのニーズを価値化するためには、製品開発や技術開発が必要になる。ただはじめにそれらの開発ありきでは中小企業の場合、顧客を獲得しにくい。そして顧客価値を提供するためには、対象にする顧客を選択し、そのターゲットにする顧客層が求める価値に対して、トータルな事業の仕組みを構築して対応することが重要になる。

　製品カテゴリーを成功させるには、顧客層の特性と提供する価値と、そして保有する資源という企業の制約条件のなかで、顧客価値を創出できる斬新な事業概念の実現のために、最適なビジネスシステムを構築できるか否かが鍵になる。今日のグローバル化した環境、複雑化する製品、移ろいやすい価値観のなかでは、製品や技術やブランドだけで顧客を獲得することは難しい。

顧客に信頼を与える斬新な事業の仕組みが不可欠である。

　顧客に密着し顧客の求める価値を新しい視点で発見し、顧客の求める価値に的を絞って、新しい事業の仕組みを形成することが事業創造には不可欠である。それは需要を獲得できるイノベーションの原点にもなる。斬新な製品の創造だけではなく、自社の能力に合致した顧客価値提供の事業の仕組みへのイノベーションを行う。

5.3　絶えざるイノベーションと価値の訴求

　本章では初めに、今日の状況に合致した事業の再定義が必要なことをみた。今日の日本企業にはかつての成功体験を棄却し、新しいものづくりの再構築が求められている。そのときの原点は新しい顧客価値の発見であった。顧客の生活や生産の場に入り、潜在する顧客価値を発掘して、それを製品やサービスの形態に具体化していく。このとき企業の強みや資源を活用できる事業でなければ、事業として確立しにくい。ただ従来の強みや資源も再構成しないと新しい事業領域には参入できない。

　そして全く異質な事業領域ではなく、知見のある領域で新しい顧客価値を発見して事業化し、それをカテゴリー化していく。カテゴリー化するには新たな使用方法を実現する優れた製品に仕上げるだけでなく、それを活かした新たなイノベーションが必要である。

　そしてそのカテゴリーの必要性や有効性を市場に継続してアピールする。そこには必要性や有用性をストーリーにして訴求していくことが欠かせない。そうした情報を作るには製品やビジネスシステムの絶えざるイノベーションが不可欠である。市場の声に応えるイノベーションを繰り返し、その市場に応える作業もストーリー化して市場にアピールすることで新たなカテゴリーを形成することが、中小企業でもカテゴリー・イノベーションを実現する。

参考文献

Aaker, David A.（2004）, *Brand Portfolio Strategy*, Free Press.（阿久津聡訳『ブランド・ポートフォリオ戦略』ダイヤモンド社、2005 年）。

第 6 章　顧客価値基準による事業イノベーション

Aaker, David A.（2011）, *Brand Relevance-Making Competitors Irrelevant*, Jossey-Bass.（阿久津聡監訳『カテゴリー・イノベーション』ダイヤモンド社、2011 年）。

Christensen, Clayton M.（1997）, *The Innovator's Dilemma*, Hatvard Business School.（伊豆原弓訳『イノベーションのジレンマ』翔泳社、2000 年）。

Drucker, Peter F.（1994）, The Thory of The Business, *Harvard Business Review*, Sep.-Oct..（田代正美訳「企業永続の原理」『DIAMOND ハーバード・ビジネスレビュー』1995 年、12-1 月号）。

Kim, W. Chan and Runée Mauburgne（2005）, *Blue Ocean Strategy*, Harvard Business School Press.（有賀裕子訳『ブルー・オーシャン戦略』ランダムハウス講談社、2005 年）。

Kotler K., & K. L. Keller（2006）, *Marketing Management* 12th Ed., Prentice Hall.（恩蔵直人監訳『マーケティング・マネジメント』ピアソン・エデュケーション、2008 年）。

Markides, Constantinos C.（1997）, To Diversity or Not to Diversity, *Harvard Business Review*. Dec.-Nov..（白鳥東五訳「多角化を成功させる戦略的資産」『DIAMOND ハーバード・ビジネスレビュー』1998 年、2-3 月号）。

Steven, Levy（2006）, *The Perfect Thing*, Simon & Schuster.（上浦倫人訳『iPod は何を変えたのか？』ソフトバンククリエイティブ、2007 年）。

磯山友幸（2006）『ブランド王国・スイスの秘密』日経 BP 社。
今井正明（2010）『カイゼン 新装改訂版』日本経済新聞社。
小川紘一（2009）『国際標準化と事業戦略』白桃書房。
小川正博（2006）「企業の創業と進化」渡辺幸男・小川正博・黒瀬直宏・向山雅夫『21 世紀中小企業論』有斐閣。
小川正博（2007）「事業の仕組みによる独自事業の創出」『商工金融』第 57 巻第 9 号、㈶商工総合研究所。
小川正博（2012）「製品アーキテクチャの変化とものづくりネットワーク」小川正博・西岡正・北嶋守編著『ネットワークの再編とイノベーション』同友館。
小川正博（2015）『中小企業のビジネスシステム』同友館。
加藤裕子（2002）『寿司、プリーズ！』集英社新書。
楠木建（2006）「次元の見えない差別化」『一橋ビジネスレビュー』53 巻第 4 号。
楠木建（2010a）「イノベーションの「見え過ぎ化」」『一橋ビジネスレビュー』57 巻第 4 号。
楠木建（2010b）「ストーリーとしての競争戦略論」東洋経済新報社。
経済産業省・厚生労働省・文部科学省編（2011）『ものづくり白書 2011 年版』。
佐伯靖雄（2012）『自動車の電動化・電子化とサプライヤー・システム』晃洋書房。
ダイヤモンド編集部「ガラパゴス・ニッポン包囲網」『週刊ダイヤモンド』2011 年 11 月号。
中小企業庁（2011）『中小企業白書 2011 年版』同友館。
張世進（2009）『ソニー VS サムスン』日本経済新聞社、116-130。
畑村洋太郎・吉川良三（2009）『危機の経営』講談社。
盛田昭夫（1987）『MADE in JAPAN』朝日新聞社。

山田伸顯（2009）『日本のモノづくりイノベーション─大田区から世界の母工場へ─』日刊工業新聞社。
渡辺米英（2002）『回転寿司の経営学』ベスト新書。

第7章　ものづくりイノベーションの視点

　日本企業は経済のグローバル化や情報技術の進展などの環境変化のなかで、ものづくりの抜本的な変革を求められている。従来の仕組みのなかでコスト削減や効率化を図るのではなく、顧客価値の提供というパラダイムの基に、価値を創出する事業の仕組みそのもののイノベーションを行わなくては未来がない。本章では顧客の絞り込みや変更などの顧客の再定義、システムとしての製品の変革、業務プロセスの変革、製品価値や顧客価値の再定義とストーリーによる価値表現という4つの視点から事業イノベーションを図ることを検討する。それは今までのハードな技術偏重のイノベーションからの脱皮でもある。

　第1節では事業のイノベーションなしには、競争力の低下や低収益性という課題を解決できないことをみる。第2節では収益性の悪化に追いつめられた中小企業が、従来の量産型のものづくりを転換して高収益企業に脱皮した例をあげて、ものづくりイノベーションの4つの視点を提起する。そして第3節では顧客の再定義によるイノベーションをみる。次いで第4節では製品の変革についてとりわけシステム化に焦点を当てる。

　第5節では業務プロセスのイノベーションについて顧客価値の見直し、バリューチェーンの変化、そして情報技術の側面から検討する。第6節では製品価値と顧客価値の再定義と、そのストーリー化もイノベーションを促すことをみる。第7節では事業の不振の際の一般的な企業行動と、解決には事業のイノベーションが不可欠なことをまとめにする。

1　ものづくりイノベーションの必要性

　日本企業にとって事業のイノベーションは喫緊の課題である。すでにそれ

は 1980 年代中期からいわれているにもかかわらず、日本企業総体としては実現していない。そして多くの中小企業も旧来のものづくりの仕組みに留まっており、今後の成長の展望が開けてない。まずものづくりイノベーションの必要性について、日本企業の競争力の低下と低収益性という現実からみていく。

1.1 競争力の低下

戦後から 1980 年代までは欧米の技術を活用して、安くて高品質な製品を生産し、国内だけでなく海外とりわけアメリカ市場に輸出して日本企業は事業を拡大してきた。しかし自動車や半導体、家電、精密機械などの分野でアメリカ企業に並ぶまでに成長したとき、アメリカ企業は日本企業の競争要因を解明し、それを学習して新たなものづくりシステムを再構築して競争力を回復する。

他方、日本企業の国際競争力の向上によって国際経済のメカニズムが機能し、さらに投機的な金融行動も加わって為替レートの調整局面が訪れる。それは下降や上昇を繰り返し陂行しながらも、今日まで対外通貨に対する円価値の上昇傾向が一貫してみられ、為替レートは日本企業の価格競争力を低下させてきた[1]。

為替レート上昇への対応や経済摩擦の解消のために、日本企業は欧米先進国に工場を建設して海外生産に取り組むようになる。また労務コストの低いアジア諸国を生産基地にする海外展開でも対応するようになる。これらは一定の効果を発揮したものの、他方で技術と資本の導入によって新興国は経済的自立を図り、また企業の経営能力を高めてきた。ASEAN 諸国やアジア NIEs、そして中国などの企業がコスト競争力だけでなく、品質水準を高めて日本企

---

1) 2012 年安倍政権は 2％のインフレ目標を掲げ、その実現のために無制限の量的緩和や円高の是正、そのための円流動化、日本銀行法改正などによる大胆な金融政策を行った。2015 年 5 月ドル円の為替レートが 125.85 円の円安ドル高への加速を受けて、日経平均株価が終値で 2 万 551 円を記録した。しかしその後為替レートは円高に振れて株価も低迷し、2％のインフレターゲットも実現できていない。ただトランプ政権の登場によってさらに複雑性が高まっている。

業と競争するようになる。

　日本企業が先進国の先頭を走りはじめたとき、経営環境はグローバル化という新しい事態を迎えていた。そして資本主義国だけでなく 1989 年のベルリンの壁崩壊を機に、社会主義圏の企業までもが市場経済を掲げてグローバルなものづくりの舞台に登場する。BRICs や VISTA、NEXT11 といった新たな呼称が次々と飛び交い、新興国の新たなプレーヤーも参入するグローバルな競争に一挙に突入している[2]。

　1980 年代に新たなものづくりシステムへの変革を求められた日本企業は、1980 年代末にバブル景気という暴発する経済の中でイノベーションへの方途を見失い、1991 年にバブル経済が一挙に崩壊すると、不良債権処理や過剰設備の廃棄に追われて、新規の投資や新しい事業への挑戦にも躊躇し「失われた 10 年」とも 15 年とも呼ばれる無策の時代に突入する。この間に韓国や台湾、そして中国などの企業が、それぞれ経済の破綻や企業経営の後進性などの課題を克服し、着実に新しい時代に向けたものづくりシステムを構築して躍進する。

　今やグローバル化した経済の中で、早くから国際的なものづくりシステムを構築して競争力を回復した欧米企業と、豊富な労働力や情報技術を活用してグローバル化のなかで急速に成長する新興国企業との間にあって、新たな戦略ポジションを設定できずに、1980 年代までの成功パターンから脱しきれない日本企業という構図を描くことができる。

　そうであるとすれば、日本企業のものづくりイノベーションはまさに喫緊の課題であり、今を逃すと、2010 年にわが国を抜いて世界の工場となった GDP 世界 2 位の中国の影に隠れて、世界でのプレゼンスを失ってしまう。新興国企業が躍進するグローバル化のなかで、日本企業は独自のポジション構築を目

2）BRICs は 2000 年代以降著しい経済発展を遂げているブラジル、ロシア、インド、中国、南アフリカ共和国の総称。また VISTA はベトナム、インドネシア、南アフリカ共和国、トルコ、アルゼンチンの総称。そして NEXT11 はイラン、インドネシア、エジプト、トルコ、ナイジェリア、パキスタン、バングラデシュ、フィリピン、ベトナム、メキシコ、大韓民国の総称。BRICs 以外はあまり使用されていないが、これらは経済発展が著しい国を指した呼称である。

指して事業のイノベーションが必要なのである。それは製品や技術だけでなく、業務プロセスや資源、そしてそれらをトータルに編みこんだ事業の仕組みといった視点からイノベーションを試みることでしか実現できない。

1.2 高収益企業への脱皮

日本企業の技術力は世界一であると喧伝されてきた。それにもかかわらず自動車や工作機械産業などを除き、ハイテク産業といわれてきたエレクトロニクス製品領域などで、日本企業の競争力が低下している。加えて低い収益性が課題である[3]。かつては金融機関の貸出金利が低く、低コストで資金を調達できる金融環境にあるため、利益率の低い企業経営でもあまり問題視されなかった[4]。

しかし経済がグローバル化した今日、とりわけグローバル市場で展開される事業では、収益性の低さは競争力に劣る、あるいは製品差別化や利益確保の仕組みがなく、低価格を訴求している結果とみられ課題になる。もし高度な技術力が存在するのであれば、それを活かして高い利益率を獲得できる事業の仕組みを構築しなくてはならない。収益性を高めないと、激しい競争と環境変化のなかで不可欠な研究開発や、他社に先駆けた設備投資が行えないからである。

藤本（2004, pp. 250-251）は収益力と競争力は異なるものであり、ものづくりの組織能力を反映するのは生産性や歩留まり、不良率といった「裏の競争

---

3) 会計制度も異なり、比較データの抽出も難しいため、国別や産業別の利益率格差を具体的に比較することは単純ではない。これに取り組んだものとして岸本（2006）がある。これによると、1975年から2004年の30年間を平均したROA（総資産経常利益率）はアメリカの7.7％に対して日本は3.3％であり、4.4％も低くなっている。この間に景気変動があるものの、ほぼすべての年において日本企業のROAはアメリカ企業より低い。
4) 野口（2015, pp. 289-295）は法人企業統計を活用して、製造業の売上高利益率が1960年代の8％強をピークに低下傾向を続け、1980年代は4％程度、そして1990年以降は3％程度に低下し、この水準を上回ったのは最近の円安期だけだと分析する。円安で円表示の売上が増加する場合にだけ、見かけ上の利益をあげられるという状況下に日本経済はある。その原因はデフレではなく、産業構造や経済体制が新しい時代の条件に適合しないからだと指摘する。

力」であり、「表の競争力」や収益性と結びつくためには、ブランドマネジメント力や営業力といったマーケティングの組織能力が必要になるとした。さらに特許の活用方法である知的財産管理、独自ノウハウの漏えいを防ぐための知識マネジメント、そして戦略が必要になるとする。

　優れた製品を生み出す現場の能力が高くとも、マーケティングや戦略がそれに結びつかなくては収益に結びつかないのは当然である。それに優れた技術ノウハウを権利として保護することも重要である。ただ日本企業は現場の組織能力に優れており、それを活かすマーケティングや戦略を強化すれば収益力が向上するのだろうか。確かに日本企業はマーケティングを重視せず、他社と同じ行動に走りがちで戦略に基づいた行動が希薄である[5]。

　ただ日本企業のものづくり組織能力は高いといってよいのであろうか。現場の組織能力はそれ以外の組織能力と一体となって機能するものであり、現場は高いがその他が低いからというロジックは不充分ではないか。反対に日本企業の組織能力が全体的に低下している、あるいは顧客価値と結びつかない組織能力ではないか、という視点からの検討が必要なのではないだろうか。

　また効率的なものづくりのための生産現場の革新ではなく、異なった次元でのものづくりシステムが求められているのだとすれば、単純にマーケティングの組織能力を高めるという方法だけでは収益は向上しない。確かにマーケティングは本来的に顧客価値から出発するものであり不可欠である。ただマーケティングの重視にとどまらず、抜本的に高収益なものづくりの仕組みにイノベーションしないと企業の存在さえ難しくなる。

2　事例からみるものづくりイノベーションの視点

　ここで新たなものづくりシステムに脱皮して、新しい経営に転換した例を

---

[5] Porter and Takeuchi（2000）は、日本企業は 1970 年代から 80 年代にかけて業務効果の領域で世界的革命を起こし、コストと品質で優位性を確立した。しかし戦略ポジションを行わずほとんどの企業はお互いに模倣し、業務効果の差が次第に縮小し、共倒れの方向に行っていると指摘した。これは今日でも該当する。

みていこう。中小企業のものづくりイノベーションの視点がみえてくる。

2.1 ねじ企業の事業の仕組み転換
(1) 大量生産型ものづくりからの転換

東京湾アクアラインに 30 万本使用され、世界の海洋構造物の 50％に使用される耐食性に優れたフッ素皮膜のねじ、そして原子力分野でも独壇場というねじ企業が㈱竹中製作所（東大阪市）である。同社は重化学分野のプラント向け製品を中心に、わが国を代表するねじ企業として成長してきた。しかし 1980 年代中期の大幅な円高による輸出採算の悪化、日本企業の海外生産、さらに新興国企業の相次ぐ市場参入によって業績が悪化し、抜本的な事業の見直しに迫られた。そこで売上高の 60％近くを占めた輸出需要を、低コストで量産する事業の仕組みと決別し、新しいねじ事業に転換した企業である。

同社の企業規模のピークは 1982 年で、当時売上高 42 億円、従業員 220 人、工場 3 交代制で月産 2,000 トンを生産した。しかし前述のような理由で 1987 年には、売上高 17 億円弱、従業員 101 人にまで縮小し、生産量は 10 分の 1 の 200 トンにまで低下する。ここで経営者は量産型経営が終焉したと判断し、大量生産からの脱皮、技術力の高いねじによる高付加価値事業への転換を目指して行動する。

海洋構築物はステンレスや亜鉛めっきを施したねじで締め付けられるが、それが錆や耐久性に劣ることを発見して、1985 年から防錆能力が高いねじの技術開発に着手した。中間皮膜剤をつけてフッ素樹脂をねじに塗布することで、海底でも 50 年錆びないタケコートと名づけた表面処理技術を産学連携も活用して 5 年かけて開発する[6]。

ところが世界で最も耐久性に優れると自負する開発したねじは、納入実績を重視する国内では、性能は認められるものの採用されなかった。さまざまな営業努力の効果もなく、最後にアメリカに赴いてエクソン社のベンダーリ

---

6) タケコートの開発や事業転換の経緯などについては次も参照。竹中製作所（2007）および中沢（1997）。なお本文の内容は筆者のヒアリング調査による。

ストに登録されたことが事態を変化させる。開発5年後にマレーシア国営企業の石油施設ではじめて採用されたのである。その使用実績で販売に弾みがつき、バブル崩壊後には国内外で売れ出して同社の経営の柱になる。

(2) 顧客価値提供のものづくり

タケコート処理製品は表面処理しない製品と比べると3～4倍の価格になる。このタケコート販売を機に、独自の新しい事業の仕組みを形成する。製品の量産化に代わって、新しい事業概念はねじ1本ごとに品質保証する製品の提供である。一般の汎用ねじ製品は重量当りの価格で取引されるのが実態である。これに対して個数で単価を設定し、さらに表面処理価格を加えて販売する。同社の製品には1本100万円のねじも登場する。

それは単純に他社が提供できない独自技術による製品販売だけが理由ではない。素材の購入段階から検査を重ね、ねじ1本ずつに固有番号を刻印して、製品にその検査データを添付することで価値を形成する。それはねじ需要の中心である自動車向けのような製品とは異なって需要は少ないものの、過酷な使用条件下でも性能発揮が求められる特殊領域の製品である。量産型の事業の仕組みから品質保証主体の顧客価値提供の事業に転換したのである。そうした領域の1つである原子力分野でも高い評価を獲得する。

2009年のボルト事業部の人員は111名で、このうち工場直接業務は35名、その他に品質や検査、技術業務のそれぞれに15名ずつと間接業務の人員が多い。品質業務では品質保証方針を確立してISOに基づいた教育活動を行う。とりわけ原子力製品では45社の顧客に対して毎年1回、生産や品質のマニュアルについてチェックを受ける品質監査契約を結ぶ。使用する材料も高炉メーカーに出向いて品質チェックを行い直接仕入れる。それに品質保証のために高額な引っ張り試験機や電子顕微鏡を導入し日常的に使用する。検査業務では検査成績書を発行し納品時に添付する。

このように、1本ずつ製品を品質保証する事業の仕組みは一般のねじ事業とは様相を異にする。加工技術だけでなく、検査・品質管理業務こそが顧客価値に対応した業務になる。

(3) 異質な生産や販売業務

販売は商社や代理店経由ではなく、顧客との直接取引形態に変える。その営業活動は資材担当のような調達部門ではなく、設計や工務など企画や生産業務で問題を抱える部署を対象にする。顧客の現場で製品の性能をアピールし、ユーザー部門から調達部門に働きかけてもらうことで受注を獲得する。こうした技術営業は顧客の課題発見の場にもなり、ソリューションの営業が行われる。また組織の運営も変革した。毎月の業績は従業員に公開され、利益の3分の1を分配して全社員によるファミリー経営を掲げる。

今日ではボルト事業部のほか、新しい事業を模索しているときに創出して収益の柱に育った電子事業部、タケコートの加工サービスを行う表面処理事業部という2つの部門を合わせて人員155名の企業になる。人員も年商も以前に比べて減少したものの、売上高経常利益率は10％を超える高収益企業に脱皮し、グローバル化したものづくりの環境の中で、新しい事業概念で事業を革新した。

ねじという規格製品で既に技術が確立した事業分野でも、斬新な事業概念とそれを実行する新たな業務プロセスで、新たな視点から顧客価値提供の事業が形成できる。他社が模倣できないコア・プロセスを構築できたのは、優れた技術力と営業力そして不退転の事業転換の意志である。

2.2 事例から学ぶ事業イノベーションの視点

このような竹中製作所の例から、われわれは次のように学べる。

第1に絞り込みや変更による顧客の再定義という視点からのイノベーションである。同社の場合従前から重化学工業というプラントなど大型のねじ製品が事業領域であった。そうした製品領域を単純に転換するのではなく、その市場の中でねじ使用条件の厳しい顧客に絞り込むことによって新たな事業を創出している。同じような製品領域であっても事業対象の顧客層を絞り込むことが事業の革新につながっている。そこでは顧客価値が異なり新たな事業の仕組みへの転換が必要になって、事業全体の革新が求められる。

第2に新しい製品を創出することによるイノベーションである。これは一

般にいわれていることであり、ときには事業変革は新製品開発と同義に使用される。ただ今日の製品は複雑化してシステム化されていることに注目しなくてはならない。単純にハードとしての製品を創るだけでなく、その製品に知識を組込み、関連する製品やサービスなども含めてシステム化した製品にする。

事例の場合、過酷な使用環境のなかで耐久性のある製品を開発するが、それは新たな表面処理技術というノウハウが加わった製品である。そしてその加わった価値をさらに高めるために、製品の材料から中間の加工段階での検査データを添付して1つひとつ品質保証した製品に仕上げる。それは知識をカプセル化してシステム化した製品になる。

収益性の高い新製品開発を目指すとき、単純にハードだけで機能を発揮するのでは十分ではない。情報や知識を一体化した、また関連製品に結び付け、より高度な機能を発揮できるシステム化された製品を目指す。

第3に業務プロセスのイノベーションである。事例では付加した表面処理技術が独自な開発技術になっている。加えて引っ張り試験機や電子顕微鏡を用いた検査を施して仕上げる方法も業界一般とは異なる。さらにボルトに1本ごとにシリアルナンバーを刻印して検査履歴を添付し、営業対象窓口も変更して提案型の販売という業務プロセスの変革で収益性を向上させる。

第4に製品価値や顧客価値の再定義と、その価値を分かりやすく表現することによるイノベーションである。耐性や防錆に優れた製品を5年という時間をかけて開発した。それは一般に中小企業にとっては長すぎる開発期間であり、通常なら開発を中止してしまう。しかもそうして開発した製品は、その後懸命の努力にもかかわらず5年間も需要を獲得できなかった。それは製品の使用実績を重視する古い体質を持った日本企業や行政機関が、製品使用の前例を求めたためである。困った挙句最後に巨大な世界企業であるアメリカのエクソン社に赴き、そこで試験データを提出してベンダーリストに掲載され、シンガポールの石油施設に採用されたという使用実績によって、他の顧客がその価値を認めるようになる。

このように実際優れた性能を発揮できる製品であったとしても、顧客がその

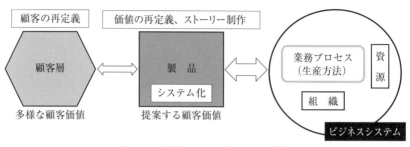

図7-1 事業イノベーションの視点

価値を理解し認めなくては受け入れられない。顧客には製品の価値は明瞭には判断しにくい。生産財よりも一般消費者を対象にする消費財の場合は、とりわけ製品やサービスの持つ価値を分かりやすく顧客に示すことが重要になる。斬新な価値の製品であるほど、その価値を顧客が理解できるように示すことが課題になる。顧客に対して価値を明瞭にするには単純に説明書を添付したり、広告宣伝をすればすむわけではない。価値を明確にして分かりやすく訴えるには表現の工夫や効果的な訴求媒体だけでなく、事業の変革が必要になる。

訴求する価値に焦点を置いて、顧客にとって斬新な価値を持つ製品に仕立てる。そのとき顧客に訴求できる価値を創造するには、価値付与の業務プロセスをはじめとして事業のイノベーションが必要になる。その事業イノベーションの内容、従来とはまた他社とは異なる業務プロセスの特質を製品の価値として、また提案する顧客価値として表現し訴求する。

以下では今までみてきたことをもとに**図7-1**のように、これら4つの視点からものづくりのイノベーションについてみていきたい[7]。

3　顧客の再定義によるイノベーション

顧客の多様化や顧客ニーズの多様化によって、顧客価値が異なる顧客層に移行することで、ものづくりは基本から変革を迫られるようになる。顧客の

7）さらに詳しい事業の仕組みのイノベーションについては小川（2015）参照。

絞り込みや変更、そして新興国市場に対応することも今日の課題である。

3.1　顧客の絞り込み・変更による事業イノベーション

　アンゾフ（Ansoff）の製品と市場（あるいはミッション）という事業ドメインの決定に対して、機能と技術、そして顧客層という3次元からの事業定義のモデルを提起したのがエーベル（Abell）であった[8]。画一化した顧客あるいは平均化した顧客ではなく、何らかの特性によってより絞り込んだ比較的同質な特定化した顧客層に注目することによって、エーベルは事業領域が明確になることを示したのである。これは市場細分化というマーケティング手法に発展する。また近年では層というマスではなく、進歩する情報技術を採用して、さらに顧客一人ひとりを対象にする事業の考え方にも発展している。ただ、その際にも一定の顧客層という枠組みがなければ事業は構築できない。

　顧客価値が多様化するなかで顧客満足度を追求するためには、顧客層を徒に広げるのではなく、顧客価値に対する何らかの共通項によって対象にする顧客と対象にしない顧客層とを峻別する。そうすると選択した顧客層に対して提供すべき価値が明確になり、それを実現するための政策を絞り込むことができる。

　反対に、対象を拡大すると異質な対象を同質に扱うために顧客価値が曖昧になり、顧客価値が特定化できなくなる。顧客満足を得ようとすれば、顧客層が求め支持する価値に絞り込んで、それに対応できる仕組みをトータルに構築することが必要である。それは事業の対象顧客の絞り込みや変更が、新たな事業創造に結び付くことを意味する。従来の仕組みのままでは異なった顧客層の満足は得られにくいからである。

　たとえ製品には大きな変化はなくとも、戦略的に顧客層を絞込み変更することで、あるいは新たな顧客へと移行することで事業をイノベーションできる。それではどのように顧客を変更することが革新に結びつくだろうか。異質なセグメントに移行するほど事業は斬新になるが、それは一方でリスクを

---

[8] Abell（石井訳）（1980）pp. 221-222。

高める。事例企業の場合は、既存の事業領域のなかで製品に対する要求がより厳しい顧客を対象にしたが、それはまったく未知の顧客層ではない。それにもかかわらず顧客は高い性能を持つ製品を5年の間認めることがなかった。

既知の顧客であっても、新たな技術を受け入れることができなかった。異質な新たな顧客層への移行は、さらに難しくなる。新たな顧客とは他社の製品を活用していた顧客か、今までそれを使用しなかった無消費者である。

3.2　ハイエンドユーザーからローエンドユーザーへの視点

一般に製品はより高度な性能や機能の向上を目指してイノベーションが図られる。それはヘビーユーザーの要望に応えることでもあり、コスト削減競争の一方で、優れた性能や新しい機能、使い勝手のよさなどを目指した競争が演じられて製品の性能が高まっていく。

(1) 持続的イノベーションと破壊的イノベーション

より高度な性能を求める顧客は、それを実現する製品が開発されると、高価格でも新製品に買い替える。このため利益率が向上するので、企業はより優れた製品への画期的なあるいは漸進的なイノベーションを展開することになる。高性能な製品を要求する優良な顧客は、イノベーションをリードする情報をもたらすだけでなく企業に収益をもたらしてくれる。そこで企業はこうした先進的な顧客層のニーズを解決する行動をとる。一方で低い性能や機能で満足する顧客は利益率が低いためにないがしろにされ、現在の製品についていけない顧客にも、斬新な製品の購入を働きかける。

このような既存の製品の性能向上のためのイノベーションを持続的イノベーション（sustaining innovation）と呼んだのは、クリステンセン（Bower and Christensen, 1995）であった。彼はもう1つ、そうした既存製品の性能の向上ではなく、反対に性能が劣るかもしれないが、既存の性能基準とは異なった新しい次元での製品イノベーションを、破壊的イノベーション（disruptive innovation）と呼び後者のイノベーションに注目した。破壊的イノベーションを起す製品は登場してしばらくの間は、性能や使い方が劣るものの、既存製品とは異質な価値尺度や新しい可能性を保持しており、低価格で初心者には使い易いという特

徴を持つ。このため既存製品の先進的な顧客が当初関心を示すことはない。

破壊的イノベーション製品の対象顧客層は、従来製品のローエンドな顧客層や、従来の製品を購入しなかった無消費者層である。これらの層は高度な性能や機能を必要とせず、単純で使用しやすくて価格の安い製品に注目する。そのためこうした事業から得られる利益は少なく、既存市場を制覇する優良企業には魅力がない市場であり、既存の優良企業は破壊的イノベーションを実現できるノウハウがあっても無視することになる。

(2) カメラにみる破壊的イノベーション

しかし破壊的イノベーションによって生まれた製品は、新しい顧客層を開拓しながら今度は持続的イノベーションを繰り返して製品の性能を向上させていく。それは次第に既存製品の顧客でも使用できる能力に近づき追いつく。そうすると既存製品市場の顧客も、後から登場した異質な性能や機能を持った製品のユーザーに変わっていく（Bower and Christensen, 1995）。これは例えば今日では銀塩カメラと呼ぶ、フィルムと感光材料を活用して映像形成する従来のカメラと、撮像子で撮影した画像をデジタルデータとして記録するデジタルカメラの例に顕著である。

カシオがデジタルカメラ QV-10 を発売したのは 1995 年である[9]。それは 25 万画素であり、その画質は銀塩カメラに遠く及ばなかった。このためコンピュータで文書に画像を貼り付けたり、メールに画像を添付するような使用目的の製品であり、それは当初パソコン周辺機器という市場のなかで発展していく。顧客は写真愛好家ではなくパソコンユーザーだった。しかしその後の発展は目覚ましく、早くも 2008 年にはカメラの統計データから銀塩カメラの項目が消滅し、カメラといえばデジタルカメラに取って代わった。デジタルカメラは従来あまり使用しなかった若者や女性といった新しい市場を開拓していく。さらに技術の発展はプロカメラマンをも満足させる水準にまで高まる。

そしてニコン、キヤノン、オリンパス、ペンタックス、ミノルタ、リコー、

---

9) 1981 年にソニーは撮像素子 CCD を利用して静止画を電気信号に変換し、フロッピーディスクに記録することができる電子スチルカメラを開発した。これは電気信号をアナログ記録するもので、一般にデジタルカメラとは認定されていない。

富士フイルム、コニカなどの光学機器系のカメラ企業の他にソニー、パナソニック、三洋電機、カシオ計算機など家電・電子機器メーカーがカメラ市場に参入し躍進するようになる。その結果コダックやポラロイドという著名企業が凋落し、わが国のカメラメーカーも再編される。破壊的イノベーションが実現すると新規の参入者が優勢な競争を展開し、従来の市場を破壊してそれまでの優れた企業を駆逐して行く。

　顧客の再定義によるイノベーションの場合、現在製品で新たな顧客層を開拓するという方法だけでなく、現在はそれを購入しない、購入できない顧客層に的を絞り、彼らにも使用できるような異質な製品を開発していくという方法もある。自社の製品に対して、単純な機能でも満足できる顧客、あるいは購入を手控える顧客、それを必要としない顧客などに注目して、新たな顧客に向けて事業をイノベーションする。その場合、新製品開発も必要になる。

3.3　新興国需要への対応

　このようにみていくと日本企業は、国内や先進国市場に目を向けるだけでなく、新興国や発展途上国市場の顧客開拓が必要なことがみえてくる。ただ現在の事業の仕組みを前提に、これら所得の低い市場向けの事業を行っても利益の確保は難しい。しかしその大きな市場で通用する新たなものづくりの仕組みを開発しなければ、わが国のものづくりは凋落していく。

(1) 先進国市場を対象にしたものづくり

　先述したように、日本のものづくりは海外、主にアメリカで生まれた技術を導入してそれを精緻化し、実用化の度合いを高めて低コストで高品質なものづくりを行ってきた。そして機械やエレクトロニクス産業では国内市場で地歩を築き、輸出市場でさらに利益を上乗せするという方法で企業を成長させた。輸出は先進国とりわけアメリカが中心で、品質や機能に優れた低価格な製品で市場を開拓した。製品価格の低いすでに成熟化した領域や未熟な領域で、それはアメリカ企業にとって利益率の低い魅力に乏しい市場であるが、価格対性能比に優れた製品を投入して市場を獲得し、次第に利益率の高い高価格帯市場へとシフトしながら市場を奪ってきた。

例えばテレビ市場では白黒テレビから、そして小型のカラーテレビからという順に市場を獲得し、テレビ企業 RCA を追い込んでアメリカからテレビ企業を駆逐することになる[10]。現在、かつての日本企業のこうした行動パターンを採用しているのが韓国や台湾、そして中国企業である。彼らはアメリカやヨーロッパだけでなく、日本市場でも同様な方法で地歩を築きつつある。日本企業は今やかつての衰退したアメリカ企業の立場に立っている。

これに対応するにはどうしたらよいだろうか。アメリカ企業は利益率の高い高級品分野にシフトしながら敗退した。一部の企業は新興国企業に OEM 生産を行うことでブランドを維持している。しかし自ら価値を創造できない企業のブランドの力は次第に衰えていく。このような方法でいつまで企業を維持できるのだろうか。

(2) 新興国市場を対象にしたものづくり

今までの成功体験を棄却し先進国市場ではなく、新興国や途上国市場でも顧客を獲得できるような製品や事業の仕組みの開発が求められている。かつて、今日の技術水準からみると熟成した製品ではなくとも、所得水準が低かった日本市場の顧客にとって、それでも十分な性能という水準の製品からものづくりは出発した。その経験が忘れられている。

今日、需要の中心がアメリカではなく新興国に移行したのであれば、低所得者市場で求められる顧客価値の製品提供が不可欠で、そこに先進国市場向けの製品を投入しても需要は獲得できない。しかし先進国市場中心の経営を行ってきた結果、いつしか低所得者でも購入できる製品生産ができなくなっている。

インドのタタ自動車は 2008 年 10 万ルピー（当時約 28 万円）という驚異的な低価格車「ナノ」を販売した。しかし世界をリードする日本自動車産業は、このような低価格の自動車を生産できない[11]。日本の自動車は先進国市場では確

---

10) アメリカにおける家電産業の盛衰については、大貝（1998）を参照。
11) しかしタタ自動車のナノの販売状況は必ずしも順調ではない。10 万件の受注があったものの、2009 年 7 月に納車を始めて月産 3,000 台しか出荷できず、また中古市場での人気が出ていない。品質、サービス、信頼性に課題がある（『日本経済新聞』2010 年 1 月 13 日付）。2015 年のフルモデルチェンジ車の最低価格は約 20 万ルピーと 2 倍になった。ただその独創的な製品づくりの発想には学ぶものがある。

かに低価格で高品質な製品である。しかし新興国市場に対応した自動車開発や生産の柔軟性を失っている。2009年に中国の自動車市場がアメリカ市場の規模を上回ったように、今後の自動車需要の中心は新興国なのである。

　途上国のニーズは先進国と同じで、所得水準が低いから低価格なモデルを途上国市場に投入すればよいという姿勢ではなく、所得が低く多様な価値観の市場で開発した製品を富裕国に逆流させることで、イノベーションが生まれるという今までとは逆のリバース・イノベーション（reverse innovation）の考え方も登場した（Govindarajan, 2002）。インドで生まれたGEヘルスケアの携帯型心電計の例が著名だが、新興国で生まれた製品が先進国市場でも受け入れられ、それがイノベーション起こす方法として注目される。

　さらに北緯31度線から南の中国、シンガポール、インド、インドネシア、ブラジル、中東諸国さらにはアフリカ諸国と急成長の国々に経済の中心がシフトし競争ルールを書き換えているので、それらのルールを学ぶべきだとする主張もある（Charan, 2013）。今、新興国市場や企業から学ぶ時代が来ている。

　経済がグローバル化した今日、新興国市場だけでなくさらに低所得者を対象にした市場が注目されるようになってきた。それがプラハラッド（Prahalad, 2005）が提唱したBOP（Base/Bottom of the Pyramid、経済ピラミッドの底辺層）市場である。1日の所得が2ドル未満で生活する世界で約40億人以上ともいわれる貧困層を潜在的な成長市場として注目し始めたのである。貧困層を支援しながら、購買力を持った消費者に変えるBOPビジネスがいわれている。

　こうした所得層を事業の対象にするためには、製品そのものの変革と同時に生産方法、販売方法そして利益獲得の方法もイノベーションしなくては不可能である。経済がグローバル化した今日、先進国市場にだけ注目していると企業は市場を失っていく。そして競争力を高めた企業が日本市場にも参入してくる。

(3) 異質な顧客セグメントに向けて

　今までみてきたように、事業対象の顧客層の再定義は新しい事業に結びつく。このとき単純に高級品市場に志向していくと、やがて事業の基盤を失ってしまう可能性があることもみた。実際、高級品市場に移行して成功している日本企業は少ない。そして需要の中心は新興国や、さらに低所得者の広大

な市場に向かっている。異質な顧客セグメントを対象にすることがものづくりシステムのイノベーションをもたらすのであり、グローバル化した市場のなかで異なった顧客価値に対応する新しい事業の創出が求められている。ローエンドな顧客や無消費者を購買に誘うことが重要なのである。

いつの間にか低価格で高品質を標榜した日本企業は、高価格な製品を量産しないと収益を獲得できない体質に変質してしまった。かつてのように低価格な製品を生産できなくなっている。低価格で多様な製品創出で利益が確保できるように、製品設計から生産や販売、物流の斬新な方法を創出することが、中小企業も含めた日本企業の課題で、その実現には斬新なイノベーションが不可欠である。

4 製品のシステム化によるイノベーション

次に一般的な製品開発による事業の革新ではなく、異質な要素を組合せた製品、ソフトとハードが一体になった製品、他の製品と組み合わせることでさらに機能が向上する製品、そうしたシステム化した製品への移行によるイノベーションを取り上げる。

4.1 多機能化・国内仕様からの脱皮

日本製品や製造業の特徴を象徴的に示す言葉に「ガラパゴス化」がある。これは独自の生態系を持った閉鎖的な日本市場のなかに閉じこもり、世界市場では通用しない製品を生産している日本市場、あるいはそのような製品という意味で使用される（宮崎, 2008）。どうしてそうなったのだろうか。

(1) 国内市場に追い込まれる日本企業

日本企業は多品種少量生産によって、顧客のきめ細かい要望に対応するといわれる。それはアメリカの少品種大量生産とは異なった優れたシステムとして評価された。しかしいつしか製品は多彩な機能が盛り込まれた高機能で高価格なものになってしまった。閉じられた日本市場で激しい性能競争が行われて進化してきた結果で、それは高価格な製品で世界市場では流通できない製品にな

る。しかし開発費が多額に膨らむハイテク製品では、グローバルな市場を対象にしないと投下資金を回収できなくなっている。また海外向けと国内向けに異なった仕様の製品では規模の経済性が発揮できず、コスト競争力が弱くなる。

このためますます海外市場を攻略できないという悪循環に陥る。そのうえ海外製品が国内市場に参入してガラパゴス市場さえ破壊されはじめた。さらに海外企業を迎え撃つ企業も少なくなってしまった領域さえある。このままではエレクトロニクス産業を中心に、日本の製造業は競争力を一段と低下させる。

技術では世界をリードするとしてきた携帯電話は、現実には世界市場では全社合わせても数パーセントのシェアしか獲得できず、相次いで撤退した。さらに技術を発展させたスマートフォンでは参入する企業も限られ、アップルやサムスンに市場を確保されてしまった。自動車に搭載して地図上の位置を検索し、進路を案内するカーナビもガラパゴス化した。コンピュータも海外市場での存在は希薄である。今や薄型テレビでさえ世界シェアだけでなく、技術でもサムスンに引き離されてしまった[12]。

(2) 多機能化による顧客ニーズへの対応の限界

激しい価格競争で低価格な製品では利益が獲得できなくないため、できるだけ高額な製品にしたい。その手段を多機能化に求めた。また機能と価格の差を大きくすると高額な上位製品には誘導しにくい。そこで機能の差別化の度合いを少なくして、低価格製品と高額製品との大きな価格差を避け、比較的少額の金額追加で高機能製品が購入できる製品戦略をとる。

このため製品ライン化を図っても製品そのものにはあまり大きな違いがなくなる。携帯電話など多くの機種をそろえるものの、その違いはデザイン程度のもので機能の差はほとんどない。それに豊富な機能とはいっても、その機能の多くは複雑すぎて顧客には使用できない。それでも国内では顧客を獲得できたため、海外市場とは異なったガラパゴス化された市場が形成されてきた。

製品は顧客が必要とする機能に絞り込み、できるだけ低価格で提供するも

[12) その後家電や平面テレビにもそうした傾向が現れている。三洋電機はパナソニックック傘下になるが、2011年にはその家電部門が中国ハイアールに売却された。2016年には経営不振に陥った東芝が白物家電部門を中国家電大手の美的集団に売却した。

のである。しかし顧客の多様な要望に応えるために、多様な機能を盛り込んでローエンドユーザーにも、ハイエンドユーザーにも同様な製品を日本企業は提供する。ただ、すでに顧客が使用できる機能を追い越しているため、顧客は付加される機能に大きな価値を認めない。このため頻繁にモデルチェンジを行って、旧製品を陳腐化させる方法で購買を喚起しようとする。

製品のライン化を図るのであれば、価値観が異なった顧客それぞれが選択できる多様な品揃えを行うべきである。にもかかわらず、顧客ニーズを無視した画一的な製品を日本企業は提供している。加えて短いサイクルでのモデルチェンジによって、旧製品は価格を引き下げて在庫処分される。大きな性能の変化はないため、顧客はそうした低価格品を購入するようになり、企業の利益率は低下してしまう。

(3) 世界標準の軽視

ガラパゴス化の要因にはもう1つの大きな理由がある。それは製品や部品の世界標準規格採用が遅れたからである。今日、ハイテクな製品分野では製品の開発コストが膨大になるため、早期に量産化して開発費の回収に迫られる。またデジタル製品では部品構成が複雑であり、それぞれ専門企業の部品やソフトを活用しないと、素早く低コストで生産できない。あるいは専門企業のノウハウを活用しなければ早期に製品を市場化しにくい。

このような製品生産や市場化の条件に対応したものづくりの解決方法の1つが、モジュール化であった。それは特定の機能を果たすために部品やソフトをひとまとめにカプセル化したものであり、モジュールの果たすべき機能を規格化しておけば、その細部の部品やソフトの構成はブラックボックスで良いという方法である。モジュールとモジュールをつなぐインターフェースの入出力条件や、接続の物理的な形状も規格化される。

こうして機能や形状が明確になったモジュールが設定されると、必要なモジュールを組み合わせることによって製品が完成する。製品のモデルチェンジの際には、新しい製品の中核になるモジュールの機能や形状を変更するだけで、他の関連するモジュールは従来のままでも、新たな機能を発揮できる。

このとき日本企業は自社規格を基盤にした閉鎖的なネットワークにこだわ

り、オープンでグローバルなネットワークのなかで事実上の標準を基盤としたものづくりに脱皮できなかった。それもガラパゴス化という現象を生んだ。今ハイテク産業の世界では、優れた製品や技術の開発だけでは市場を獲得できない。事実上の標準を獲得できる企業が市場をリードしている。

4.2 ハードと知識、サービスがシステム化した製品

　他方で製品の性格が変容してきている。製品の価値はハードなものよりもソフトなもの、つまり知識やプログラム、デザイン、そしてサービスなどによって構成され、後者の比重が高まりシステム化している。

　しかし日本企業はシステム化への志向が希薄である。たとえば血圧計はデジタル化されており、それのデータをパソコンで扱えるようにすれば、そこでは表計算ソフトでグラフ化しユーザーは利用しやすい。しかし日本企業は血圧計本体でのグラフ表示の高額な製品にしてしまう。デジタル化された機器はコンピュータと連動してシステム化することで利便性が高まるのにその対応をしない。そうした製品がわれわれの周辺に少なくない。

　今日のエレクトロニクスや機械などの製品には、組み込みコンピュータが採用されてそのプログラムによって複雑な機能が実現される。家庭にある電気炊飯器や冷蔵庫などには、数個から数十個の組み込みコンピュータが使用され、快適な作動や使用条件、省エネな作動を管理している。携帯電話のような製品にもなると数万行のプログラムが作動しており、ハードよりもソフトのコストのほうが高くなっている[13]。その巨額なプログラム開発費の償却や開発資金が調達できないために、国内メーカーの合従連衡さえ行われた。

　このように、ハードよりもソフトのほうが生産コストのなかで大きな比重を占める例が珍しくなくなっている。そこでソフトのコスト削減方法が模索される。その1つの解決方法が前述のソフトのモジュール化である。企業各自が独自にソフトを開発するのではなく、ソフトの土台部分の規格を標準化

---

13) 第3世代の携帯電話の開発費でさえ1機種100億円に上り、その8割近くをソフトの開発費が占めるようになったといわれる。椙山他（2006）参照。

して、それはプラットフォームとも呼ばれるが、プラットフォームに合わせてプログラムのモジュールを制作する[14]。そのプラットフォームに必要な機能を付加すれば所定の機能が発揮できるようにする。それはソフト開発コストの低減と開発時間の短縮、作動の安定性につながる。

またマイクロコンピュータを内蔵した製品でインターネットに接続できる製品は、機能の向上や付加を行うソフトをダウンロードすることで、製品を進化させることが可能になった。購入当初とは異なった機能を発揮するスマート製品である。さらに製品自らの稼働状況や環境データを把握し、それに対する制御や最適化を図り、関連する機器にインターネットでそのデータを配信してシステムとしての自律性を発揮するIoT（Internet of Things）が登場した。こうしたシステムそのものといってよい製品はソフト更新や情報提供、アフターサービスなどを通じて顧客との継続的な関係を求める。

ソフト化は製品のシステム化を志向していく。製品はハードとソフトが相互に作用しあうシステムとしてその性能を発揮するのであり、そこにマイクロコンピュータとプログラムそれに接続機能が加わると、関連する他の製品と結びつきシステム化が広がる。携帯電話やスマートフォンはコンピュータやインターネットと接続されるようになる。そこでは音声だけでなく、音楽や画像、映像などのデジタルデータが流通する。ここでもそうしたシステム化される製品群の中核として機能するソフトがプラットフォームの位置を占め、プラットフォームが採用する技術や目指す方向によって、製品の機能や性能が左右されるようになる。

このように知識やサービスなどが加わり製品がシステム化されてくると、それを単独の企業で行うことは困難であり、ビジネス・エコシステムが登場し、事業はネットワーク間の競争になる（Iansiti and Levien, 2004）。それぞれが異なった利益と目的を持つが、コミュニティ的に他の製品や資源を相互に活用しながら複雑化する製品やサービスをネットワーク全体で創出していく。それは製品だけでなく、企業も生態系のようにシステム的に結びつくことを意味する。

---

14) Annabell & Cusmano（2005）参照。

複雑なシステム化した製品は企業単独のイノベーションだけでなく、新しいネットワーク形成へのイノベーションも求めるようになる。そのネットワークのなかで、企業は持続的にイノベーションを行わないと生態系のなかでは存在できなくなる。

4.3　製品のカプセル化

　ハードにソフトやサービスが加わって一体化し、融合して複雑化した今日の製品は、それらをばらばらではなく、製品に関連する価値要素を1つにまとめることで価値を形成できる。単純に1つにまとめるだけでなく、それらを一体として価値を発揮させる方法としてカプセル化（encapsulation）がある[15]。カプセル化すると顧客に提供する価値を高め、まとめて製品としての価値を持たせることができる[16]。

　たとえばアフターサービスは無料とみなす顧客に対しても、サービス内容を明確にしてカプセル化することによって価格を設定することができる。製品提供の際の配送時間が顧客にとって重要になる場合、一般的な納期とは別に、早期の納品は別料金にすることも行われる。また食品では、製品の安全性を保証し顧客に安心感を与えるために、生産履歴を添付したり、添付のQRコードをカメラで読み込んでネットに接続することで生産や流通の詳細な履歴を表示できる。このような情報を製品にカプセル化することによって価値を高め、安心で安全な製品として提供できる。

　カプセル化は製品に関連するさまざまな機能を明確にして、トータルな価値を提供するものである。そのトータルな価値によって顧客の利便性を高め、

---

[15] カプセル化という概念はプログラム開発手法の1つであるオブジェクト指向で採用された。複雑なプログラムを作成する際に、データ形式の定義とそれを処理する手続きや関数をまとめて、一個の構成単位として表現する。それは1つの変更が他のプログラムモジュールに変化を及ぼしにくくしたり、データとそれを操作する手続きとを一体化しておくという概念から生まれた。
[16] さらにカプセル化という用語は知識やノウハウをチップのなかに入れたり、設備の稼働条件のようなノウハウを装置に埋め込んでブラックボックス化するときにも用いられる。このような例については新宅他（2006）参照。

顧客の満足度が向上するようにする。そのためカプセル化を進めていくと、生産や提供の仕組みも変革を求められることになる。

例えばパソコンのセキュリティソフトは相次ぐウイルスの登場に対してパターン更新を日常的に迫られ、顧客はそのための負担が大きかったが、クラウド・コンピューティングの活用で、セキュリティチェックや更新もサーバー側が行うようになり、煩わしい手間から解放された。顧客はパソコンの使用環境を総合的にクラウド側に委ねるカプセル化された商品を購入すると、使用上のリスクとプログラムやデータの管理から解放される。

今日の製品は購入後の使用から廃棄、リサイクル、再利用まで考慮した価値を持つ製品であることが求められている。環境問題に対応するためには、使用後の製品の廃棄が課題になる。顧客が処分しようと思っても単純には廃棄できない時代である。そこで使用後の製品回収までカプセル化していく。カプセル化に際しては、多様な機能やサービスをメニューにして、顧客が自ら必要なものを選択できることが望ましい。

快適な生活を過ごしたい、安全で安心な食品を購入したいなど、社会が複雑化するなかで顧客はさまざまな問題を抱えている。顧客の問題解決に寄与しない製品は価値を持たず、一方で顧客の抱える問題が多様に生まれている。それらを検証してトータルに解決するシステムとしての製品提供を行う。

5　業務プロセスのイノベーション

効率化やコストダウンによる生産方法の変革だけではなく、今日の環境に対応できる新しい業務プロセスを構築することで事業の競争力を高める。

5.1　顧客が求める価値に焦点をおいたものづくり

日本企業は優れた技術の開発に励んできた。過去には欧米から技術を導入してそのまま活用するのではなく、さらに改良を重ねて技術を洗練させて成功してきた。しかしそこには欧米技術に依存してきたという反省があった。それに世界のものづくりの先頭を走ると自負する日本企業にとって、新技術の

開発は当然の課題になる。そこで研究開発を重視し、今日ではわが国の研究開発費はアメリカに次ぎ、ヨーロッパを大きくしのぐようになった。

しかし、それが事業の成果として、収益には結びつかないことが問題視される[17]。特許という開発成果はあるものの、それが事業の収益には結びついていないのである。

技術を重視する姿勢はコア・コンピタンスへの注目にも表れる。ハメルとプラハラッド（Hamel & Prahalad, 1990）によって理論化されたコア・コンピタンスは1980年代、日本企業の競争力を解明する中で生まれた理論であり、製品を生み出すもとになる優れた技術資源が日本企業の強さだとした。独自技術の創出に力を注いできた日本企業の成果が海外からも認められたことになる。

このように評価される技術力を、さらに向上させるための行動を日本企業は続けている。にもかかわらず1990年代以降わが国の競争力はなぜ低下しているのだろうか。それはコア・コンピタンスと顧客価値とのミスマッチ、コア・コンピタンスの陳腐化、そして技術だけでは顧客のニーズを獲得できるものではないといった理由が指摘できる。ここでは最初のコア・コンピタンスと顧客価値のミスマッチを取り上げよう。

他社では模倣しにくい企業内部に秘められた独自のスキルや、技術の集合体がコア・コンピタンスで、そのような技術資源が組合わされて優れた製品が創出されている、それが日本企業の強みとして取りあげられた。しかし彼らが定義したコア・コンピタンスには3つの条件があった。①顧客から認知される価値があること、②競合他社との違いがあり数段優れていること、③企業の力を拡大するものを持っていること、である。

このとき第1の顧客から認知される価値であるということは、そうした技術資源の集合体が顧客価値と結び付いていなくてはならないことを示す。今日製品に対する顧客の価値観はドラスチックな環境変化なかで短期間に変容しやすい。このため一時期は顧客価値に即した製品を生み出すコア・コンピ

---

17) 日本の科学技術研究費は毎年増加しているが、GDPの成長には寄与せず成果が上がらない研究で終わっている（丹羽, 2009）。

タンスがあったとしても、それは必ずしも長続きしない。それにコア・コンピタンスの価値は顧客側からだけでなく、目覚ましい技術進歩によって技術側からも変容し、また競争企業から模倣される。にもかかわらずシャープの液晶技術のように、過去の能力にいつまでも依存しがちである。先の事例企業のように、顧客価値に合致した能力を新たに形成し続けないと能力も事業も陳腐化してしまう。

顧客価値として認められ、なおかつ模倣しにくいスキルや技術としてどのようなものが社内に存在するのか、それを再検証することが求められている。その際、技術や生産部門ではなく、営業部門や顧客の視点に立って、そして競争企業と比較した検証が不可欠である。そのとき優れた技術の存在という視点よりも、今日でも優れた顧客価値を創出しているかどうかに注目する。

5.2 バリューチェーンのどこでどんな価値を形成するか

ガディシュとギルバート（Gadiesh & Gilbert, 1998a; 1998b）は産業内のバリューチェーンにおいて、すべての事業分野で獲得した利益の総和をプロフィット・プールと定義して、産業内のバリューチェーンの利益構造を把握し、利益を獲得できる事業分野への移行や、利益を獲得できる新たな仕組みの必要性を指摘した。プロフィット・プール変化への対応は事業革新そのものである。

(1) 参入障壁の低下と顧客との関係

1990年代中期のアメリカ自動車産業では、売上高の60％は製造と販売分野によるものであるが、一方で利益が集中するのは自動車リース事業を筆頭に、保険や自動車ローンである。そこでアメリカの自動車企業はこのような分野に参入して利益を獲得できることを示した[18]。

---

18) プロフィット・プールの変化に注目したアメリカの自動車産業は、自動車ローン事業などで利益を獲得して復活するものの、小型で燃費に優れた自動車開発を怠り、自動車事業そのものの新たな仕組みの創造を怠ってしまう。このため次第に日本やヨーロッパ、韓国の自動車メーカーに競争力を奪われて衰退しはじめる。そして2008年サブプライム問題に端を発する金融事業の破綻と自動車需要の急速な低下のなかで、ビッグスリーは破綻状況にまで追い詰められる。自動車企業にとって金融事業は、本業の自動車事業が円滑に進んで初めて収益を獲得できる事業であった。

わが国でもドラスチックな変化がさまざまな分野で起こっている。金属プレス加工やプラスチック射出成形加工には成形用の金型が使用され、かつてそれは職人技能を持った金型業の事業分野であった。ところがCAD/CAMによる設計と、その設計データを活用した加工プログラムで制御でき、高度な加工能力をもつ複合的な工作機械のマシニングセンターが登場してくると、金型ユーザーは金型を内製化するようになる。職人技能がなくとも付加価値の高い加工領域が内部化でき、生産期間の短縮や技術力も向上できるからである。

　その結果、産業のバリューチェーンも変容し、付加価値の高い業務が金型加工企業から成形企業に移行して、金型専業事業者は急速に減少する。情報技術によって企業のビジネスシステムだけでなく、産業構造全体の仕組みが変容する。それは素形材加工分野のプロフィット・プールとして存在した金型加工業務からの利益の争奪でもあった。その利益構造の変化をもたらしたのは、技術進歩による金型加工領域への参入障壁の低下である。

　このような参入障壁の低下、そして企業と顧客との関係からも利益構造の変化が生まれる。アメリカの自動車産業でいえば、激しい競争によって自動車の販売価格が低下して製造や販売事業から利益が消失する。一方で次々と開発される新しいモデルを手軽に購入するために自動車ローンやリース需要が拡大する。顧客が求める価値を創出できる事業へと、産業のバリューチェーンのなかで利益創出分野が移動する。そこに今日では、自動車のシェアリングのUberのような企業が登場してまたバリューチーンを解体する。

(2) 利益が薄い分野では新しいビジネスシステムで対応

　参入障壁や企業と顧客との関係で特定の事業領域に利益が集中し、しかもそうした利益構造は絶えずときには劇的に変化する。構造的な変化が起こっている産業では急速に利益構造が変化してしまう。このため利益が集中する事業分野でなければ売上を拡大しても利益を獲得しにくい。

　しかしガディシュとギルバートは利益が薄い分野でも斬新な事業の仕組みによって、利益獲得が可能なことをコンピュータ産業におけるデルの例をあげて示した。基本ソフトのマイクロソフトとMPUのインテルに利益が集中し、製造業が利益を獲得できないなかで、デルは収益性の高い法人ユーザーとい

第7章　ものづくりイノベーションの視点

う顧客セグメントに集中し、そこに直販する事業の仕組みで収益を確保した。

　利益が集中する事業分野に移行できなければ、既存事業の利益は低下していく。それでも、顧客との関係を基盤にした斬新なビジネスシステムを構築すれば、低収益な産業領域のなかでも収益は獲得できるのである。

　環境変化の中で顧客のニーズは変化する。そのなかで見逃されているニーズ、従来の仕組みでは対応できないニーズを発見し、それに対応できるビジネスシステムを構築する。プロフィット・プールの変容のなかで、新たな顧客価値に対応することが収益拡大に必要なのであり、それが新しい事業に進化させる。

5.3　情報技術の活用

　今日のものづくりでは情報技術の活用が不可欠になっている。それは設計やその前段階の企画にそして資材調達、生産、検査、物流とバリューチェーンすべてに及ぶようになっている。

(1) 生産業務にみる情報技術活用事例

　ここではパソコン生産における情報技術活用について簡単にみていこう。今日世界のパソコン生産は、そのほとんどが電子機器の受託生産を専門的に行うEMS（Electronics Manufacturing Service）企業や、さらに設計から生産まで行って完成品を納入する受託形態のODM（Original Design Manufactured）企業によって生産されている。日本企業も同様で、中国で生産する台湾企業に委託して製品が作られているのが実態である。

　その例外が富士通で、国内向けノート型パソコンの全量が㈱島根富士通で、ディスクトップ型パソコンやサーバーは㈱富士通アイソテックの福島県伊達工場で生産されている。とりわけ島根富士通では個人用や法人向けのパソコンを年間250万台、それもマザーボードから組立まで一貫生産している。世界的な競争激化で海外調達に移行しなければ価格面で太刀打ちできないといわれるなかで、どうして国内生産での競争が可能なのだろうか。そこには情報技術の活用と、絶えざる改善活動による効率的な生産システムの追求がある。

　マザーボード生産では基板のパターンを画像認識して、プリント配線板の

フットパターンにクリーム状のはんだを両面 12,000 箇所に印刷する。そこに、4 辺から端子がつき出ている QFP（Quad Flat Package）半導体部品や、部品平面の樹脂のパッケージに小さいボール状の電極が並んでいる BGA（Ball Grid Array）タイプと呼ばれる部品、そして MPU などを高速装着機で実装する。これら部品の装着後、リフロー炉ではんだ付けが行われる。

　完成したマザーボードは全数検査に回され、通電試験のほか目視検査も行われるものの、生産工程は自動化されている。小さな部品は 0.6×0.3 ミリと極小なものであり、手作業が介在できる余地はない。なお、BGA については検査終了後に、部品下部を樹脂で固定するアンダーフィルと呼ばれる処置が施される。この機械化されたマザーボード生産は高水準な仕組みではあるものの、中国の大規模 EMS 工場にもこれに近い形態が存在すると想像する。

　しかしパソコンの組立工程の水準は中国とは大きく異なるだろう。同社の組立は基本的に人手作業である。組みつける部品点数は 80〜100 点で、ねじの本数は 50〜100 本程度になる。マザーボードを下部筐体に組込み、液晶ディプレイやキーボード、ハードディスクなどの基本部品を取り付けて細かな配線処理を行い、ラベルを貼って組立が完成する。その後、安定動作を確認するために 1 時間のエージングを行い、ソフトをインスールしてテストのうえ本体が完成する。個人向けの場合、従来インストールには 30 分ほどかかっていたが、2010 年春には 15 分に短縮された。

　このパソコン組立作業は 1 ラインの担当者 12 人で構成される。そしてトヨタ生産システムでいう混流生産が採用され、ラインに流れる製品は 1 台ごとに仕様が異なる。それが 50 秒に 1 台というスピードで完成する。

　こうして人手作業で組み立てられるものの、それは至るところで情報技術によって支えられている。例えば、部品供給では 1 台ごとに仕様が異なるため部品ミスが発生しやすい。そこで部品供給スタッフは無線ハンディターミナルを活用して、製品 1 台ごとに必要な部品を集めてラインに供給する。このときデジタルピッキングによって部品間違いを防止し、また組みつけるラインでは 1 台ごとに添付されたバーコードで仕様が自動的に提示され、部品過不足や部品違いがあると作業ごとにランプで表示される。それにネジの締

め忘れを防ぐために、電動ドライバーで締めつけると、その信号がドライバーにつながるケーブルで伝送され、締め付け数を照合してミスを防止する、といったきめの細かい対策が行われる[19]。

(2) 国内生産の競争力

このように同社の生産では装置化された工程にはもちろん、人による組立作業にもさまざまな局面で情報技術が活用されて生産性を高め、また作業ミスを防止して品質を向上させている。製造不良率は 10 ppm 以下であり、さらにその向上が目標になる。

同社では日本国内の人件費が、中国の 10 倍に相当すると考える。そこで国内生産では 1 人で 10 人分の作業を行うことで、人件費を中国と同等にすることができる。それを生産設備と情報技術、そして作業改善で実現する。部品実装後の検査でも画像認識技術によって自動的に外観検査を行うが、問題領域は拡大表示され、それを作業者が目視して最終的に良否を判断するなど、人間と機械の識別能力の双方を活用する。組立工程はさらに装置化することも可能であるが、モデルチェンジの激しい製品、そして製品仕様が 1 台ごとに異なる製品を組み立てるには人間のほうが適しているという姿勢である。

効率的な生産をさらに向上させるため、同社ではさまざまな改善の試みを行うラインを 1 つ設置している。このラインでは現状の生産方法に満足せず、さらに合理的な作業や部品供給の方法などを工夫し毎日改善活動が推進される。個人による提案や小集団活動による改善が行われ、生産速度の向上や不良率の低下を実現する。組立ラインの人数は最近まで 13 人であったが 12 人に合理化され、1 台の組立時間は 1 分から 50 秒に短縮された。こうした活動が継続的に繰り返される。日本企業が得意としてきた改善活動が情報技術活用とシナジーしながら、中国並みの生産コストを実現する。そこには日本企業のものづくりの底力をみることができる。そして工場部門の組織能力は日常的に向上している。

---

19) さらに今日では、組立作業には双腕ロボットやスカラロボットが導入されて単純作業を行うようになった。キーボードの打鍵検査機も使用される。

(3) 製造コストと部材調達コスト

このように情報技術と改善運動を組み合わせれば、製造コストの面でも国内生産で中国生産に対抗できることを示している。同社のパソコンは国内だけでなく、一部はアメリカやヨーロッパ、そしてアジアにも輸出されている。しかしまだまだ高級品としての扱いであり、さらに普及品市場での価格競争力を備えようとしている。

ところで海外企業との競争で製品の製造コスト検討するとき、一般に人件費の水準が問題視される。しかし前述のようなパソコン生産では加工費は製造原価の数パーセントであり、人件費の比重は大きく低下している。カントリーリスクや海外法人の管理コストを考慮すれば、さらに海外生産のメリットは少ない。その意味では必ずしも海外生産が有利とはいえず、富士通のようなものづくりシステムを構築すれば、国内生産が成り立つ。

ただ同一機種を量産するとき、モジュール部品を大量調達すれば、部品コストは引き下る。このため量産品になるほど、国内生産は不利になる。量産する普及品生産では生産システムの改善や変革では、海外量産企業に対抗できなくなったのである。国内では多品種少量生産品やマス・カスタマイズ品に移行せざるを得ない。グローバル化の局面で、日本企業のものづくりのあり方が問われている。

6　価値の再定義とストーリーによるイノベーション

製品やサービスは顧客に価値を提供するものである。しかし提供したい価値を企業は顧客に明確に示し、顧客はその価値を的確に理解できるだろうか。価値を明確にしてそれが顧客に伝わるようにする政策が事業を変革する。

6.1　差別化と価値の再定義

多数の企業が市場に参入して優れた製品は模倣され、短期間にコモディティ化してしまうのが今日の市場である。このため機能の向上やデザインなどで差別化を図ろうと企業はさまざまな試みをしている。しかし同様な製品が市

場にあふれているので、自社の製品がどのような価値を持っているのかを顧客に伝える努力をしないとますます価格競争に巻き込まれてしまう。そして独自の価値を明確化することは、より優れた価値を創造する作業でもある。

　消費財なら広告やパンフレットなどで製品の特徴や性能を知ることができるが、必ずしもその製品の独自の価値が明確に伝わる訳ではない。どのようなコンセプトで製品が作られ提供されるのか、他社製品と比べてどのような違いがあるのか、どのような顧客に向いているのか、顧客はそれらを理解できるだろうか。例えば家電製品のパンフレットにはさまざまな特徴が表現されている。しかしいくつかの企業のパンフレットを読むと、それぞれの大きな違いは見えなくなってしまう。パソコンともなるとさらに違いがわからない。ときには情報誌の分析で各社の製品の違いを探すことになる。違いが分かりにくくコモディティ化しているのであり、価格が大きな選択基準になってしまう。

　このような顧客の視点に立って、どのような価値を持つ製品なのかを明確にし、それを顧客が理解しやすいように表現することが重要になる。それは製品の再定義であるだけでなく、顧客の立場に立ってどのような価値をもたらす製品なのかという顧客価値の再定義でもある。単純に新しい性能を加えてモデルチェンジをするだけでは、他社と同等な価値にとどまってしまう。価値の差別化を行うには価値内容を顧客に理解できるように再構成して訴求する。

　競合他社とのベンチマークではなく、従来と異なる戦略ロジックによってバリュー・イノベーションを行うべきだとしたキムとモボルニュ（Kim & Mauburgne, 2005）は、競争を迂回して競争者のいないブルー・オーシャンを目指すべきだとした。そのとき製品の戦略要因を並べて、既存の市場空間におけるセールスポイントを把握する戦略キャンバス（strategy canvas）という簡単な手法を提示した。これは価格や機能など顧客が享受する項目についてのパフォーマンスを図示したもので、それは製品の特徴を意味しており、その各点を結んだものを価値曲線と呼ぶ。製品の価値を明確にするにはこの戦略キャンバスが活用できる。

自社と競争製品がセールスポイントにしている内容をキャンバス上にプロットして、どんな差別化が図られているか明確にする。多くの場合あまり差異がないのが実態である。そこに業界で行われていなくて顧客が求める価値項目を加えていく。あるいは既にある項目の中から2次的に扱う価値項目のパフォーマンスを引き下げる。こうして他社とは異なった価値曲線を形成することで競争をできるだけ避ける。

6.2 物語の創造によるブランド化

次に、製品特性や製品価値を顧客に分かりやすく伝えることが課題である。その方法の1つに物語（ストーリー）を作る方法がある。そこでは性能や機能だけでなく、製品を創る企業の理念や生産者の主張などを伝える。製品にかける思いを伝えることで共感を訴える。

1903年創業でアメリカの大型バイクのハーレーダビッドソン（Harley-Davidson）は、1969年にはコングロマリットAMF社に買収され、その後日本企業の進出によって業績が低迷し、1981年には従業員によって再び買い戻されるも1980年代前半は倒産の危機に瀕する。そこで製造チームは日本企業から従業員参加運動やジャスト・イン・タイム方式の資材調達、統計的プロセス管理手法を導入して再建を図る。

その後経営は立ち直り、再びハーレーファンを増やしていく。そのとき「目的地に楽しいことがあるのではなく、そこに行くまでが楽しい」とバイクの旅を誘い、その楽しさは大排気量の空冷エンジンがもたらす独特の鼓動感、そして独特のハーレーの外観であるという物語が創られる（Teerlink & Ozley, 2001）。そのわかり易い物語に新しいファンが集ってくる。

自動車BMWも同様である。その物語は「駆け抜ける歓びを実現する究極のマシン」である（Kile, 2005）。そのイメージを伝えるために、他社製品と一目で区別できる統一されたデザインを継承する。そのデザインとエンジン、ハンドリングやサスペンション性能によって、運転する歓びを顧客に価値として絶えず伝達する。それはいつしかブランドになって顧客に定着し、高額な製品を許容する顧客を獲得する。それは顧客にとって分かり易い価値の表

現である。製品づくりにかける企業の歴史、企業理念、ものづくり概念、従業員の思い、特別に重視する業務、担当者のものづくり姿勢、働く人々の思いやこだわりなど製品づくりにかける情報を、ストーリー化して伝える。

　これらの例は製品の性能を単純にアピールするのではなく、その製品の特質を創出した企業のコンセプトや、刻んできた企業の歴史などと一体になって価値を意味化している。それはいつしかブランドになり、製品と企業のイメージになって、両社のようにときには神話化されていく。

　そうした物語はさまざまなメディアを活用してアピールできる。雑誌や新聞などの媒体のほかに今日ではインターネットがある。インターネットで製品の物語を表現し個人に伝えることができる。その物語を何度もさまざまな媒体を活用して繰り返し伝える。物語を実感したい、体験したい価値にしていく。それが中小企業でも可能になった。

7　転換点を事業イノベーションで

　ものづくりの仕組みを転換しないと日本企業のプレゼンスは低下してしまう。しかし環境が変化しても企業はそれを無視し過去の方法にこだわりがちである。日本企業は今、それが許される状況にはない。

7.1　インテルに見る変化への対応の難しさ

　フェアチャイルド・セミコンダクターを退職したロバート・ノイスやゴードン・ムーア、アンドリュー・グローブらによって、世界最大の半導体企業インテルは、半導体メモリーの開発・製造・販売を目的に1968年設立された。1969年の世界初の記憶容量64ビットSRAMに続く256ビットメモリー、1970年には記憶容量1,024ビットのDRAMを生産するなど半導体のリーダー企業として成長する。

　しかし1970年代末になると日本企業が参入して、1980年代前半にはアメリカ市場でシェアを拡大する。インテルより巨大な日本企業は資金力が豊富で、そのうえ製品の品質が優れて安定している。はじめはそうした日本製品

の競争力を無視するが、やがて対抗を迫られ品質の改善やコストダウンに努めたり、ニッチ市場の特殊領域のメモリーの開発などさまざまな政策を講じた。しかし価格競争からは脱皮できず、経営は厳しくなっていく。

一方で 1981 年に開発したマイクロプロセッサーが、IBM のパソコンに採用されて新たな事業の芽が生まれる。しかし高品質で低価格な日本製 DRAM と競争するなかで企業の損失が膨む。1985 年ついに、グローブとムーアはメモリー事業からの全面撤退を決断する。1986 年中期までにはメモリー事業を廃止し、3 年かけて MPU 製品へと戦略転換し利益を獲得するようになる。その後はマイクロプロセッサー企業として躍進して 1992 年には世界最大の半導体企業になり、その後コンピュータのプラットフォーム企業としての地位を獲得し、コンピュータ産業のリーダーとして君臨する。

メモリーからマイクロプロセッサー事業へという転換の成功を振り返って、経営者の知らないところで社員はいち早く変化に気づき、経営者が戦略転換を決定する前に現場ではすでに拡大するマイクロプロセッサー事業に資源配分を行っていたとグローブはいう。第一線で働く人は迫りくる変化にいち早く気がつき、さまざまな対策を講じているものだと述懐する（Grove, 1997, pp. 95-116）。

7.2 新しい事業への転換の進行

このインテルの例はその変革の過程において、次のような事象が進行することを示している。市場シェアを奪いとられる製品が登場し、業績が極度に悪化しはじめた時でも、はじめそれは一時的な現象だと否定し対策が遅れること。そして状況が認識できるようになってからは、コスト削減や品質向上に励み、また競争を避ける製品開発などあらゆる努力を重ねて事業継続にこだわること。さらに状況が悪化して終には事業撤退の決断を迫られること。その状況悪化については、営業や生産の現場は早くからそれを察知し、何らかの対応策に努力していることである。

ベンチャー企業であったインテルは、企業を成長させてきたメモリー事業からやむを得ず撤退してマイクロプロセッサーに転換する。当時それはメモ

第7章　ものづくりイノベーションの視点

リー事業よりも利益率が低く、どれほどの市場に成長するかも未知数であった。しかしその新市場に挑戦することしか生き残れる道はなかった。結果的にそれはさらに大きな発展をもたらし、半導体産業の巨人としての地位をもたらした。

　今、日本製造業は新興国企業の低価格な製品の前に敗退してきている。最近はエレクトロニクス製品だけではなく産業機械や工作機械のような分野にも及んできた。高い技術力で競争力を維持しているといわれる工作機械は日本とドイツが市場を制覇し、日本企業は27年間生産額で首位を維持してきた。しかし、低価格な中国の旋盤をスズキやホンダといった日本の自動車メーカーまでもが海外工場では採用しはじめた。そして2009年の生産額で日本企業が大きく落ち込み、中国がトップに立つという予想できなかった事態を迎えた。長い時間をかけて性能や耐久性についての信頼確立が必要とされる製品分野でも、大きな変化が忍び寄っている。

　大きな変化は10年という単位で進行するものの、渦中の多くの企業は緩やかな時間のうねりの中で変化の意味を理解せず対応に遅れ、競争の舞台から退場していくことを歴史が証明している。現実を直視すれば、抜本的なものづくりの転換が日本企業に迫られている。かつての日本企業とインテルの関係は今、中国をはじめとする新興国企業と日本企業との関係になっている。

7.3　事業のイノベーション

　日本企業は経済のグローバル化の中で生産コストの引き下げのために懸命の活動を展開してきた。従業員の知恵を活用したさまざまな製造現場の取り組みは素晴らしいものである。しかし今日の競争力の低下は、1980年代までのものづくりの枠組みの中で努力をしても対応できないことを示している。単純にものづくりに勤しむだけでは根本的には解決できない。かつて圧倒的な競争力を誇ったインテルは、さまざまな方途を重ねてもメモリー事業領域では、躍進する日本企業には対応できなかった。

　新しいものづくりパラダイムに転換して、特定の顧客価値に絞った新たな価値提供の事業の仕組みを構築しなくては、グローバル化した経済社会の中

で発展することはできない。先にみたように、クリステンセンは安価ではあるものの当初は機能が不完全な破壊的技術が、次第に機能や性能を向上させながら、先発の優れた企業の市場を奪い取っていくことを実証し解明した。先発の優良企業は破壊的技術を開発し利用できるノウハウがあるものの、高性能を求める先進的な顧客ニーズに対応しようとするために、破壊的技術を活用せずまた対応せず市場を失っていく。

　高機能で高価格な優れた製品を開発しても、その機能を必要としない取り残される顧客が存在している。機能や性能に劣っても安価な破壊的技術は、そうした顧客の市場を獲得しながら、次第に技術を向上させて従来技術に取って代わる。今、日本製造業はものづくりの分野で韓国、台湾そして中国からの追い上げにさらされている。これに対して、多くの分野で高機能製品、高級品にターゲットを移すことで対応しようとしている。その方策だけではクリステンセンが警鐘を鳴らす破滅への道でもある。

　顧客の求める価値に注目して顧客と顧客価値とを再定義し、その価値提供の仕組みを構築して海外企業との直接的な競争を避ける。そして中小企業は破壊的技術の担い手になれる。外部には多様な資源が存在し、それを探索して活用できる。情報技術が普及し破壊的技術として従来技術に打撃を与える一方で、従来技術を補完して技術の可能性を広げ、より多様なニーズに応えることも可能にしてきている。人材も多様になっている。経験豊富な高齢者人材が増大し、女性も仕事を求めている。また、定職につかない若者人材が比重を占めている。

　このように今さまざまな要因が新しい事業を求め、一方で新しい資源が登場している。このため新しい発想での事業の仕組みによる革新が可能になっている。シュンペータはその著『経済発展の理論』のなかで経済を発展させるのは新結合だとして、新しい製品の生産、新しい生産方法の導入、販路の開拓、原料や半製品の新しい供給源の獲得、独占的地位の形成や反対の打破という5つを上げた。今日イノベーションとも訳される新結合を彼は幅広い視点から取り上げたのである。

　独自事業の創造を、新しい製品の開発にだけこだわる必要はない。幅広い

視点から独自事業の創造が可能なのである。そのとき事業の仕組みからの発想も大きな貢献を果たすものと期待する。顧客の再定義、製品のシステム化、業務プロセスの再構築という視点から、事業の仕組みをイノベーションする。そして製品価値を再定義してストーリー化し、それがどのような価値をもたらすのかを顧客に訴求していく。

参考文献

Abell, D. F.（1980）, *Defining The Business*, Prentice-Hall.（石井淳蔵訳『事業の定義』千倉書房、1984年）。

Annabell, Gawer & Micheal A. Cusmano（2002）, *Platform Leadership*, Harvard Business School Press.（小林敏雄訳『プラットフォーム・リーダーシップ』有斐閣、2005年）。

Badaracco Jr., Joseph（1991）, *The Knowledge Link*, Havard Business School Press.（中村元一・黒田哲彦訳『知識の連鎖』ダイヤモンド社、1991年）。

Bower, Joseph & Clayton Christensen（1995）, Disruptive Technologies: Catching the Wave, *Harvard Business Review*, Jun-Feb.（関美和訳「イノベーションのジレンマ」『Diamond ハーバード・ビジネス・レビュー』2009年4月号）。

Charan, Ram（2013）, *Global Tilt*, Random House.（上原裕美子訳『これからの経営は南から学べ』日本経済新聞社、2014年）。

Gadiesh, Orit & James L. Gilbert（1998a）, Profit Pools, *Harvard Business Review*, May-Jun.（森本博行訳「事業再構築への収益構造分析：プロフィット・プール」『DIAMOND ハーバード・ビジネス・レビュー』1998年9〜10月号）。

Gadiesh, Orit & James L. Gilbert（1998b）, How to Map Industry's Profit Pool, *Harvard Business Review*, May-Jun.（原田由貴子・有賀裕子訳「プロフィット・プール・マップによる戦略発想」『DIAMOND ハーバード・ビジネス・レビュー』1998年9〜10月号）。

Govindarajan, Vijay and Chris Trimble（2002）, *Reverse Innovation*, Harvard Business Review Press.（渡部典子訳『リバース・イノベーション』ダイヤモンド社、2012年）。

Grove, Andrew S.（1996）, *Only the Paranoid Survive*, Doubleday Business.（佐々木かをり訳『インテル戦略転換』七賢出版、1997年）。

Hamel, Gary & C. K. Prahalad（1990）, The Core Competence of the Corporation, *Harvard Business Review*, May-Jun.

Iansiti, Marco and Roy Levien（2004）, *The Keystone Advantage*, Harvard Business School Press.（杉本幸太郎訳『キーストーン戦略』翔泳社、2007年）。

Kiley, David（2004）, *Driven-Inside BMW, the Most Admired Car Company in the World*, John Wiley & Sons.（島田洋一訳『BMW物語』アスペクト、2005年）。

Kim, W. Chan & Runée Mauburgne（2005）, *Blue Ocean Strategy*, Harvard Business School Press.（有賀裕子訳『ブルー・オーシャン戦略』ランダムハウス講談社、2005年）。

Porter, Michel E. and Hirotaka Takeuchi（2000）, *Can Japan Compete?*, Basic Books.（榊原真理子訳『日本企業の競争戦略』2000 年）。

Prahalad, C. K.（2005）, *Fortune at the Bottom of the Pyramid*, Wharton School Publishing.（スカイライトコンサルティング訳『ネクスト・マーケット』英治出版、2005 年）。

Teerlink, Rich & Lee Ozley（2000）, *More Than a Motorcycle*, Harvard Business School Press.（伊豆原弓訳『ハーレーダビッドソン経営再生への道』翔泳社、2001 年）。

von Hippel, Eric（2005）, *Democratizing Innovation*, The MIT Press.（サイコム・インターナショナル監訳『民主化するイノベーション』ファーストプレス、2006 年）。

大貝威芳（1998）『アメリカ家電産業の経営史』中央経済社。

小川正博（2015）『中小企業のビジネスシステム』同友館。

岸本太一（2006）「マクロ・レベルの利益率日米比較」伊丹敬之編『日米企業の利益率格差』有斐閣。

新宅純二郎他（2006）「光ディスク産業の競争と国際的協業モデル」榊原清則・香山晋編著『イノベーションと競争優位』NTT 出版。

相山泰生他（2007）「標準化の利益を阻むもの」経済産業省標準化経済性研究会編『国際競争とグローバル・スタンダード』日本規格協会、2006 年。

竹中製作所（2009）『タケナカの底力』竹中製作所。

中沢孝夫（1997）「東大阪工場群は不況知らず」『中央公論』12 月号。

丹羽冨士雄（2009）「日本の科学技術力とその課題」『BERD』No. 15、1 月号、ベネッセ。

野口悠紀雄（2015）『戦後経済史』東洋経済新報社。

藤本隆宏（2004）『日本のもの造り哲学』日本経済新聞社。

宮崎智彦（2008）『ガラパゴス化する日本の製造業』東洋経済新報社。

終章　規模の経済性から情報価値の時代へ

　今まで企業のイノベーションを、主に情報技術がもたらした環境変化や情報技術の活用という視点からみてきた。顧客価値提供というものづくりパラダイムへの転換、収益に直接結びつく領域での情報技術活用、製品アーキテクチャの変化に応じたものづくり、ネットワーク活用目的の変容と自律分散な産業構造での企業行動、インターネットによる情報作用の可能性、顧客価値基準による事業イノベーション、そして技術偏重とは異なった事業の仕組みという視点からのイノベーションなどである。過去に発表してきたこれら小論を再び原稿として推敲し1冊にまとめるなかで、中小企業のイノベーションについて改めてみえてきたことが4つある。

　第1には、進展する情報技術を活用して事業のイノベーションを図らなくては日本企業、中小企業の再生はないということである。これについてはそれぞれの章のなかで繰り返し述べてきた。そのときイノベーションの原点は必ず顧客価値提供である。

　第2には情報技術産業から自律分散なものづくり環境が出現し、中小企業でもますます主体的な経営が行える素地が拡大していることである。誰でも事業に参入や創出できる機会が増え、多数の企業が激しいイノベーションと多様な事業の仕組みを競い合ってダイナミックな経営が展開されるようになった。そこでは新しい技術を開発するだけでなく、情報技術をはじめとして、存在するものを新しい概念で新結合しシステム化するイノベーションが可能になっている。

　第3には、中小企業の事業イノベーションの方向として大きく2つあることである。1つはコンピュータ制御設備による生産システムの高度化、そしてバリューチェーンを前後に拡大充実して、競合他社が模倣しにくい業務プロセスで製品の完成度を高め、高精度で高品質なものづくりを推進する事業へ

の変革である。そうした企業が数は少ないとはいえ、著名な産業集積のなかよりも全国各地に存在する。これらの企業は今後とも躍進していくことが期待できる。

　しかし多くの中小企業にとってそうした経営は志向できない。設備投資額が大きく、また売上を拡大しなければならないからである。それではどうするか。

　2つめの中小企業の事業イノベーションの方向は、より業務領域を絞り込んで専門性を高める経営である。特定の製品や技術、特定の業務領域に絞り込みそこで専門性を極める。業務の範囲を狭め、一方でその専門性を深めることで異なった経営環境を作ることができる。技術でいえば専門性を極めることは、特定領域のなかで競合他社にはない高度な技術を追求して戦略ポジションを構築することである。専門性で突出した存在になるべく特質を形成する。小さな専門分野なら最新の情報技術も活用できる。

　専門性を極めることは技術に限らない。納品の早さ、アフターサービス、情報提供などさまざまな側面で専門性を追求する方法がある。その専門性を情報技術を活用して、世界にアピールして収益を確保する。

　そして本書では究明できなかった第4の重要なことがある。それは大きくいえば、情報の役割が高まって規模の経済性が無力化しようとしていることである。現代はまさに情報の時代であり、ものよりも情報の価値がますます高まっていることの意義である。物理的な価値よりも、ものが内包する、あるいはものが発揮する情報の価値が高まっており、そのことが企業に与える経営の変質である。

　物理的なものを扱うとき、そこには必ず規模の経済性が発生する。この経済性があるため企業規模が競争優位の要因になり、中小企業よりも大量生産する大企業のほうが同じ製品を作れば製造コストが低く有利になる。しかし情報の世界では必ずしも規模の経済性がはたらくものではない。それよりも情報のもたらす意味の価値化、他の企業が保有や創造できない情報を創造し、活用できることのほうが経済的価値を発揮する。小さな企業でも他にはない

貴重な情報を創出することができる。一方で企業規模の大きな企業が有効な情報を保有し、その効果を発揮できるとは必ずしもいえない。

　他にはない貴重なそして模倣しにくい、経済的価値のある情報を保有し、活用すれば、小さな企業でも自律的な経営ができる。コンピュータや家電ばかりでなく今日、石油や造船などさまざまな分野で大企業の合併・吸収や提携の話題がある。それは規模の経済性の追求である。それは情報価値の活用ではなく、従来のものの時代の経営手法である。

　今日は情報の時代であり、人の思考やコミュニケーション、そして情報技術を活用して情報を創造し、情報を顧客価値に結びつけることが収益を生む。それは企業規模によるコスト追求とは異なった次元である。貴重な情報を収集・創出しそれを価値化して収益を生む時代であり、収穫逓増さえ可能な時代である。それが中小企業でも個人でも情報技術の進展によって可能な時代になっている。

　そうした状況については本書第3章から第5章にかけて、若干触れたものの、情報価値によるイノベーションという大きなテーマとして論考を進めることができなかったことを反省し課題として本書のまとめにしたい。

索　引

ア行

アーカー（Aaker）　159, 161
圧縮技術　115
アップル　151, 172
アマゾン　128, 136
アンゾフ（Ansoff）　187
アンダーソン（Anderson）　50, 108
イノベーション　19, 71, 78, 104, 177
インターネット　29, 117, 121
インターフェース　62, 86
インテル　65, 75, 85, 95, 98, 209
エーベル（Abell）　187
オプション化　94, 135
オープン・イノベーション　79
オープンなアーキテクチャ　61
オープンなモジュール　55, 73, 89, 104, 105

カ行

価格競争　13
可視性の低い価値次元　158
価値観の多様化　17
価値曲線　207
価値次元　159
価値の再定義　156, 206
カテゴリー・イノベーション　159, 172
金型　202
カプセル化（encapsulation）　198
関連性（relevance）　159
企業の使命　148
規模の経済性　216
基本ソフト（OS）　84, 88, 117

キム（Kim）　14, 158, 207
業界構造　49, 120
競争戦略　127
競争戦略論　120
競争優位　120
業務効率性　122
クォーツ時計　155
楠木建　158
組込みコンピュータ
　　（embedded computer）　116, 196
クラウドコンピューティング　27, 51
クラウドソーシング
　　（crowdsourcing）　137
クラウドファンディング
　　（crowdfunding）　109, 137
クリステンセン
　　（Christensen）　7, 78, 151, 161, 188
クリーンルーム設計　59
グローバル化　12, 48, 179
グローブ（Grove）　11, 209
経験価値　16
経済ピラミッドの底辺層　192
携帯電話　66, 86, 93
系列　55
コア・コンピタンス　18, 141, 200
顧客価値　43, 129, 148, 153, 187
顧客価値基準　164
顧客価値提供　17, 134
顧客の再定義　186
コスト優位　126
コトラー（Kotler）　153
コモディティ化　13, 97
コンテクスト　16
コンピュータ　58, 86

219

混流生産　204

サ行

サービサイズ（servicize）　139
産業構造　94, 126
産業集積　56, 99
山寨　100, 106
参入障壁　121, 201
サンプリング技術　114
シェアリング・エコノミー（共有型経済）　139
シェアリング事業　138
事業イノベーション　19, 44, 184, 211
事業カテゴリー　169
事業の再定義　146
事業の仕組み　20, 44
事実上の標準　76
システム化　44, 165, 193
持続的イノベーション
　　（sustaining innovation）　188
シーボルト（Seybold）　134
収穫逓増　217
集権型ネットワーク　54
熟練技能　36, 135
シュンペータ（Schumpeter）　19, 106, 212
情報　130, 139
情報価値　136, 216
情報技術　15, 120, 203
情報システム　26
情報提供　129, 136
情報の非対称性　118
情報のリッチネスとリーチ　131
自律分散型ネットワーク　57
自律分散型ものづくり　93
事例　32, 151, 167, 169, 181, 203
新結合　212
新興国市場　147, 191

人工知能 AI（Artificial Intelligence）　51, 126
スイス時計産業　154
垂直統合型　93, 105
スイッチングコスト　121
スウォッチ　155
ステークホルダー　136
スマート製品　15, 116, 123, 127, 197
スマートフォン　87
スモールワールド（small worlds）　119
スライウォツキー（Slywotzky）　13
擦り合わせ型製品　11, 55, 77
セイコー　154
製品アーキテクチャ（基本設計概念）　11, 57, 85
製品差別化　123
製品の再定義　207
製品の情報化　15
先進国市場　190
専門性　216
戦略　126
戦略キャンバス（strategy canvas）　207
戦略ポジション　122
組織能力　180
ソーシャルメディア　138
ソフト　15, 96, 125, 164, 196
ソリューション　160, 169

タ行

タイムベースの競争　18
台湾企業　97
多機能化　194
多品種少量生産　34
チェスブロウ（Chesbrough）　79
チップセット　98
強み　149
デコンストラクション（解体）　132

デザイン・ルール　58, 84
デジタル化　70, 87
デジタルカメラ　189
デジタル技術　55, 84, 91, 114
デジタルマーケットプレイス　27, 130
デジュアリー・スタンダード　61, 88
デファクト・スタンダード（事実上の
　　標準）　18, 61, 92, 97
電気自動車（EV）　78
時計　154
ドミナント・デザイン　11
トヨタ生産システム　204
ドラッカー（Drucker）　146

ナ行

ニッチ製品　106
ネットビジネス　49, 121, 127
ネットワーク　53
ネットワーク外部性　121
ノキア　87

ハ行

バイラル・マーケティング（viral
　　marketing）　136
破壊的イノベーション
　　（disruptive innovation）　8, 188
パソコン　58, 65, 84
パーソナル・ファブリケーション　51,
　　108
パラダイム（Paradigm）　5, 21
バリュー・イノベーション　207
バリューチェーン　120, 122, 124, 132
ハーレーダビッドソン
　　（Harley-Davidson）　208
半導体　6
ビジネス・エコシステム　197

ビジネスシステム　21, 45, 173, 186
ビジネスモデル　20, 121, 131
ビッグデータ　126
ヒッペル（von Hippel）　79
ファウンドリー　10
ファームウェア（firmware）　96, 125
フィンテック（fintech）　138
富士通　203
藤本隆宏　54, 180
プラットフォーム　75, 89, 92, 197, 210
プラハラッド（Prahalad）　63, 192, 200
ブランド・ロイヤルティ　74
フリー・ロケーション　128
ブルー・オーシャン　14, 158, 207
プロセス・イノベーション　20
プロダクト・イノベーション　20
ブロックチェーン（blockchain）　138
プロフィット・プール　201
ベンチャー企業　97
飽和市場　13
ポジショニング　126
ポーター（Porter）　47, 119, 126
ボールドウィン（Baldwin）　58, 64, 92

マ行

マイクロソフト　66
マクガーハン（McGahan）　141
マス・カスタマイゼーション
　　（mass customization）　18, 135
丸川知雄　68, 102
ムーアの法則　70
メイカーズ（makers）　50, 108
モジュール　10, 64, 86, 90, 106
モジュール化　58, 195
モジュール型製品　57
モジュール企業　93
モジュールのオープン化　69

物語（ストーリー）　159, 208
ものづくり　80
ものづくりイノベーション　181
ものづくりパラダイム　17, 211
モバイル技術　126
模倣しにくい顧客価値　157

ヤ行

吉田民人　133

ラ行

リバース・イノベーション
　（reverse innovation）　192
リファレンス設計
　（reference design：参照設計）　101
リーン生産システム　18
六次の隔たり
　（six degrees of separation）　119
ロールモデル（模範例）　160
ロングテール（long tail）　129

ワ行

ワンチップ化　89

数字

3Dプリンター　50, 108, 135
3次元CAD　33, 40, 48
5つの競争要因　121

A

ARM　68, 89, 93
ASML　9

B

BIOS　84
BMW　208
BOP（Base/Bottom of the Pyramid）　63, 192

C

CAD（Computer Aided Design）　32
CAM（Computer Aided Manufacturing）　33, 47

D

DRAM　6

E

EMS（Electronics Manufacturing Service）　76, 95, 148, 203
EMS企業（Electronics Manufacturing Service）　63, 95
ERP（Enterprise Resource Planning）　27

I

IBM　58
IBM PC/AT　58, 84
IBM PC互換機　59
IoT（Internet of Things）　15, 122, 197

M

MIS（Management Information System）　26
MTK（メディアテック：聯發科技）　66, 92, 101

N

NC工作機械　28, 47

O

ODM（Original Design Manufacturing）
　76, 95, 203

P

PCIバス　60, 75, 85

S

SoC　10

T

TCP/IP（Transmission Control Protocol/
　Internet Protocol）　117
TSMC　10

著者紹介

小川正博（おがわ　まさひろ）
　大阪商業大学総合経営学部・大学院教授
　法政大学経営大学院兼任講師
　博士（経営学）

　1948 年　茨城県生まれ
　1971 年　中央大学経済学部卒業
　1971 年　東京都商工指導所（東京都産業経済局）
　1997 年　札幌大学経営学部助教授・教授
　2007 年　大阪商業大学総合経営学部教授
　2015 年　法政大学経営大学院兼任講師

公　　職　中小企業診断士試験委員（基本委員）

主要著書　『企業の情報行動』（単著）同文舘、1993 年
　　　　　『創造する日本企業』（単著）新評論、1996 年
　　　　　『企業のネットワーク革新』（単著）同文舘、2000 年（中小企業研究奨励賞本賞）
　　　　　『21 世紀中小企業論（第 3 版）』（共著）有斐閣、2013 年
　　　　　『中小企業のビジネスシステム』（単著）同友館、2015 年

ogawa.masa@ac.cyberhome.ne.jp

情報技術と中小企業のイノベーション

比較地域研究所研究叢書　第十六巻

2017 年 3 月 25 日　第 1 版第 1 刷発行

著　者　小　川　正　博
発行者　橋　本　盛　作

〒 113-0033　東京都文京区本郷 5-30-20
発 行 所　株式会社 御茶の水書房
電話 03-5684-0751

Printed in Japan

組版・印刷／製本　シナノ印刷㈱

ISBN 978-4-275-02063-5　C3034　　©学校法人谷岡学園　2017 年

《大阪商業大学比較地域研究所研究叢書 第一巻》
清代農業経済史研究　鉄山博著　A5判・二四〇頁　価格 二九〇〇円

《大阪商業大学比較地域研究所研究叢書 第二巻》
EUの開発援助政策　前田啓一著　A5判・三九〇頁　価格 五八〇〇円

《大阪商業大学比較地域研究所研究叢書 第三巻》
香港経済研究序説　閻和平著　A5判・二二〇頁　価格 二九〇〇円

《大阪商業大学比較地域研究所研究叢書 第四巻》
海運同盟とアジア海運　武城正長著　A5判・三四〇頁　価格 四八〇〇円

《大阪商業大学比較地域研究所研究叢書 第五巻》
鏡としての韓国現代文学　滝沢秀樹著　A5判・三一八頁　価格 四五〇〇円

《大阪商業大学比較地域研究所研究叢書 第六巻》
東アジアの国家と社会　滝沢秀樹編著　A5判・三二〇頁　価格 三三〇〇円

《大阪商業大学比較地域研究所研究叢書 第七巻》
グローバル資本主義と韓国経済発展　金俊行著　A5判・四七〇頁　価格 五〇〇〇円

《大阪商業大学比較地域研究所研究叢書 第八巻》
アメリカ巨大食品小売業の発展　中野安著　A5判・三六〇頁　価格 五五〇〇円

《大阪商業大学比較地域研究所研究叢書 第九巻》
都市型産業集積の新展開　湖中齊著　A5判・一九〇頁　価格 三四〇〇円

《大阪商業大学比較地域研究所研究叢書 第十巻》
産地の変貌と人的ネットワーク　粂野博行編著　A5判・二三〇頁　価格 三八〇〇円

《大阪商業大学比較地域研究所研究叢書 第十一巻》
転換期を迎える東アジアの企業経営　孫飛舟編著　A5判・一九二頁　価格 三六〇〇円

《大阪商業大学比較地域研究所研究叢書 第十二巻》
多国籍企業と地域経済　安室憲一著　A5判・二〇六頁　価格 三八〇〇円

《大阪商業大学比較地域研究所研究叢書 第十三巻》
便宜置籍船と国家　武城正長著　A5判・三一四頁　価格 五〇〇〇円

《大阪商業大学比較地域研究所研究叢書 第十四巻》
グローバリズムと国家資本主義　坂田幹男著　A5判・二四八頁　価格 三八〇〇円

《大阪商業大学比較地域研究所研究叢書 第十五巻》
都市の継承と土地利用の課題　西嶋淳著　A5判・二九二頁　価格 四四〇〇円

御茶の水書房
（価格は消費税抜き）